관계의 심리전

- 감정을 움직이는 기술 -

프롤로그

《관계의 심리전》
- 감정을 움직이는 기술 -

감정의 전장을 걷는 여러분에게

"왜 우리는 누군가를 설득하려 하고, 상대의 눈치를 보며, 말 한 마디에 상처받고 또 상처를 줄까요?" 이 질문은 단순한 인간관계의 문제가 아닙니다. 그것은 인간이 살아가는 방식을 결정짓는 본능의 구조이자, 우리가 매일 서 있는 보이지 않는 심리 전장(戰場)의 실체입니다.

심리전은 더 이상 군대 작전기획실에만 머물지 않습니다. 가정의 식탁, 회사 회의실, 친구의 SNS 피드, 온라인 커뮤니티 댓글창 등, 모든 공간에서 감정이 충돌하고 조작되는 '관계 심리전의 장(場)'입니다. 말투 하나, 표정 하나, 익명 뒤 감정 표현 하나—모두가 무기가 되는 시대, 우리는 지금 감정이 설계되고 인식이 조작되는 구조 속에 살아가고 있습니다.

왜 인간은 심리전을 본능처럼 수행하는가

인간은 협력과 생존을 위해 진화했지만, 동시에 지배하고 조종하려는 본능을 버리지 못했습니다. 신체 능력만으로는 승부를 가를 수 없었기에, 인간은 '심리'라는 비가시적 무기를 만들어냈습니다. 감정을 감추고, 거짓을 설계하며, 공포를 조장하고, 신뢰를 전략화하는 방식으로 타인의 선택을 유도했던 것입니다.

역사는 이를 증명합니다. 로마 군단은 후퇴를 가장한 기만으로 적을 흔들었고, 이순신 장군은 학익진(鶴翼陣)으로 적을 유인했으며, 징기스칸은 싸우지 않고 공포로 승리했습니다(不戰勝). 심리전은 최소한의 희생으로 최대의 효과를 거두려는 '지략의 전술'이었습니다. 오늘날 이 전술은 '**프레임 설정**', '**키워드 선점**', '**알고리즘 설계**' 같은 더 정교한 방식으로 진화했습니다. 정보는 무기처럼 쓰이고, 생각을 움직이는 힘이 곧 권력이 되었습니다.

경험의 심리전, 그리고 삶의 교훈

이 책은 저자가 관계와 감정의 심리전장에서 겪은 성공과 실패, 그리고 파괴적 결과의 기록이자 고백입니다. 지난 40여 년 동안 비무장지대에서는 북한군 대상 대면작전과 전단살포, 확성기 방송을 수행했고, 합참본부에서는 대북 심리전 기획과 전략을 수립했으며, 박사학위 논문 "대남심리전 연구"와 네 권의 심리전 관련 저서, 장병 심리 기반 리더십 연구 등 군사적 심리전 현장 경험을 쌓았습니다. 그러나 진짜 심리전은 일상의 말 한마디와 감정의 틈, SNS 댓글, 해킹, 기만, 거짓말 등 사람과 사람 사이, 감정의 틈에서 시작된다는 것을 깨달았습니다.

그래서 이 책은 단순한 이론서가 아닙니다. '관계와 감정'을 해독하는 삶의 실전 지침서입니다. 우리는 그것을 읽고, 이해하고, 설계해야 합니다. 단순히 살아남기 위해서가 아니라, 더 잘 살아가기 위해서입니다.

이 책의 구성

본문에서 자주 등장하는 '전장'이라는 표현은 실제 전투가 벌어지는 공간만을 의미하지 않습니다. 말 한마디에 담긴 의도, 표정 속 감정, 메시지 뒤의 설계가 교차하는 심리적 공간입니다. 그것은 우리가 살아가는 모든 관계 속에서 작동하는 무의식의 교섭장이자, 감정과 인식이 맞물리는 권력의 구조입니다. 이 책은 그 흐름을 해독하고, 주도권을 회복할 수 있는 도구를 제공하기 위해 다음 여덟 개의 부로 구성되어 있습니다.

제1부는 인간 본성과 심리전의 작동 원리를 파헤칩니다.
제2부는 자신과의 심리전, 즉 감정 조절과 삶 설계의 내면 기술을 다룹니다.
제3부는 보이스피싱, 해킹 등 디지털 기반 심리 공격과 그 대응 전략을 분석합니다.
제4부는 가족, 연인, 친구, 직장 등 일상 속 감정 전장을 분석합니다.
제5부는 정치, 이념, 리더십, 스포츠 등에서의 감정 설계와 조작을 탐구합니다.
제6부는 공공 위기, 법과 질서, 대중 심리에서 통제 전략과 사회화 전략을 해부합니다.
제7부는 K-콘텐츠와 국가 브랜드 전략처럼, 국가 차원 전략적 심리전의 미래를 조망합니다.
제8부는 저자가 관계의 심리전에서 터득한 교훈을 제시합니다.

이 책은 자기 심리전에서 시작해, 타인과 사회, 그리고 디지털과 국가적 차원으로 확장되는 감정과 권력의 숨은 흐름을 추적합니다. 각 장은 '이론 → 사례 → 적용' 구조로 구성되며, 현실에서 작동하는 심리전의 실체를 해독하고, 그에 대응할 수 있는 실천적 도구를 제공하고자 합니다.

왜 지금, 우리는 '심리전'을 이해해야 하는가

심리전은 지혜의 싸움이지만, 동시에 가장 인간적인 삶의 전략입니다. 그것은 사람을 속일 수도 있지만, 설득하고 연결하며, 때로는 치유할 수도 있습니다. 그리고 여러분이 이 책을 펼친 바로 그 순간부터, 이미 하나의 심리전이 시작되었습니다. 이 전장의 지휘관은 바로 여러분입니다. 따라서 성공하는 지휘관이 되고 삶의 주도권을 지켜내기 위해, 우리는 심리전을 반드시 이해해야 합니다.

이 책은 저자의 자서전 『제멋대로와 천사』(2021)에 담긴 서사처럼, 삶의 굴곡과 인간관계의 상처 속에서 다시 길을 찾은 기록입니다. 학문적 분석만으로는 설명할 수 없는 갈등과 오해, 이해와 화해의 과정 속에서 체득한 경험이 녹아 있습니다.

저는 진심으로 기대합니다. 이 책이 독자 여러분의 삶을 이끄는 **감정의 나침판**이 되기를, 관계 속에서 상처받지 않으면서도 주도권을 지키고, 누군가의 감정 뒤에 숨은 진심을 읽어내며, 자신의 감정을 자신의 언어로 표현할 수 있기를. 그것이 가능해질 때, 우리는 더 이상 관계의 심리전을 두려워하지 않고, 오히려 능동적으로 살아갈 수 있을 것입니다.

차 례

프롤로그 iii

제1부 인간 본성과 심리전의 작동 원리 1

제1장 감정의 전장—심리전은 왜 인간관계에서 시작되는가 3
1. 보이지 않는 전쟁, 관계 속에 숨어 있다 3
2. 감각과 지각의 심리전—정보 해석의 전쟁 8
3. 심리전에 대한 오해와 윤리적 성찰—통제와 조작 사이 12

제2장 본능으로서의 심리전—생존에서 시작된 감정의 전쟁 17
1. 생존 본능과 심리전의 기초 구조 17
2. 비언어적 설득의 진화 눈치, 몸짓, 신뢰의 본능 21
3. 인간 본능이 만든 '심리의 무대'—사회는 심리전의 연극장 25

제3장 전쟁과 심리전—역사와 기술로 본 심리전의 실체 29
1. 전쟁은 심리의 전장이다 29
2. 정보화 시대의 전쟁—사회 전체가 전장이 되다 33
3. 전쟁이 끝난 후에도 계속되는 심리전: 일상과 제도로 확산 37

제2부 자기 심리전—내면 통제와 변화의 심리 전략 41

제4장 자기 혁신의 출발점—마음의 전환 43
1. 자기인식과 프레임 변환 43
2. 고정관념 깨기와 변화 모색 47
3. 목표 설정과 동기 부여 50

    4. 꿈과 로드맵—목표를 자기 심리전의 무기로 만드는 법   53
    5. 자기인식과 그림자 수용—융 심리학의 통찰   55

제5장 현재형 행동과 변화의 기술   58

    1. 즉시 행동의 힘   58
    2. 피드백과 학습을 통한 성장   61
    3. 변화의 지속성 확보—의지보다 환경, 노력보다 구조   64

제6장 내면의 전략—무의식과 환경의 통제   69

    1. 무의식의 힘 다루기—내면의 자동조종 장치를 다시 세팅하라   69
    2. 환경 설계로 자기 통제 강화—의지보다 강한 힘   74
    3. 감정과 욕구의 주도권 잡기—반응하지 말고 선택하라   77
    4. 호기심과 기대감—감정의 흐름을 설계하는 루틴 전략   82

제3부 디지털 심리전의 전선—보이스피싱과 해킹의 정서 공격   87

제7장 감정 조작을 통한 보이스피싱—신뢰와 공포의 양날 심리전   89

    1. 신뢰와 공포를 교묘히 이용하다—감정 조작의 이중 구조   89
    2. 피해자는 왜 속는가?—심리전의 표적이 된 일상적 인간   93
    3. 전화 사기 심리전의 진화—신뢰를 해킹하는 연출의 기술   96

제8장 해킹의 심리전—인간은 가장 약한 링크다   101

    1. 피싱 이메일과 링크 클릭 유혹—감정을 겨냥한 디지털 함정   101
    2. 사회공학과 인간 해킹 기법   103
    3. 해커의 심리와 목표—기계를 넘어서 사람을 해킹하는 자들   108

제9장 공격에 대응—보안 심리전과 방어 전략   112

    1. 의심이 최고의 방패다—순진한 신뢰보다, 직관의 방어   112
    2. 피해를 막는 대응 기술   114
    3. 심리 면역 체계 구축을 위한 일상 속 실천 전략   116
    4. SNS는 또 다른 딥페이크인가—감정 설계와 비교 조작   119

제4부 인간관계 속 심리전—감정과 권력의 숨은 전쟁터 123

제10장 가족과의 심리전 125
1. 부모-자녀 관계: 권위와 반항의 심리 게임 125
2. 부부 관계: 사랑과 힘의 균형 129
3. 형제자매와 가족 내 역할 다툼 134

제11장 연애와 우정 139
1. 연인 관계의 심리전 139
2. 친구 관계의 이면—친밀함 속의 경쟁 143
3. 고백과 이별—감정의 시작과 끝을 설계하다 147

제12장 직장에서의 심리전—존중과 생존의 줄타기 152
1. 상사-부하 간 권력 다루기—조용한 위계의 심리 전략 152
2. 동료 간 경쟁과 협력—사내 정치의 현실 155
3. 커리어 생존 전략—나를 지키는 마음의 나침판 159

제13장 사회적 관계 속 심리전—인간관계의 확장된 전장 162
1. 커뮤니티와 모임—익숙한 집단 안의 감정 게임 162
2. SNS와 디지털 공간—관계가 수치화되는 심리전의 장 165
3. 이웃과 지역사회—일상적 만남 속의 체면과 심리전 169

제5부 사회와 권력 속 심리전—정치, 이념, 리더십, 스포츠 심리전 173

제14장 정치와 대중의 심리전—감정조작으로 표를 얻다 175
1. 감정 정치의 본질—논리가 아닌 감정을 사로잡다 175
2. 선거는 감정의 싸움—여론의 파도 위를 타는 기술 178
3. 포퓰리즘과 대중 유혹—'우리'의 이름으로 포장 182

제15장 이념과 프레임—생각을 설계하는 심리전 185
1. 감정으로 작동하는 이념—정치적 태도의 감정적 기반 185

  2. 프레임의 힘―같은 현실, 다른 감정 만들기   188
  3. 대중 감정과 이념 갈등―정체성의 심리전   190

제16장 리더십과 카리스마―권위를 만들어내는 감정 장치   195
  1. 리더십은 심리의 설계다―감정을 이끄는 권위의 본질   195
  2. 공감형 리더십 vs. 권위형 리더십―감정의 양면 전략   197
  3. 팔로워의 심리와 리더십 효과―누가 따르게 되는가   200

제17장 스포츠와 집단 동일시―감정 몰입의 무대   203
  1. 스포츠는 감정의 전장이다   203
  2. 경기 중 심리전―말과 행동으로 흔드는 기술   207
  3. 팬과 팀의 감정 동조―경기장을 흔드는 정서의 물결   210

제6부 공공질서와 사회화의 심리전―감정통제와 사회화의 장치   215

제18장 교육과 이념―학습을 통한 감정의 구조화   217
  1. 감정 교육―옳고 그름을 가르치는 방식   217
  2. 교실 안의 권력 프레임   220
  3. 학교라는 사회화 장―감정 심리전의 훈련장   225

제19장 심리전과 공공 위기―재난, 전염병, 사회혼란의 감정 통제   230
  1. 재난의 감정 설계―두려움과 안정을 관리하다   230
  2. 집단 공황과 루머의 심리전―정보보다 감정이 앞설 때   233
  3. 감정적 지도자 vs. 냉정한 관리자―리더십의 심리전 전략   238

제20장 법과 질서, 그리고 두려움―통제의 심리전   241
  1. 시선의 심리학―감시당한다는 감정이 만드는 질서   241
  2. 형벌과 공포의 프레임―처벌이 주는 심리적 메시지   244
  3. 안전과 불안의 조절―질서의 정서적 설계   247

제7부 전략적 심리전의 미래―감정과 인식의 전장을 넘어   251

제21장 디지털 전장의 확장―인지전, 알고리즘, 감정 AI   253
    1. 심리전에서 인지전으로―사고 그 자체를 겨냥하다   253
    2. 알고리즘 심리전―감정을 설계하는 코드의 힘   258
    3. 감정 인공지능의 위협과 가능성―심리를 읽고, 흔드는 기술   262

제22장 전략적 커뮤니케이션과 글로벌 심리전   267
    1. 국가의 심리전 전략―정보력과 감정의 무기화   267
    2. 국제 심리전 사례 연구―감정과 정보의 실전 전장   271
    3. 한국형 심리전 전략의 과제―감정 프레임 설계와 서사 구축   276

제8부 저자가 걸어온 관계의 심리전에서의 교훈   283

제23장 삶의 전장에서 터득한 '관계의 심리전' 전략
    ―감정, 해석, 만남을 통해 구축한 생존과 성장의 원리   285
    1. 행복은 선택이자 해석이다―감정 재구성 전략   285
    2. 꿈은 이루는 것이 아니라 만들어가는 것이다
       ―실행 기반 자아 추진 전략   286
    3. 진실한 자기노출의 힘―신뢰 형성 심리전 전략   286
    4. 인생에서 가장 중요한 것은 '만남'이다
       ―정서 교류 기반의 관계 전략   287
    5. 끝없는 배움이 주는 행복-관점 확장을 통한 생존 전략   287
    6. 이념보다 사람이 우선이다―신념과 인간성의 균형 전략   288
    7. 일이 있다는 것, 그 자체가 행복이다
       ―활력과 존엄의 자기 심리전략   288

제24장 '관계의 심리전'에서 경험한 인간관계 지혜   289
    1. 인정받고 싶은 마음을 존중하라   289
    2. 상대의 입장에서 바라보라   290
    3. 말을 줄이고, 들어주어라   290

4. 기쁨과 슬픔을 함께하라	290
5. 말보다 배려로 관계를 주도하라	291
6. 권위보다 '심리적 평등'이 더 강하다	291
7. 자신의 실수와 단점을 인정하는 순간, 진정한 관계로 나아갈 틈이 열린다	291
8. 관계는 뜨겁게 시작하는 것이 아니라, 따뜻하게 오래가는 것이다	292
9. 갈등은 피하지 말고, 회복하라	292
10. 사람을 이기려 하지 말고, 관계를 지켜라	293

에필로그: 삶이라는 전장에서 인간다움을 회복하기 위하여	294
부록 A: 주요 심리전 용어 정리	295
부록 B: 심리전 핵심 전략 8가지 – 실전 인식과 대응 가이드	300
부록 C: 시대별 주요 심리전 사례 일람표	301
참고 문헌	302

제1부

인간 본성과 심리전의 작동 원리

제1장

감정의 전장
― 심리전은 왜 인간관계에서 시작되는가

1. 보이지 않는 전쟁, 관계 속에 숨어 있다

아침에 건넨 짧은 인사, 회의에서의 표정 하나, 연인과의 침묵까지. 우리는 매 순간 누군가와 싸우고 협상하고, 눈치를 보며 살아간다. 그 싸움은 주먹이 아니라 말로, 무기가 아니라 감정으로 이루어진다. 이것이 바로 **'보이지 않는 전쟁', 심리전**이다. 심리전은 군사 작전이나 정보기관의 전유물이 아니다. 그것은 인간관계가 시작되는 곳에서 가장 먼저 나타나고, 가장 깊이 작동한다. 우리는 사랑받기 위해 설득하고, 인정받기 위해 거짓을 감추며, 때로는 침묵으로 상대를 흔든다. 이 모든 장면이 '감정의 전장'이자 '심리전의 무대'다.

심리전은 눈에 보이지 않지만, 가장 깊숙이 침투한다. 전통적인 무기는 육체를 겨냥하지만, 심리전은 마음과 인식, 그리고 감정을 직접 겨냥한다. 정보, 이미지, 상징, 말 한마디가 상대의 감정 반응을 유도하고, 결국 행동까지 바꾸는 것이 심리전의 핵심이다. 전쟁의 역사 속에서도, 일상과 정치, 마케팅과 디지털 공간에서도 우리는 끊임없이 '심리적 전장' 위를 걷고 있다. 이 항에서는 심리전이 무엇인지, 왜 작동하는지, 그리고 어떤 방식으로 이루어지는지 그 원리를 탐색한다.

심리전의 정의 — 감정을 무기로 하는 전쟁

이윤규의 『들리지 않던 총성 종이폭탄』(2006)에서, **심리전** (Psychological Warfare)은 상대의 심리를 자극하여 원하는 방향으로 정서, 태도, 행동을 변화시키는 계획적인 전략적 행위라고 정의하고 있다. 이는 상대방이 자발적으로 결정을 내리는 것처럼 보이게 하면서도, 실상은 특정한 감정 상태 — 두려움, 불안, 자책감, 안도감 등 — 에 몰입하게 하여 행동을 유도한다. 전통적으로는 전쟁에서 인명 피해를 줄이면서도 적의 전투 의지를 약화시키기 위한 인도주의적 작전 기술로 시작되었으나, 오늘날 심리전은 전쟁을 넘어서 정치, 경제, 미디어, 일상에까지 확장된 감정 지배의 기술로 자리 잡았다. 핵심은 언제나 '사실'보다 '느낌'이다. 전황이 불리하지 않더라도 "우리는 졌다"는 감정을 주입받은 병사는 이미 싸우기 전에 패배한 것이다. 현대 사회에서 심리전은 총칼이 아니라, 클릭 한 번과 메시지 한 줄로 인간의 감정을 흔들고 선택을 유도하는 무형의 전쟁이 되었다.

2020년 한 글로벌 전자상거래 플랫폼은 '심리적 긴급성'을 유도하는 마케팅 기법으로 폭발적인 매출을 기록했다. 예컨대 사용자가 특정 상품 페이지에 접속하면, "방금 7명이 이 상품을 장바구니에 담았습니다", "재고 3개 남음", "지금 구매하지 않으면 할인 종료" 등의 메시지가 팝업으로 반복된다. 이러한 정보는 사실 여부와 관계없이 사용자의 무의식에 **'서두르지 않으면 손해 본다'**는 감정적 압박을 주입한다. 실제 분석에 따르면, 이처럼 긴박한 감정을 자극하는 마케팅은 구매 전환율을 2배 이상 높였고, 사용자 대부분은 "충동적으로 샀다"는 자각도 없이 자신의 결정을 '스스로 내렸다'고 인식했다. 이는 현대판 심리전이 더 이상 전장에 있는 것이 아니라, 우리의 스마트폰 속 쇼핑 화면, 팝업 알림 속에 내장된 감정 조작의 기술임을 보여준다.

심리전은 이제 군대만 사용하는 기술이 아니다. 우리는 매일 광고, 뉴스, SNS, 정치 캠페인을 통해 감정을 겨냥한 심리적 작전에 노출되어 있다. "지금 아니면 기회가 없습니다", "당신만 몰랐습니다", "다들 이미 샀습니다" 같은 문구는 단순한 정보처럼 보이지만, 실제로는 소외감, 불안감, 소유욕 같은 감정을 자극하여 행동을 유도하는 정교한 심리전이다. 마치 누군가에게 쫓기듯 결제 버튼을 누르고, '내가 이걸 정말 원했나?'라는 질문은 뒷전이 된다.

오늘날 우리는 논리가 아니라 감정이 주도하는 시대에 살고 있다. 그래서 심리전은 더욱 위험하고 은밀하다. 전장에선 총알이 몸을 꿰뚫지만, 일상 속 심리전은 '느낌'이 생각을 지배하고 행동을 통제한다. 그리고 우리는 그 전장을 매일 무방비 상태로 걷고 있다.

심리전의 특징 — 무형의 힘, 무의식의 침투

심리전의 본질적 특징은 두 가지로 요약된다. 첫 번째는 **'형태가 없는 전쟁'**이며, 두 번째는 **'무의식을 겨냥해 작동한다'**는 점이다. 일반적인 전쟁은 총과 폭탄처럼 물리적 수단이 사용되지만, 심리전은 말투, 이미지, 반복되는 상징, 편집된 정보 등 무형의 요소로 상대의 판단과 감정을 조종한다. 특히 이 정보들은 수용자의 의식적 판단을 우회해 무의식 속에 자리 잡음으로써, 자신이 조종당하고 있다는 자각 없이 행동을 유도하는 것이 특징이다. 예컨대 "우리는 약하다"는 말을 하지 않아도, 강해 보이는 상대의 모습만 반복적으로 노출되면 스스로 위축된다. 이처럼 무형성과 무의식 침투는 심리전의 핵심적인 작동 메커니즘이다.

2021년, 한 글로벌 유튜브 분석 기업은 특정 정치적 성향의 영상이 사용자의 무의식에 어떤 영향을 미치는지를 실험했다.

연구팀은 참가자들을 세 그룹으로 나누어, 각각 '불안 유발 영상', '분노 유발 영상', '감동 영상'을 의도적으로 알고리즘 피드에 반복 노출시켰다. 단 3일 만에 참가자들의 심리 상태는 뚜렷이 달라졌고, 특히 불안 영상을 본 그룹은 실제 세상에 대한 위협 인식이 높아지고, 특정 뉴스에 더 민감하게 반응했으며, 보수적 또는 방어적인 판단 경향을 보였다. 놀라운 것은, 이 변화가 참가자 자신에게는 '그저 우연히 본 콘텐츠'로 인식되었다는 점이다. 이처럼 **알고리즘을 통한 감정 조작은 눈에 보이지 않으며, 수용자의 무의식을 겨냥**해 스스로 선택했다고 착각하게 만드는 심리전의 현대적 양상이다.

오늘날 이와 같은 심리전은 군사적 영역을 넘어 일상과 디지털 공간에서 더욱 정교하게 사용된다. 예컨대 SNS에서는 특정 인물이나 제품이 '좋아요'를 많이 받은 채 반복적으로 노출될 경우, 사람들은 그것이 진실하고 훌륭하다고 자동적으로 인식하게 된다. 이는 심리학에서 **'반복 노출 효과(Exposure Effect)'**로 알려진 현상으로, 익숙한 것에 더 큰 신뢰를 부여하게 되는 무의식적 판단의 오류를 활용한 것이다.

무서운 점은, 이러한 모든 조작이 **'내가 설득당하고 있다'**는 자각 없이 일어난다는 것이다. 사람들은 스스로 판단했다고 믿지만, 사실은 반복 노출과 이미지 편향에 의해 이미 심리적으로 유도된 선택을 한 것이다. 이것이 바로 심리전의 무형과 무의식 침투가 가진 진정한 파괴력이다. 심리전은 더 이상 전장에서만 쓰이는 기술이 아니다. 그것은 뉴스의 언어, 광고의 이미지, SNS 피드 속 숫자와 감정에 깊숙이 침투해 있다.

심리전의 조건 — 의도, 수단, 수용자의 심리적 문

심리전은 단순한 정보전이 아니다. 그것이 성립하려면 반드시 세 가지 요소가 충족돼야 한다. 첫째는 **의도(Intent)**이다. 심리전은 우연한 감정 유발이 아니라, 상대의 판단과 행동을 특정 방향으로 유도하려는 목적을 가진 전략적 기획이다. 둘째는 **수단(Means)**이다. 언어, 상징, 이미지, 음악, 침묵, 반복 등 감정과 인식을 자극하는 다양한 자원이 동원된다. 셋째는 **수용자 상태(Gate)**이다. 아무리 정교한 심리전이라도, 수용자의 심리적 문이 열려 있지 않으면 무용지물이다. 불안, 피로, 호기심, 결핍, 소외 같은 감정이 그 문을 열어준다. 즉, 심리전은 마치 물이 스며들 틈처럼 심리적 여백을 필요로 한다.

북한은 심리전을 차단하는 데 있어 세계에서 가장 체계적인 '**심리 방탄국가**'라 할 수 있다. 외부 세계에 대한 호기심, 불만, 의문이라는 '심리적 문'이 생기지 않도록 정보 차단, 정서 통제, 공포 주입을 입체적으로 실행한다.

우선, 주민들의 인터넷과 국제 통신은 전면 금지되어 있다. 외부 라디오 청취는 '정치범 수용소'로 직결되고, 한국 드라마를 USB로 본 것만으로도 공개처형이 이뤄진다. '한류는 적대세력의 문화 심리전'이라는 프레임 아래, 비디오·노래·말투 하나로도 '사상오염' 혐의가 적용된다. 국경 지역에서는 USB 유입을 막기 위해 무작위 단속, 세대별 불시 가택수색, 어린이까지 상호 감시 체계에 동원된다. 이것은 단지 정보 차단이 아니라, 의심과 감정을 형성할 가능성 자체를 선제 제거하는 것이다.

결국 북한은 외부로부터의 심리전을 방어하는 것이 아니라, 자국민의 무의식에 문 자체를 만들지 못하게 차단하고 있는 셈이다. '정보의 부재'보다 더 무서운 건 '의심할 줄 모르는 인간'을 만드는 것이다.

이 사례는 심리전이 통하기 위해선 반드시 **심리적 출입구**가 존재해야 한다는 점을 분명히 한다. 우리가 누군가의 말이나 콘텐츠에 끌리는 이유는 그 시점에 내 안에 감정적 틈, 판단의 여백이 있기 때문이다. 예컨대 보이스피싱은 아무리 정교해도 경계심이 작동하는 순간 실패하지만, 불안하거나 위기 상황에 처하면 감정적 문이 열려 쉽게 속게 된다.

그래서 심리전을 방어하기 위해선 정보보다 감정을 경계해야 한다. "나는 지금 어떤 문을 열어두고 있는가?" 이 질문이 심리전 시대의 유일한 '자기방어'다.

2. 감각과 지각의 심리전 — 정보 해석의 전쟁

우리는 외부 세계를 '있는 그대로' 인식하지 않는다. 감각은 단순히 정보를 수용하는 통로이고, 지각(perception)은 해석의 과정이다. 심리전은 이 지각의 틈을 노린다. 같은 이미지를 보고도 다르게 느끼게 만들고, 같은 말을 듣고도 정반대의 감정을 느끼게 만든다. 즉, 심리전은 정보 자체보다, 그 정보를 어떻게 '**느끼게**' 하느냐가 핵심이다. 감각은 객관의 창이 아니라, 감정과 맥락이 개입된 주관의 렌즈다. 이 항에서는 감각의 조작, 지각의 왜곡, 그리고 그것이 어떻게 설득과 통제로 이어지는지를 살핀다.

감각 조작의 심리전 — 오감을 설계해 감정을 유도하다

인간은 세상을 감각으로 받아들이고, 감정은 바로 그 감각의 반응이다. 심리전은 이 감각 체계를 조작함으로써 정서 반응을 유도하고, 그 감정을 바탕으로 인식과 행동을 통제한다. 시각적으로는 색채, 이미지, 구도, 움직임을 통해 안정감이나 위기감을 유발할 수 있고, 청각적으로는 특정 주파수의 음악, 말투, 목소리로 친밀감, 위협감, 향수를 자극할 수 있다. 이러한 감각 자극은 논리보다 먼저 작동하며, 수용자는 그 느낌을 '**자신의 판단**'이라 착각하게 된다. 결국 심리전은 정보가 아니라 감각을 설계함으로써, 생각보다 먼저 감정을 흔드는 기술이다.

6·25전쟁 당시 유엔군이 수행한 '**천사의 목소리 작전(Voice of the Angel)**'은 청각 감각을 통한 심리 조작의 대표적 사례다. 야간에 반복된 여성의 맑고 애절한 목소리는 "어머니가 기다린다, 돌아오라"는 정서적 메시지를 담아 북한군 진지에 송출됐다. 당시 전투 스트레스와 고향에 대한 향수가 겹치면서, 실제 귀순한 병사들은 "그 목소리를 듣고 울컥했다. 어머니가 보고 싶었다"고 증언했다. 1990년대 후반, 대북 확성기 방송에 실제 어머니의 육성이 삽입된 사례 역시 유사한 효과를 보였다. 이는 단순한 언어 정보가 아니라, 음색과 감정이 담긴 소리 자체가 심리를 흔든 감각 기반 심리전이다. 같은 시기, 부모의 사진과 손편지를 담은 전단지를 함께 살포하는 작전도 병사들의 감정을 자극하여 귀순을 유도했다.

오늘날 감각 조작은 광고, 마케팅, 정치, SNS 콘텐츠 등 일상 전반에 걸쳐 이뤄진다. 예를 들어 고급 레스토랑 광고에서는 검은 배경에 황금빛 조명, 부드러운 클래식 음악, 음식이 지글지글 익는 소리를 입체적으로 배치해 미각보다 먼저 감정적 욕구를 자극한다. 정치인의 연설 무대 또한 철저히 감각 설계의 산물이다. 파란색 계열의 정장과 깔끔한 조명, 점잖고 낮은 톤의 배경음악은 말의 내용보다 먼저 '신뢰'라는 인상을 준다. 이는 감각을 정교하게 설계함으로써 수용자의 인식을 선제적으로 통제하는 심리전의 전형이다.

결국 심리전의 핵심은 내 감각이 아니라, 누군가가 미리 짜놓은 감각을 내가 경험하도록 유도한다는 것이다. 내가 스스로 보고 듣고 느낀 것 같지만, 사실은 누군가가 그 과정을 설계해 둔 것이다. 그래서 감각을 설계하는 순간, 곧 우리의 행동까지도 설계할 수 있게 된다.

지각 왜곡의 전략 — 같은 것을 보고 다르게 믿게 만들기

사람은 누구나 세상을 '있는 그대로' 보기보다는, 자신의 감정과 믿음에 맞게 해석하는 경향이 있다. 이것이 바로 **지각**(Perception)이다. 감각이 정보를 받아들이는 창이라면, 지각은 그 정보를 해석하는 필터다. 심리전은 바로 이 필터를 조작해 같은 것을 보고도 서로 다르게 믿도록 만든다. 예를 들어 똑같은 사진도, "감동의 순간"이라는 제목을 붙이면 긍정적으로 보이고, "조작된 연출"이라는 말과 함께 보여주면 의심스럽게 느껴진다. 심리학에서 말하는 확증 편향(자신이 믿는 쪽만 보려는 경향), 선택적 지각(보고 싶은 것만 보는 습성), 맥락 효과(어떤 상황 속에서 보느냐에 따라 달라지는 해석) 등이 모두 이 지각 왜곡 전략과 연결된다.

2000년대 초, 남측 예술단이 평양에서 공연한 장면이 북한 TV에 방영된 적이 있다. 그 중 한 여성 가수가 무대에서 눈물을 흘리는 모습이 포착됐고, 북한 매체는 이를 두고 " 남조선 예술인도 우리(북한)의 진정한 마음과 감동적인 분위기에 감복해 눈물을 흘렸다"고 보도했다. 하지만 실제로는, 그 눈물은 무대 위에서 느낀 감정과 음악의 분위기, 공연에 대한 몰입에서 자연스럽게 나온 것이었다. 즉, 감정 표현의 이유는 공연 자체였지만, 북한은 이 장면에 자신들이 감동을 준 주체라는 의미를 덧씌운 것이다.

이처럼 같은 장면이라도 어떤 해석을 덧붙이느냐에 따라 전혀 다른 의미로 받아들여질 수 있다. 이것이 바로 심리전의 핵심 방식 중 하나인 **'프레이밍(Framing)'**이다. 이와 유사하게, 정치 리더들이 어떤 장면에서 웃고 있는 모습, 남을 감싸는 손짓 등을 반복해서 노출시키면, 사람들은 "따뜻한 사람"이라는 이미지를 가지게 되는데, 이것은 "반복된 인상으로 신념을 만드는 리더의 전략"이다.

오늘날 우리는 매일 프레임이 덧씌워진 정보를 접하고 있다. 같은 뉴스를 읽어도, 어떤 제목으로 전달되었는지, 댓글이 어떤 분위기인지에 따라 그 뉴스에 대한 판단이 달라진다. 예컨대 "정치인 A가 고개를 숙였다"는 장면에, 어떤 언론은 "국민 앞에 사과했다"고 쓰고, 다른 언론은 "여론에 밀려 굴복했다"고 쓴다. 사진은 같지만, 받아들이는 인상은 완전히 다르다.

이처럼 지각은 객관적이 아니라, 누군가가 미리 설계한 틀에 의해 유도되는 경우가 많다. 우리가 '생각'했다고 믿는 많은 판단은 사실 '느끼게끔 만들어진 것'을 받아들인 것일 수 있다. 심리전은 총칼이 아니라, 이미지 한 장과 **말 한마디로 감정을 흔들고, 그 감정이 우리의 생각을 만든다.** 지각이 흔들리면, 진실도 흔들린다. 그리고 그 틈을 노리는 것이 바로 심리전의 핵심 기술이다.

감정-인식-판단-해석의 구조-인지 흐름 속 감정 조작

인간은 외부 자극을 단순히 받아들이는 것이 아니라, 다음과 같은 심리적 절차를 거쳐 현실을 해석하고 반응한다.
① 감각: 빛, 소리, 냄새 등 물리적 자극을 감각기관이 수용
② 지각: 감각 정보를 뇌가 하나의 의미 있는 형태로 구성
③ 감정: 지각된 자극에 대해 자동적으로 떠오르는 정서 반응
④ 인식: 감정과 맥락, 기억을 통해 대상을 이해하고 규정
⑤ 판단: 인식을 바탕으로 행동과 결정, 평가를 내리는 단계
⑥ 해석: 전 과정을 종합하여 언어적 의미로 설명하고 정리

심리전은 이 가운데 특히 **감정과 인식의 틈**을 파고들어, 판단과 해석까지 조작한다. 즉, 감정이 흔들리면 인식이 왜곡되고, 판단은 쉽게 유도된다. 감정은 사고의 관문이며, 설득된 메시지 대부분은 감정을 통과한 것들이다.

지하철에서 낯선 이가 시선을 보낼 경우, 눈에 들어온 자극(감각)은 곧 '쳐다본다'는 인식 가능한 형태로 구성(지각)되며, 불쾌함이나 경계심(감정)으로 연결된다. 이후 "이 사람 위험한가?"라는 인식과 "자리를 옮기자"는 판단, 그리고 "이상한 경험이었다"는 해석으로 이어진다.

또한 코로나19 초기 "중국인 확진자 대구 병원 입원"이라는 출처 불명의 글은 이미지(감각)와 함께 공포(감정)를 자극하고, '중국인=위험'이라는 인식과 함께 배척 행동(판단)을 유도했으며, "정부는 왜 막지 않나"라는 해석으로 확산됐다. 감정은 사실보다 강한 판단의 근거였다.

심리전의 방어는 감정의 자각에서 시작된다. 강한 정서 반응이 일어날 때, 그 감정이 인식과 판단을 어떻게 움직이는지를 관찰해야 한다. 특히 분노, 공포, 혐오처럼 격렬한 감정이 동반되는 정보는 판단을 유도하기 쉬우므로, 정보의 출처와 맥락을 점검하고, 한 템포 늦춰 해석하는 훈련이 필요하다. 감정을 통제하면, 해석의 주도권을 되찾을 수 있다.

3. 심리전에 대한 오해와 윤리적 성찰 ─ 통제와 조작 사이

심리전은 종종 '거짓말', '기만술', '전쟁의 기술'로만 오해된다. 그러나 그것은 인간 사회에서 감정과 인식을 움직이는 모든 구조적 작용을 포함한다. 광고, 정치, SNS, 가족 대화, 교육 등에서 우리는 의식하든 아니든 심리전을 구사하고 있다. 그렇다면 그것은 악인가? 또, 어디까지 허용 가능한가? 이 항은 심리전에 대한 대표적 오해를 짚어보고, 윤리적 기준과 자기 성찰의 필요성을 탐색한다. 심리전은 단지 통제의 기술이 아니라, 인간 존중의 경계에서 다뤄져야 할 문제이기도 하다.

심리전은 일상과 사회구조 속 무형의 권력 작용

많은 사람들은 '심리전' 하면 전쟁이나 군사 작전을 먼저 떠올린다. 그러나 이는 심리전의 가장 좁은 의미일 뿐이다. 실제로 심리전의 본질은 총칼이 아니라, **감정 유도, 인식 설계, 행동 유도**라는 세 가지 심리 메커니즘을 기반으로 한다. 그리고 이 구조는 우리가 살아가는 거의 모든 사회 영역, 즉 정치, 교육, 경제, 언론, 기업, 가족, 심지어 친구 관계 속에서도 작동한다.

군사 심리전은 이 기술이 가장 극단적으로 사용된 사례일 뿐이고, '오늘날 대부분의 심리전은 평화 시기, 일상 속에서 은밀하게 펼쳐지는 '무형의 권력전'이다. 광고 문구 하나, 뉴스 자막 하나, 교사의 한마디 말투에도 심리전의 요소가 들어 있다. 심리전은 전쟁터에서 태어났지만, 지금은 옷을 갈아입고 교복, 정장, 슬로건, 브랜드 로고의 형태로 우리 곁에 있다.

대표적인 비군사 사례는 학급에서의 '소문 조작'이다. 한 학생이 교사에게 미움을 받고 있다는 루머가 퍼지면, 그 학생은 실제로 행동을 위축시키고 다른 학생들도 선입견을 갖게 된다. 말한마디 없이 심리적 고립과 자기 검열이 유도된 것이다. 이처럼 누군가의 감정을 조작해 집단의 인식을 설계하고 행동을 유도했다면, 그것은 작은 심리전이다.

또 다른 예는 대형 유통 기업의 진열 전략이다. 마트에 들어서면 입구 근처에 빵 냄새와 따뜻한 조명이 먼저 배치되고, **구매 유도 제품은 시선을 사로잡는 위치에 놓인다.** 이는 단순한 판매 기술이 아니라, 소비자의 감각과 감정을 조종해 구매 행동을 유도하는 구조화된 심리전 전략이다.

심지어 온라인 리뷰 조작도 대표적 심리전이다. 사용자들은 논리보다 '별점'과 '다수의 호평'에 따라 감정을 흔들리고 선택을 바꾼다. 사실보다 누구의 말처럼 보이느냐, 얼마나 자주 보이느냐가 더 중요해진 시대다.

심리전을 군대에서만 쓰는 기술이라고 생각하면, 우리는 일상 속 설득과 조작의 게임에서 무방비 상태가 된다. 교실에서의 교사 언행, 기업의 브랜드 연출, 유튜브 알고리즘, SNS에서의 감정적 댓글, 가족 내 말투 하나까지 — 모두가 나의 감정을 흔들고, 인식을 유도하는 '작은 심리전'일 수 있다. 문제는, 그 과정이 너무 일상적이어서 우리는 그게 심리전인지조차 인식하지 못한다는 데 있다.

현대인은 이제 '총소리'가 아닌 '감정의 진동'에 반응하고, '명령'이 아닌 '느낌'에 따라 행동한다. 따라서 가장 강력한 **심리전은 자신이 조종당하고 있다는 사실조차 느끼지 못하게 만드는 전략**이다. 이 전장을 감지하는 능력 — 그것이 오늘날의 생존력이다.

나와 무관하다고 생각하는가? — 누구나 구사하고, 누구나 당하는 심리전

심리전은 '권력자'가 '대중'을 향해 행사하는 일방적 기술로 오해되기 쉽다. 하지만 실상은 그렇지 않다. 모든 인간은 설득하고자 하고, 영향력을 행사하고 싶어한다. 말투, 표정, 침묵, 무관심, 울음조차 하나의 메시지가 된다. 심리전은 특정 직업군인이나 정치 세력만이 쓰는 전략이 아니라, 인간관계 속에서 자연스럽게 구사되는 사회적 본능이다. 나도 누군가에게 심리전을 구사하고 있을 수 있고, 나도 누군가의 조용한 설득 속에 영향을 받고 있을 수 있다.

예컨대 회사 회의 시간, 상사가 "이건 굳이 설명 안 해도 되겠지요?"라고 말하는 순간, 참석자들은 자연스럽게 질문을 자제하게 된다. 이 말은 겉보기에는 설명 생략처럼 보이지만, 실제로는 '이견을 말하지 말라'는 은근한 경고로 작용한다. 또 교실에서 교사가 특정 학생만을 반복해 지목하면, 그 학생은 자신이 **'찍혔다'**고 느끼며 방어적인 태도로 전환하기 쉽다.

마찬가지로 가정에서도, 부모의 말 한마디보다 무표정한 얼굴, 깊은 한숨, 날카로운 시선이 자녀에게 더 큰 심리적 압박으로 작용하는 경우가 많다. 이처럼 말이 아닌 분위기와 표정, 암묵적인 메시지가 작동하는 장면은 가정, 교실, 직장 등 일상 곳곳에서 벌어지는 심리전의 전형적인 모습이다.

이처럼 우리는 모르는 사이에 심리전을 구사하고, 동시에 심리전에 당하고 있다. '기분 나빠서 말 안 했어'라는 침묵, '너나 잘해'라는 한마디, 혹은 단순한 눈빛 하나에도 상대의 감정이나 판단을 조정하려는 심리적 요소가 숨어 있다. 중요한 것은, 자신이 내뱉는 말과 행동이 타인에게 어떤 심리적 메시지를 주는지를 자각하는 태도다. 누구나 **심리전 지휘관**이 될 수 있기 때문에, 설득보다는 존중, 통제보다는 공감이 우리의 심리 커뮤니케이션 윤리를 지켜주는 기준이 되어야 한다.

일상 속 심리전의 자각과 활용 — 무기 보다 도구로, 통제보다 설득으로

심리전을 거부하거나 두려워하는 태도보다 더 필요한 것은 그 메커니즘을 이해하고, 선용하는 능력이다. 심리전은 본질적으로 인간의 감정, 인식, 행동을 설계하는 커뮤니케이션 기술이며, 그것은 악용할 수도 있고, 책임감 있게 사용할 수도 있다. 우리가 일상 속에서 자주 겪는 가족 간 설득, 동료 간 의견 조율, 대중을 향한 메시지 전달도 모두 심리전의 연장선에 있다. 차이는 그것을 조작의 도구로 쓰느냐, 공감의 언어로 쓰느냐에 있다.

코로나19 팬데믹 초기, 한국 질병관리청(KDCA)은 "마스크 착용은 나와 이웃을 지키는 배려입니다"라는 슬로건을 반복적으로 사용했다. 이 문장은 공포가 아닌 책임과 연대를 자극하는 심리전의 사례였다. 단순한 보건 행위도 의무가 아닌 감정적 공감으로 전달할 때, 대중의 행동 변화는 더욱 효과적이었다. 이처럼 심리전은 상대를 속이거나 제압하는 기술이 아니라, 공공선에 기여하는 감정 설계 방식으로도 기능할 수 있다.

우리는 매일 심리전 속에 살고 있다. 그래서 중요한 것은 두 가지다. 하나는 내가 감정적으로 어떻게 조종당하고 있는지를 알아채는 힘, 다른 하나는 내가 누군가에게 어떤 감정의 영향을 주고 있는지를 살피는 태도다. 예를 들어, SNS에서 '지금 안 사면 품절됩니다'라는 광고를 봤을 때, '정말 필요한가?'가 보다 '놓치면 손해 볼 것 같아'라는 감정이 먼저 든다면, 이미 당신은 심리전장의 한 가운데 들어선 것이다. 이런 순간에 "지금 내 감정을 누가 설계했는가?"를 자문해보는 것이 심리전의 자각이다.

또 반대로, 내가 누군가에게 말을 건넬 때 "그 말이 상대에게 어떤 느낌을 줄까?"를 생각해보는 것도 중요하다. '이걸 해줘'라고 말하는 대신, '네가 해주면 정말 도움이 될 거야'라고 말하면, 강요 대신 자발성을 이끌어낼 수 있다. 이것이 감정을 설계하는 긍정적인 심리전이다.

결국 심리전은 무서운 기술이 아니라, 사람 사이의 감정을 이해하고 설득하는 기술이다. 중요한 건, 그것을 **속이기 위한 무기로 쓸것인지, 이해를 위한 사다리로 쓸것인지는 우리의 선택**에 달려 있다는 점이다.

제2장

본능으로서의 심리전
― 생존에서 시작된 감정의 전쟁

1. 생존 본능과 심리전의 기초 구조

인간의 심리전은 생존 본능에서 출발한다. 포식자와 피식자의 대립 구도 속에서 인간은 상대의 행동을 예측하고 통제하려는 전략적 감각을 발전시켜 왔다. 공포, 불안, 공감, 속임수 등은 모두 생존의 감정 도구였으며, 이는 오늘날 인간관계, 설득, 갈등, 리더십 등 사회적 관계 속 심리전의 핵심 기제로 전이되었다. 이 항에서는 심리전의 기초가 된 원초적 감정 구조를 분석하고, 포식자-피식자 관계, 공포 유도, 감정 조작 등의 메커니즘이 어떻게 **사회적 심리전**으로 진화했는지 개관한다.

포식자와 피식자의 심리 게임 ― 원시 본능의 흔적은 지금도 작동한다

인간의 심리는 **포식자**(사냥하는 자)와 **피식자**(도망치는 자) 사이의 본능적 역할 분화에 따라 진화해왔다. 두 역할 모두 생존을 위해 상대의 행동을 예측하고 조종하는 전략을 발전시켰다. 포식자는 은밀함과 속임수를, 피식자는 경계심과 위장을 통해 생존 확률을 높였다. 이 과정에서 인간은 심리적 신호 해석 능력과 기만적 행동 연출 능력을 진화적으로 습득하게 된 것이다. 원시시대의 포식-피식자 본능은 오늘날에도 사람 사이의 경계,

경쟁, 감정 조작 같은 행동 양식에 심리 전략으로 전이되어 살아남아 있다.

초식동물이 풀숲에서 기척 없는 포식자의 눈빛을 감지하고 본능적으로 도망치는 모습은 본능적 경계심의 전형이다. 인간 사회에서도 이 본능은 다양한 형태로 드러난다. 예컨대 직장 회의에서 상사의 표정이 굳거나 말투가 바뀌는 순간, 직원들은 즉각 분위기를 감지하고 자신의 언행을 조심스럽게 조절한다. 이는 단순한 사회적 반응이 아니라 생존 전략의 일환이다. 또 군대에서는 지휘관의 침묵, 무표정, 고정된 시선이 말보다 강한 압박으로 작용하는데, 이는 **'언어 없는 위협'**을 통한 심리적 지배의 사례로 해석할 수 있다. 인간은 무언의 위협을 인식하고 이에 반응하도록 진화한 존재다.

오늘날 인간은 일상 속에서도 포식자-피식자 구도를 재현하며 사회적 생존 전략을 구사한다. 예를 들어 교실에서는 학생들이 교사의 눈치를 보며 발언하거나 침묵을 선택하는 일이 흔하다. 이는 단순히 '예의'의 문제가 아니라, 권위에 대한 본능적인 반응이다. 또한 SNS에서는 '좋아요' 수, 외모 강조, 성공 연출 등을 통해 스스로를 사회적 포식자의 위치에 올리려는 행동이 나타난다. 또래 집단 내 경쟁 속에서도 유사한 자기 연출 전략이 반복된다.

중요한 것은, 우리가 이 본능의 작동 방식을 자각하는 순간부터 단순히 감정에 휘둘리는 사람이 아니라, 감정을 전략적으로 다루는 주체로 바뀐다는 점이다.

불안과 공포의 활용 — 생존 감정의 무기화

불안과 공포는 생존 본능의 핵심 감정이다. 인간은 위협에 반응하여 빠르게 도망치거나 숨도록 진화했다. 이 감정들은 오늘날에도 여전히 강력한 의사결정 유도 장치로 작동한다. 심리전은 이 불안을 자극하여 행동을 유도하고, 공포를 강조하여 순응을 끌어낸다. 이때 사람들은 논리보다는 감정에 기초한 결정을 내리게 되며, 이는 공격보다 강력한 방어 해제 효과를 불러온다.

2020년 코로나19 초기, 마스크 품귀 현상과 함께 확산된 '**화장지 사재기**' 현상은 공포가 어떻게 소비 행동까지 통제할 수 있는지를 보여준다. 마스크 품귀 현상의 배경에는 실제 수요 급증, 초기 정부 혼선이 "지금 안 사면 못 산다"는 불신 심리를 자극하였고, 공급망 붕괴, 유통망 혼선, 제조 공장 폐쇄 등으로 공급이 일시적으로 끊기거나 지연되었기에 때문이었다. 이에 따라. "다른 사람도 사고 있다"는 소문 하나로, 제품 품절 사태가 이어졌고, 이것은 바이러스보다 사회적 불안을 통한 심리 전염이었다. 이는 심리전의 공포 작동 원리를 실생활에서 여실히 드러낸 국내 사례다.

여기서 왜 화장지 사재기까지 일어났는가? 코로나 19가 소화기관과는 무관한 호흡기 질환임에도 불구하고, 화장지 사재기가 전 세계적으로 퍼진 이유는 무엇일까? 이것은 첫째, 불안 심리와 '대체 불가능한 일상 필수품' 인식이었다. 화장지는 대부분 가정에서 반드시 사용하는 소비재이며, 대체가 어렵다는 인식 때문에 심리적으로 불안이 증폭되었기 때문이다. 사람들이 "만약 감염되면 외출 못 할 텐데, 최소한 화장지는 있어야 하지 않을까?"라는 생각을 품었고, 둘째, SNS, 언론 보도에 의한 가짜 정보 확산되었다. "마스크 만드는 재료와 화장지의 원료가 같다"는 가짜 뉴스가 SNS에서 확산되며, 공급 부족 공포를 자극하였다. 사실 마스크는 멜트블로운 필터(melt-blown fabric), 화장지는 펄프로 완전히 재료가 다르다. 그런데 "마스크 부족하니 화장지도 부족해질 것이다"라는 잘못된 연상 작용이 발생하였기 때문이다. 셋째, 행동 전염효과이다. 즉 마트에서 다른 사람들이 화장지를 쓸어 담는 모습을 보고, "나도 안 사면 큰일나겠다"는 심리가 작동한 것이다. 결국 사재기 → 품절 → 뉴스 보도 → 더 많은 사재기라는 순환 구조가 발생하였다.

공포가 전염되면, **인간은 의심 없이 행동하게 된다.** 가짜뉴스가 공포를 자극하는 이유, 기업이 '마지막 기회'라는 문구를 반복하는 이유, 정치인이 안보 위협을 과장하는 이유는 모두 불안이 사고를 멈추고, 행동을 촉발시키기 때문이다. 우리는 공포를 느낄 때일수록 잠시 멈춰야 한다. 심리전은 감정이 앞설 때 가장 강력해진다. 공포를 다룰 줄 아는 사람이 설득의 주도권을 쥐게 된다.

공감과 속임수 — 사회적 생존을 위한 이중 전략

인간은 집단 내에서 협력하고 생존하기 위해 공감 능력을 진화시켰다. 하지만 이 능력은 단순히 타인을 위로하고 이해하는 기능을 넘어서, 사회적 영향력 행사와 속임수의 도구로도 작동한다. 예일대학교 심리학 교수 폴 블룸(Paul Bloom)은 **"공감은 도덕의 기초이자, 조작의 도구이기도 하다"**고 말했다. 우리는 상대방의 감정에 반응하고 동화되지만, 동시에 그러한 감정 표현을 통제하고 연기함으로써 상대의 판단과 반응을 유도할 수 있다. 공감은 '진짜 감정'일 수도 있지만, 사회적 위장술일 수도 있는 이중적 장치다.

2002년 부산 아시안게임, 2003년 대구 하계유니버시아드, 그리고 2005년 인천 아시아육상선수권 대회에서 등장한 **북한 미녀응원단**은 외형적으로는 "남북 화해의 상징", "평화의 사절"로 환영받았다. 특히 단정한 복장과 미소, 일사불란한 동작, 감성적인 구호 등은 한국 국민의 감정적 공감을 유도하며 주목을 받았다. 언론은 "북한도 우리와 다르지 않다", "이질감이 사라진다"는 식의 보도를 내보냈다.

하지만 시간이 지나며 이러한 퍼포먼스가 고도로 통제된 연출이며, 한국 사회의 대북 인식을 유리하게 전환시키려는 전략적 심리전이었다는 분석이 제기되었다. 특히 2005년 대구 대회 당시, 북측 응원단의 동선이나 표정까지도 정교하게 관리된 정황이 포착되며 **'공감의 연출'**이 곧 **'공감 조작'**임이 드러났다. 이들은 외형적으로는 감동을 유발하지만, 실질적으로는 한국 내 여론을 순치하려는 전략적 심리전 요원이었던 셈이다.

이 사례는 '공감'이 항상 선한 감정이 아니라, 의도된 전략이 될 수 있음을 보여준다. 우리는 타인의 감정 표현에 쉽게 반응하고 동일시하지만, 그것이 조작된 메시지인지 자발적 표현인지 구분하기 어려운 경우가 많다. 이러한 심리전은 특히 미디어를 통해 대중에게 확대 재생산되며, 누군가가 "네 기분 이해해. 얼마나 힘들었을지 알아."라고 말할 때, 우리는 보통 그 말을 공감의 표현이라고 받아들인다. 하지만 그 말이 진짜 감정의 공유가 아니라, 상대의 마음을 열게 하거나 방심하게 하려는 의도에서 나온 것이라면, 그것은 공감을 가장한 영향력 조작이다. 인간은 감정을 느끼는 존재일 뿐 아니라, 그것을 설계하고 조작할 수 있는 존재라는 점에서, 감정 표현과 수용에 있어서 더 신중하고 비판적 접근이 요구된다.

2. 비언어적 설득의 진화 눈치, 몸짓, 신뢰의 본능

말보다 먼저 발달한 것이 몸짓이고, 의미보다 먼저 작용하는 것이 감정이다. 인간은 언어를 발화하기 오래 전부터 비언어적 신호 — 눈빛, 손짓, 표정, 자세 등을 통해 상대를 설득하고 위협하고 공감해 왔다. 비언어는 단순한 보조 수단이 아니라 감정의 직통로이자, 심리전에서 가장 원초적이고 효과적인 수단이다. 이 항에서는 원시 사회에서 현대 SNS까지 이어지는 비언어적 설득의 진화 양상을 탐구하고, '눈치'라는 한국 사회 특유의 정서도 조망한다.

언어 이전의 심리전 — 몸짓과 표정의 전략

언어는 인간이 발명한 비교적 늦은 소통 방식이지만, 몸짓과 표정, 시선, 자세는 인류가 언어 없이도 타인과 교감하고 영향력을 행사하던 최초의 설득 방식이다. 미소, 찡그림, 눈길 회피, 거리 유지 같은 비언어 신호는 감정과 의도를 전달하고, 상대의 반응을 유도하는 무형의 전략으로 기능해 왔다. 비언어는 종종 의식적 언어보다 먼저 작동하며, 직접적으로 감정을 유발하고 관계의 방향을 설정한다. 그래서 오늘날에도 정치, 경영, 교육, 외교 등 모든 관계의 심리전에서 핵심 도구로 작용한다.

삼성그룹의 고(故) 이건희 회장은 말보다 침묵과 표정, 짧은 시선 교환으로 조직을 통제한 대표적 리더였다. 그는 공식석상에서 말을 아끼기로 유명했으며, 한 마디도 없이 단지 표정의 변화만으로 회의실 분위기를 바꾸는 장면은 삼성 내부에서 '이건희 효과'로 불릴 정도였다. 회의 중 가볍게 눈썹을 치켜올리거나, 한숨을 내쉬거나, 팔짱을 끼는 동작 하나로도 임원진의 사고 방향과 감정 흐름이 정렬되었다. 실제로 그는 "내가 말하면 반발이 생기지만, 내 표정을 보면 모두 이해한다"는 식의 표현을 주변에 자주 남겼다.

그의 이러한 비언어 중심의 리더십은 삼성이라는 거대 조직의 기강을 유지하고, 동시에 조직원 개개인의 심리적 경계와 책임감을 자극하는 심리전의 방식이었다. 말보다 더 무서운 침묵,

설명보다 강한 시선은 조직을 움직이는 무형의 압력으로 작용했다. '이건희 회장이 쳐다봤다'는 사실만으로도 많은 임원은 다음 날 아침 회의 준비를 새로 하기 시작했다.

이 사례는 말을 줄이고, 몸의 언어를 정제함으로써 더욱 강한 심리적 영향력을 행사할 수 있음을 보여준다. 우리는 종종 설득이 실패했을 때, 말의 논리가 부족해서가 아니라 비언어의 메시지가 일관되지 않거나 신뢰를 주지 못했기 때문임을 놓친다. 교사, 리더, 부모 등 영향력 있는 위치에 있는 사람일수록, 말의 내용보다 태도, 표정, 눈빛, 자세 같은 비언어의 일관성이 상대에게 주는 인상과 신뢰를 결정짓는다. **심리전은 말 이전에, 몸으로 먼저 시작**된다는 점을 기억해야 한다.

수렵채집 사회의 설득법 ─ 리더의 눈치와 조율 능력

고대 수렵채집 사회에서는 카리스마와 힘보다 집단의 분위기와 감정 조율 능력이 리더십의 핵심 요소였다. 말보다 먼저 표정, 눈빛, 분위기 파악으로 타인의 감정을 읽고, 과도한 갈등 없이 협력을 이끌어내는 능력이 존중받았다. 이는 '눈치'라는 사회적 감각의 원형이기도 하다. 눈치는 단순한 비굴함이 아니라, 상황 판단과 감정 조절을 통해 공동체 생존을 지키는 전략적 민감성이었다.

눈치는 종종 능력 부족, 감정 조절 미숙, 또는 상대방의 기대를 제대로 읽지 못하는 사람에 대한 비판으로 사용된다. 그러나 실제로는 눈치가 관계 유지와 갈등 회피를 위한 전략적 감정 기술로 작동하는 경우가 많다. 예컨대 회식 자리에서 상사의 농담에 과하게 웃는 직원은 단순히 즐거워서가 아니라, 상사의 기분을 맞추고 분위기를 해치지 않으려는 의도에서 그런 반응을 보이는 것이다. 이런 행동은 불쾌감보다는 **'관계 유지'**라는 목적을 수행하고 있는 셈이다.

즉, 눈치는 상대방의 감정을 읽고 반응을 조율하는 감정 기반의 심리전 기술로, 한국 사회에서 특히 강력한 사회적 생존 도구로 작용한다.

'눈치'는 타고나는 능력이 아니라, 사회 속에서 익히는 감각이다. 우리는 상대의 얼굴에서 피곤함을, 어깨의 움직임에서 긴장을, 말투나 말속도에서 감정을 읽어낸다. 이런 눈치는 누군가를 조종하기 위한 수단이 아니라, 상대방을 이해하고 갈등을 줄이며, 분위기를 부드럽게 만드는 심리적 센서로 쓰일 수 있다. 리더, 협상가, 상담가처럼 사람을 상대하는 이들은 이 감각을 의식적으로 훈련하고 전략적으로 활용할 필요가 있다. 결국, 눈치를 잘 읽고 감정을 잘 다루는 사람이 사람을 움직이고 설득하는 힘을 가진다.

문명과 함께 발전한 설득의 기술 — 감정과 신뢰를 조작하는 법

비언어적 설득은 단순한 기교가 아니라, 인간의 심리 구조에 작용하는 정교한 심리전이다. 인간은 외부 자극을 감각과 지각을 통해 받아들이고, 감정과 인식, 판단, 해석으로 이어지는 흐름 속에서 의미를 구성한다. 비언어적 신호 — 표정, 말투, 시선, 호흡, 자세 — 는 이 중 특히 감정과 인식 단계에 깊이 관여한다. 예컨대 따뜻한 눈빛은 긍정적 감정을 유도하고, 안정된 억양은 신뢰 인식을 형성하며, 이는 곧 판단과 해석에 영향을 미친다. 문명의 발전과 함께 이러한 비언어적 설득 기법은 전략적으로 발전해 왔으며, 오늘날에는 '프레젠테이션 전략', '연설학', '커뮤니케이션 심리학' 등으로 학문화되었다.

버락 오바마 전 미국 대통령은 연설 시 항상 말을 천천히, 단정한 표정으로, 강세 없이 조용하게 시작했다. 이는 청중의 불안을 줄이고 신뢰와 집중을 유도하는 **비언어적 심리 전략**이다. 반대로 도널드 트럼프는 강한 손동작, 빠른 템포, 과장된 표정으로 감정적 반응을 우선 자극하는 방식을 택했다. 이처럼 리더십 스타일마다 비언어 심리전의 방향이 달라진다.

비언어적 설득은 말의 내용을 넘어서, '어떻게 말하느냐'의 힘을 말해준다. 면접, 강의, 발표, 대화에서 목소리 톤, 표정, 자세는 말의 의미를 강화하거나 전혀 다르게 만들 수 있다. 심리전에서 비언어는 장식이 아니라 핵심이다. 중요한 메시지를 전달하고 싶다면, 내용보다 먼저 나의 표정과 말투, 몸의 리듬을 설계해야 한다. 설득은 말이 아니라, 느낌이 만드는 것이다.

3. 인간 본능이 만든 '심리의 무대' — 사회는 심리전의 연극장

인간은 집단을 이룰 때 본능적으로 서열을 설정하고, 협력을 시도하며, 감정을 숨긴다. 이 과정은 단순한 사회생활이 아니라 심리적 작동 구조다. 모든 사회는 무대이며, 우리는 역할을 맡은 배우처럼 시선을 의식하고, 표정을 조절하며, 반응을 설계한다. 이 항목에서는 인간의 본능이 어떻게 사회라는 무대 위에서 심리전을 연출하게 되었는지, 서열, 협력과 경쟁, 침묵과 정서의 전략. 세 가지 주요 기제를 살펴본다.

서열 본능과 우월성 추구- 비교에서 시작되는 심리 게임

인간은 본능적으로 '내가 어디쯤 있는가'를 의식한다. 진화적으로 이는 생존 확률과 자원의 접근성을 결정짓는 중요한 판단 기준이었다. 이로 인해 인간은 늘 타인과 비교하고, 상대적 우위를 확인하려는 심리 메커니즘을 갖게 됐다. 심리전은 이 본능을 활용해 열등감 유발, 우월감 조작, 서열 확인 등을 통해 상대의 반응을 유도한다. 우월성을 자극하면 복종을, 열등감을 자극하면 반항이나 위축을 유도할 수 있다.

한국의 한 대기업 신입 연수 과정에서, 교육생들에게 '**공개순위표**'를 매일 게시한 일이 있었다. 성적이나 행동, 리더십 항목 등이 점수화되어 순위로 나열되었고, 이는 집단 내 위계 경쟁 심리를 자극하는 강력한 심리전 장치였다. 결과적으로 구성원들은 자율적 행동보다는 비교와 평가 의식 속에 위축되거나 과시적으로 행동하게 되었다. 이는 심리전의 핵심인 '자기 위치 인식'을 통한 행동 조절의 사례였다.

학교, 직장, 온라인 커뮤니티, SNS에서도 팔로워 수, 좋아요, 직급, 연봉, 출신 학교 등이 서열화된 심리 게임을 부추긴다. 심리전은 여기에서 작동한다. 사람은 숫자가 붙는 순간 감정적으로 반응하며, 우위에 있는 자는 지시를 하고, 열위에 있는 자는 순응하거나 탈락을 걱정한다. 이 구조를 인식하면, '서열 감정'에 휘둘리지 않고 나를 설계하는 힘을 갖게 된다.

공감을 설계하는 심리전-감정 이입은 조작될 수 있다

공감은 인간관계에서 가장 강력한 감정적 연결 통로이지만, 동시에 심리전의 주요 타깃이 되기도 한다. 인간은 타인의 고통이나 감정에 쉽게 반응하며, 이 감정을 '**나의 감정처럼**' 느끼는 정서 이입 현상을 겪는다. 문제는 이 공감이 의도적으로 유도되고 설계될 수 있다는 점이다. 예컨대 피해자 서사, 눈물, 특정 연출은 감정 반응을 자극하여 공감의 통로를 열고, 이로 인해 판단이 흐려지거나 논리적 검토가 무력화된다. 심리전은 이 지점을 노려, 상대를 돕게 만들거나, 반박을 주저하게 만들며, 때로는 집단적 감정의 흐름에 저항하지 못하게 만든다.

한 다큐멘터리 프로그램에서는 어려운 환경에서 자녀를 키우는 한부모 가정의 사연을 집중 조명하면서, 아이의 눈물과 애틋한 피아노 연주 장면을 반복적으로 보여주었다. 시청자들은 '**무조건 도와야 한다**'는 정서에 빠졌고, 해당 후원 캠페인은 짧은 시간 내 큰 금액이 모였다. 반면, 사실관계가 일부 과장되었음이 뒤늦게 밝혀졌다. 또 다른 사례로는 한 정치인이 청중 앞에서 감정에 복받쳐 눈물을 흘리며 가족 이야기를 꺼낸 장면이 있었다. 그 장면 이후 여론은 급격히 호의적으로 전환됐다. 이처럼 공감은 설계되고, 감정은 유도된다.

공감은 인간다움의 본질이지만, 동시에 판단을 흐리게 만드는 통로가 될 수 있다. 심리전을 방어하려면, 감정적으로 몰입되는 순간 "이 감정은 나의 것인가, 유도된 것인가"를 자문해야 한다. 특히 언론, 정치, SNS 등에서 감정을 자극하는 메시지를 접할 때는, 먼저 감정을 자각하고, 이후 그 감정이 내 판단을 바꾸고 있는지를 점검하는 훈련이 필요하다. 공감을 유도하는 것은 설득의 가장 효과적인 심리전술이며, 그 흐름을 인식하는 것이 자율성을 지키는 첫걸음이다.

침묵과 정서 탐색의 심리전 — 감정 조율의 무의식적 전략

아무 말도 하지 않는 것, 즉 침묵은 오히려 말보다 더 강한 영향을 줄 수 있다. 침묵은 때로 무시로 느껴지기도 하고, 경고나 실망, 혹은 애정 표현처럼 받아들여질 수도 있다. 특히 한국 사회처럼 '**말보다 분위기를 읽는 문화**'에서는, 침묵은 단순히 말이 없는 상태가 아니라, 상대가 감정을 유추하고 반응하게 만드는 무언의 신호다. 이것은 단순한 예민함이 아니라, 감정 교섭을 위한 본능적인 심리 전략이다. 누군가 말없이 시선을 피하거나 갑자기 말을 줄였을 때, 우리는 그 변화의 의미를 파악하려고 긴장을 하고, 심리적으로 반응하게 된다. 바로 이 점에서 침묵은 강력한 심리전의 도구가 된다.

직장에서 회의 중, 상사가 특정 직원의 보고를 받은 뒤 아무런 반응 없이 고개만 끄덕이며 말을 아끼는 경우를 떠올려보자. 칭찬도 지적도 없이 이어지는 침묵은 오히려 그 직원에게 더 큰 압박감을 준다. "무엇이 문제였을까", "화가 났나", "내가 실수했나?" 하고 스스로 불안을 키우게 된다.

또한 연인 사이에서 갑작스런 침묵은 종종 말보다 큰 감정의 균열로 이어진다. 상대가 아무 말도 하지 않을 때, 그 이유를 찾기 위해 감정적으로 소모되고 스스로를 탓하는 경우가 많다. 이처럼 말하지 않음이 오히려 더 많은 심리적 압박을 만드는 상황이 침묵의 특성이다.

침묵은 단순히 말을 하지 않는 것이 아니라, 상대가 스스로 의미를 만들어내게 하는 유도 전략이다. 사람은 불확실한 상황에서 해석하려는 본능이 있어, 침묵은 오히려 더 많은 감정 에너지를 쓰게 만든다. 그래서 우리는 침묵을 무의식적으로 휘두르기보다는, 상대와의 거리나 감정을 조절하기 위한 도구로 책임감 있게 사용해야 한다. 때로는 말을 하지 않는 것이 갈등을 피하는 데 도움이 되기도 하지만, 때로는 말보다 더 큰 상처가 될 수도 있다.

말은 무기지만, 침묵은 심리적 공간을 설계하는 기술이다. 의도적인 침묵은 감정을 가다듬거나 생각을 정리할 시간으로 쓸 수도 있고, 불필요한 충돌을 피하는 **'정서적 휴지기'**로 활용될 수도 있다. 중요한 것은 그 침묵이 관계를 지키기 위한 것이냐, 상처를 주기 위한 것이냐를 스스로 인식하고 사용하는 것이다.

제3장

전쟁과 심리전
— 역사와 기술로 본 심리전의 실체

1. 전쟁은 심리의 전장이다

이윤규의 『파괴와 혁신사이에서의 전쟁』(2020)에서, **심리전의 궁극적 목적**은 상대의 판단을 흐리게 하고, 혼란과 불안을 유발하며, 결국 저항 의지를 상실하게 만드는 것이라고 강조하고 있다. 따라서 전쟁을 단순한 병력·무기의 교환으로만 이해하는 것은 시대착오적이다. 전장에 투입된 병사뿐만 아니라, 그들을 둘러싼 사회 전체가 심리전에 노출되어 있고, 전쟁에 영향을 미치기 때문이다.

이 항목은 전쟁 속 심리전의 실전 사례들과 그 작동 메커니즘을 탐색한다.

패전의식과 사기 전쟁 — 전의를 꺾는 심리전

전쟁에서 병력과 무기의 수보다 중요한 요소는 '**사기(士氣)**'다. 사기는 단순한 감정이 아니라 전투력의 핵심 동력으로, 작전 수행, 결속력, 전장 내 판단력과 직접적으로 연결된다. 심리전의 목표는 바로 이 사기를 무너뜨리는 데 있다. 특히 '패전의식'은 전투 개시 이전부터 심리적 패배감을 주입해 전의를 약화시키는 전략이다. 이는 공포와 절망, 고립감과 혼란을 유도하여 병력 전체를 수동적·도피적으로 만드는 효과를 가진다. 패전의식은 직접적인 무력 충돌보다 루머, 허위 정보, 지휘 체계 교란, 반복된 압박 등을 통해 천천히, 그러나 치명적으로 침투한다.

1951년 6·25 전쟁 중 강원도 인제 오마치 고개에서 발생한 국군 제3군단의 철수 혼란은 대표적 패전의식 조장 사례이다. 당시 중공군의 기습 후 국군은 조직적 철수를 시도했으나, 단 100여 명의 적 병력이 측방을 점거하자 이를 대규모 포위로 오인하고 공황에 빠졌다. 정보 부재와 지휘관 부재, 급속한 상황 전개가 맞물려 병사들은 사기를 상실했고, 일부 장교는 계급장을 떼고 도주했으며, 병사들은 무기를 버리고 흩어졌다. 이는 실제 전력 손실보다 심리적 붕괴가 작전 실패를 초래한 전형적인 예다. 현대 사례로는 2023년 이스라엘-하마스 분쟁 당시, 이스라엘이 하마스 전투원들에게 "지휘관이 도망쳤다", "너희는 포위됐다"는 문자 메시지를 전송하여 사기를 무너뜨린 심리전도 있다. 이 문자 심리전은 실제 전투 이탈을 유발하는 효과를 거두었다.

전쟁은 무력 충돌 이전에 **'심리적 선제타격'**이 먼저 이뤄지고 있으며, 전장에서는 적군의 사기를 무너뜨리기 위해 ① 지휘관이 이탈했다는 허위 정보 유포 ② 통신망 차단 및 정보 고립 ③ 피로 누적을 유도하는 심리 압박 ④ 탈영이나 붕괴 영상 확산 등을 활용하는 심리전을 전개한다. 이는 전투원들에게 패배의식을 내면화시켜, 전투 이전에 전의를 꺾어버리는 전략이다. 이러한 심리전은 무형의 공격이지만, 결과는 매우 구체적이며 치명적이다. 한국군도 최근 교범에서 '사기 유지'를 핵심 과제로 명시하고, 전투지휘에서 '강력한 리더십으로 용기와 필승의지'가 우선되어야 함을 강조한다. 전장은 물리적 전투만의 장소가 아니라, 사기 유지라는 심리적 전선이 가장 먼저 무너질 수 있는 공간이라는 점을 기억해야 한다.

불안정한 진실 — 유언비어와 심리적 공황 유도

전쟁처럼 위급한 상황에서는 정확한 정보가 빨리 전달되지 않으면, 사람들은 불안을 느끼고 '사실이 아닐 수도 있는 이야기'에 쉽게 흔들린다. 특히 믿을 만한 정보가 없을 때, 사람들은 그럴듯해 보이는 말을 진실처럼 믿는다. 이것이 바로 유언비어다. **유언비어**는 단순한 소문이 아니다. 그것은 사람들의 심리에 불안을 심고, 공황(Panic)상태를 만들어내며, 결국 전투를 지휘하는 힘 자체를 약화시키는 무기가 될 수 있다.

요즘에는 SNS나 익명 게시판 같은 디지털 공간을 통해 이런 유언비어가 순식간에 퍼지고, 공식 발표보다 더 빨리 사람들의 감정에 불을 붙인다. 심리전은 이 심리를 이용해, **'믿고 싶은 이야기'**를 먼저 던지고, 혼란과 두려움이 앞서게 만든다.

1940년, 독일군이 벨기에를 침공할 때, 군사력만 사용한 것이 아니다. 그들은 먼저 벨기에와 프랑스 지역에 정보요원을 보내, "프랑스군이 이미 물러났다", "도시는 포위됐다"라는 소문을 퍼뜨리게 했다. 이 말은 뉴스보다도 먼저 퍼졌고, 시민들은 큰 혼란에 빠져 도망치기 시작했다.

그 결과, 도로는 난민과 차량으로 마비됐고, 군수물자와 병력이 제때 이동하지 못하면서 방어선이 무너졌다. 독일은 큰 전투 없이도 수도까지 신속히 점령할 수 있었다. 단 몇 마디 루머가 군대의 사기와 후방 물류를 동시에 무너뜨린, 심리전의 교과서적 사례다.

전시나 위기 상황에서 언제나 유언비어의 위험에 노출될 수 있다. 예를 들어 **2010년 천안함 사건** 당시, 정부 발표가 지연되자 인터넷을 통해 "북한 소행이 아니다", "자작극이다" 등의 유언비어가 퍼지며 국민 여론이 심하게 갈라졌다. 만약 전시라면, 이런 유언비어는 전장의 장병 심리, 그리고 국민의 단결력에 심각한 영향을 줄 수 있다.

그래서 일반 국민도 뉴스나 SNS 정보를 무비판적으로 믿지 않도록 미디어 교육을 강화해야 한다. 즉, 정보 공백을 줄이고 정확한 소통을 강화하는 것이 유언비어와 심리전의 공격으로부터 국민과 군을 지키는 가장 강력한 방패다.

심리전의 정밀 타격 — 공포·희망의 스위치 작동법

감정은 인간 행동의 방향을 결정짓는 내면의 나침판이다. 전쟁에서 심리전은 공포·분노·혐오·희망·애국심과 같은 감정을 자극하여 전투 지속 여부를 결정짓는다. '심리전'은 이러한 감정을 설계된 메시지와 상징, 사건의 연출을 통해 조작하는 기술이다. 전장은 단순한 물리적 충돌이 아니라, 감정의 흐름을 둘러싼 싸움이기도 하다. 감정을 흔드는 데 성공하면, 무기를 쓰지 않고도 전의를 꺾을 수 있다.

2022년 러시아의 우크라이나 침공 초기에 러시아는 "젤렌스키가 도망쳤다"는 가짜뉴스를 유포하여 우크라이나인의 항전 의지를 약화시키려 했다. 그러나 젤렌스키 대통령은 키이우 시내에서 찍은 셀프영상을 SNS에 올려 "나는 여기 있다"고 선언했다. 이 영상은 우크라이나 국민과 서방 세계에 강한 감정적 반향을 일으켰고, **공포의 프레임**을 '**저항의 상징**'으로 전환시킨 대표적 심리전 반격 사례가 되었다.

한국은 북한의 핵 위협, 전시 위기, 자연재해 상황 등 다양한 시나리오에서 감정 기반의 심리전에 노출될 수 있다. 정부는 위기 상황에서 단순한 사실 전달이 아닌 정서적 공감과 결속을 이끄는 감정 설계 전략을 준비해야 한다. 군은 심리전 훈련에 감정 유도형 시나리오를 포함하고, 언론은 공포를 조장하기보다 희망과 대응능력을 강조하는 메시지를 선별해야 한다. 감정은 무너지는 약점이자, 응집의 무기가 될 수 있다.

가짜 뉴스, 해킹, 인공지능 등 디지털 전장의 심리전

디지털 공간은 현대 심리전의 새로운 전장이 되었다. 이제 전쟁은 총탄보다 빠른 속도로 SNS, 뉴스 알고리즘, 해시태그, 챗봇 등을 통해 벌어진다. 가짜 뉴스는 인간의 '**신념 확증 편향**'을 이용해 진실보다 더 쉽게 믿어지며, 인공지능은 이 과정을 자동화하고 증폭시킨다. 해킹과 디지털 조작은 단지 정보 침해를 넘어, 신뢰와 정체성을 공격하는 사이버 심리전의 한 형태다.

러시아-우크라이나 전쟁은 디지털 심리전이 핵심 도구로 사용된 대표 사례다. 러시아는 "우크라이나가 생물무기를 개발 중"이라는 허위 정보를 수백 회 이상 트윗하며 국제 여론을 조작하려 했고, 우크라이나는 AI 기반의 안면인식 기술을 활용해 전사한 **러시아 병사의 얼굴을 가족에게 통보**함으로써 국내 반전 여론을 유도했다. 이처럼 보이지 않는 사이버 공간에서 심리전은 국가 간 전선의 연장을 이뤄냈다.

사람들이 나를 조종하려 할 때, 그 속임수를 눈치채고, 흔들리지 않도록 하는 지적 방어력이 필요하다. 즉, "왜 이런 말을 하지?", "어떤 감정을 유도하려고 하지?", "내가 지금 어떤 프레임에 빠져 있는가?"를 스스로 질문할 수 있는 능력이 중요하다. 특히 국방, 외교, 언론 부문은 디지털 심리전 훈련을 병행해야 하며, 국민 대상의 가짜뉴스 식별 교육도 강화해야 한다. 데이터를 쥔 자가 마음을 지배하고, 마음을 얻은 자가 전쟁을 이긴다.

2. 정보화 시대의 전쟁 ─ 사회 전체가 전장이 되다

현대 전쟁은 군사 충돌에 국한되지 않는다. 정보 기술의 발전은 전쟁의 전장을 확장시켰고, 심리전 역시 특정 지역, 특정 시점에 국한되지 않고 사회 전반을 대상으로 확산되었다. 국민의 여론, 경제, 문화, 정체성까지도 이제는 전쟁의 일부로 편입되고 있으며, 전시와 평시의 구분은 모호해졌다. 특히 정보가 무기화되고, 감정이 전략화 되는 시대에는 모든 개인과 사회가 '**심리전의 수용자이자 매개자**'가 되는 구조가 형성되었다. 이 항에서는 정보화 이후 심리전의 공간적·기술적 확장과 그 사회적 함의를 고찰한다.

전장의 탈영토화 — 후방과 민간을 겨냥한 심리전

과거의 전쟁은 전선과 후방이 분리되어 있었다. 하지만 현대전에서는 후방이 곧 전장이며, 심리전은 군이 아닌 민간인을 직접 겨냥한다. 전략 목표는 이제 병사의 사기가 아니라 시민의 감정과 여론이며, 물리적 파괴 없이도 사회 체계 전체를 마비시킬 수 있다. 심리전은 폭탄보다 정보와 감정의 흐름을 조작하는 데 집중하며, **"전쟁 없는 전쟁"**을 가능케 한다.

걸프전(1991) 당시 이라크 민간인 사회를 대상으로 한 미군의 라디오 방송, 식량 포장지에 삽입된 선전 메시지, 미리 제작된 "이라크 항복 영상"은 전선 밖에서 심리전이 전개된 대표 사례다. 당시 이라크 내에서는 "미군이 이미 수도에 들어왔다"는 루머와 심리전 전단으로 인해 시민들의 혼란과 공포가 확산되었고, 이는 후방으로부터의 체제 와해를 촉진했다.

한국은 세계에서 유례없는 분단 국가로, **전시뿐 아니라 평시에도 후방이 심리전의 주요 타깃이 된다.** 북한은 과거부터 대남 심리전에서 군사적 충돌보다 먼저 민심과 여론을 흔드는 전략을 사용해 왔으며, 과거에는 휴전선 지역에서 대남확성기 방송, 대남전단 등을 살포하였으나, 최근에는 사이버 공간을 통해 루머, 허위 정보, 선동성 콘텐츠를 유포하는 방식으로 전환되고 있다. 특히 SNS·커뮤니티·유튜브 등 디지털 매체는 공포심, 불신, 혼란을 조장하는 데 최적화된 채널로 기능한다.

결국 오늘날의 전쟁은 총성이 울리기 전부터 심리의 전선이 먼저 무너질 수 있는 시대이다. 패전의식은 전장보다도 국민의 마음, 스마트폰 속, 댓글창에서 먼저 시작될 수 있으며, 그에 대한 전략적 대비와 국민 차원의 감정 면역력 강화는 국가안보의 핵심으로 간주되어야 한다.

정보와 감정의 무기화 ― 데이터와 심리를 겨냥한 신형 전쟁

21세기 심리전의 핵심은 정밀 타격이 아닌 정밀 조작이다. 개인의 행동 패턴, 온라인 검색 기록, 감정 반응 데이터 등이 수집·분석되어, 개인화된 심리전 메시지가 **'정확히 아픈 곳'**을 겨냥해 투하된다. 이는 디지털 플랫폼의 알고리즘과 결합하면서 정보전과 감정전이 하나로 통합되는 경향을 보이고 있다.

2014년 홍콩의 우산혁명 당시 중국 정부는 온라인 여론 조작을 위해 수천 개의 가짜 계정(bot)을 운영하고, "시위는 외국 세력이 조종하는 반국가적 행위"라는 내러티브를 조직적으로 퍼뜨렸다. 또한, 참가자의 가족에게 협박성 메시지를 발송해 감정적 동요를 유도함으로써 시위 동력을 분산시키는 전략을 병행했다. 이는 데이터 조작과 감정 조작이 결합된 최신형 심리전의 사례였다.

한국은 높은 디지털 의존도와 빠른 정보 순환 구조 때문에, **'정밀 타겟팅형 심리전'**에 특히 취약하다. 향후 전쟁에서는 군보다 먼저 국민의 온라인 활동, 여론 흐름 등이 표적이 될 수 있다. 이에 따라 정부와 군은 통합 정보보안 시스템, 정서 조작 감지 체계, AI 기반 여론 흐름 분석 능력을 갖추고, 언론과 시민 교육을 통해 감정 방어력을 키워야 한다.

전쟁 프레임의 확산 — 이야기 구조로 설득하고 조작하다

현대 심리전은 사실(fact)을 강조하지 않는다. 오히려 사람들이 믿고 싶어 하는 이야기(narrative), 공감할 수 있는 프레임을 통해 **'전쟁의 정당성'**을 설계한다. 국가가 벌이는 전쟁은 반드시 그럴듯한 이유, 상징, 스토리로 포장되어야 하며, 이 프레임이 성공하면 물리적 승리 없이도 심리적 우위를 점할 수 있다.

심리전은 누가 더 그럴듯한 말을 먼저 퍼뜨리느냐의 싸움이고, 사람들이 그 말을 어떻게 해석하느냐가 승부를 가른다." 예를 들어, 전쟁이 일어났을 때 "우리가 이긴다"는 메시지를 먼저 퍼뜨리면 사람들은 용기를 내고, "우리가 진다"는 말이 먼저 퍼지면 불안과 패배감이 생긴다. 이처럼 '무슨 일이 일어났느냐'보다 '그 일을 어떻게 이야기하고 받아들이게 하느냐'가 심리전의 핵심이다.

2008년 러시아-조지아 전쟁 당시, 러시아는 "남오세티야의 러시아계 주민 보호"라는 프레임을 전면에 내세워 국제 여론의 비판을 차단하려 했다. 실제 전투는 조지아 영토 내에서 벌어졌지만, 러시아는 "소수민족 보호"라는 명분을 통해 **침공을 '방어적 조치'로** 설명했으며, 자국 내 여론을 단결시키고 국제적 비판의 초점을 흐리는 데 성공했다.

전쟁 초기 단계에서 어떤 프레임을 먼저 제시하느냐는 국제 여론, 외교적 지위, 그리고 군사적 지원에 결정적인 영향을 준다. 한국 역시 북한의 도발이나 무력 사용 직전의 긴장 상황, 또는 도발인지 아닌지 애매하게 처리되는 저강도 충돌처럼 분쟁의 명확한 경계가 흐려지는 상황에서, 단순한 대응을 넘어서 정교하게 설계된 내러티브 프레임을 미리 준비할 필요가 있다.

예를 들어 '정당한 자위', '인도주의적 대응', '민주주의 수호'와 같은 명분이 국제사회에 설득력 있게 전달되도록, 전략적 커뮤니케이션 체계를 평시부터 정비해야 한다.

3. 전쟁이 끝난 후에도 계속되는 심리전: 일상과 제도로 확산

현대 사회는 심리전이 끝난 시대에 살고 있는 것이 아니다. 전쟁이 물리적으로 종결되더라도, 그 심리적 여파는 오랫동안 개인과 집단의 인식 속에 남아 영향을 미친다. 실제로 많은 국가들은 **전시 중 개발한 심리전 기법을 평시에도 활용해왔다**. 예를 들어, 사회 통제나 정치 선전, 소비 유도, 여론 조작 등은 과거 심리전의 언어와 전략을 거의 그대로 사용하며, 평화로운 일상을 관리하는 도구가 되었다.

이제 심리전은 더 이상 전장에만 머무르지 않고, 우리의 감정, 판단, 일상생활 깊숙이 스며들어 있다. 문제는 우리가 그것을 비정상이나 조작으로 인식하지 않고, '당연한 현실'로 받아들이고 있다는 점이다. 이 항에서는 전쟁 이후에도 계속되는 심리전의 양상, 즉 비전시적 심리전의 일상화와 제도화 현상을 살펴본다.

냉전 이후의 심리전 — 전장이 사라진 심리 경쟁

냉전은 전쟁이 없는 평화의 시대가 아니라, 물리적 충돌이 억제된 전면적인 심리전의 시대였다. 미국과 소련은 서로를 군사력으로 제압하는 대신, 이념, 문화, 경제, 정보, 외교 공간에서 심리적 우위를 점하려 했다. 경쟁은 무기를 들지 않고도 상대국민의 감정, 인식, 가치체계에 침투하는 방식으로 전개되었고, 이 과정에서 심리전은 정규전보다 훨씬 정교하고 장기적인 전략으로 진화하였다.

미국의 '**보이스 오브 아메리카**(VOA)', 소련의 '**라디오 모스크바**'는 서로를 겨냥한 대표적인 냉전기 선전 매체였다. 특히 VOA는 동유럽, 쿠바, 북한 등 공산권 국가들에 자유주의 가치를 은밀히 주입하고자 했으며, 소련은 이에 맞서 '정신적 오염'을 경계하며 대대적인 언론 통제를 실시했다. 이처럼 전투는 벌어지지 않았지만, 양측은 서로의 국민을 상대로 감정과 사고체계를 둘러싼 전쟁을 벌이고 있었다.

현대 한국 사회에서도 냉전기의 심리전 논리와 장치는 여전히 유효하다. 대북 확성기 방송과 전단 살포, 북한의 사이버 및 SNS 기반 대남 심리전, 그리고 국내 정치권의 프레임 경쟁 등은 모두 냉전 시절 심리전의 형태가 진화한 사례다. 하지만 단순히 과거의 전략을 반복하는 것으로는 효과를 기대하기 어렵다.

냉전 시기에는 감정적 선동, 이념적 대결, 단방향 선전이 중심이었다는 한계가 있었다. 이런 경험을 교훈 삼아, 이제는 보다 정밀하고 **쌍방향적인 전략 커뮤니케이션 체계를 구축**해야 한다. 목표는 단순한 정보 전달이 아니라, 상대의 인식을 조율하고 국제사회에 설득력 있는 서사를 제공하는 것이어야 한다.

전후 사회의 심리전화 ― 기억, 서사, 감정의 정치학

전쟁은 끝나도 기억은 끝나지 않는다. 전후 사회는 전쟁의 기억을 보존, 재해석, 반복하는 방식으로 감정과 정체성을 설계한다. 국가나 정치 세력은 이 기억을 활용해 통합을 유도하거나, 반대로 분열을 조장하기도 한다. 심리전은 이제 총과 전단 대신 교과서, 기념일, 뉴스, 드라마, 박물관 등을 통해 전개된다. **기억이 곧 무기이고, 감정이 곧 전장**이 되는 구조다.

이스라엘은 홀로코스트의 기억을 국가 정체성과 국민 통합의 핵심 자원으로 삼아, 전후에도 강력한 심리전과 결속 전략을 이어오고 있다. 반면 일본은 전쟁 책임과 과거사 문제에 대해 명확한 입장 없이 이를 축소하거나 회피하는 방식으로 역사 기억을 관리해 왔다. 이러한 **'기억의 모호성'**은 국내에서는 세대 간 갈등을 낳고, 국제사회에서는 주변국들과의 외교적 마찰을 유발하고 있다.

이처럼 '**기억관리**'란, 한 사회가 과거의 사건을 어떻게 해석하고, 교육하고, 기념하는가를 결정하는 집단적 선택이며, 그것이 사회의 정체성, 국민 감정, 정치적 행동에까지 깊은 영향을 미친다. 결국, 기억을 어떤 방식으로 다루느냐는 단순한 역사 논쟁을 넘어서 집단심리 구조와 외교 전략에까지 결정적인 영향을 미친다.

한국도 전쟁기억의 심리전화를 적극 검토할 필요가 있다. 6.25전쟁, 베트남 파병, 천안함 사건 등 다양한 **전쟁기억은 국민정체성과 군사정책의 기초**가 된다. 이 기억을 역사 교육, 문화 콘텐츠, 안보 커뮤니케이션에 통합하여, 사회 내 집단 감정과 인식을 통제하거나 강화하는 전략이 요구된다. 이는 통일·안보 담론의 기반을 심리적으로 확고히 하는 데에도 기여할 수 있다.

심리전의 일상화 — 소비, 정치, 미디어 속의 '전장화'

오늘날 심리전은 '전쟁 상태'가 아니라도 일상 속에서 활발히 전개된다. 정치는 여론 조작, 프레이밍, 감정 동원으로 유권자의 판단을 좌우하며, 기업은 광고와 마케팅으로 소비자의 심리를 공략한다. 미디어는 뉴스 선정과 프레임 설정을 통해 사회 인식 구조를 설계한다. 이러한 모든 행위는 전통적인 심리전의 원리(감정 유도, 인식 조작, 관계 설계)의 반복적 응용이다. 즉, 현대 사회는 심리전이 구조화된 사회이다.

대표적인 사례는 2014년 코넬대학교와 페이스북이 공동으로 수행한 '**뉴스피드 감정 조작 실험**'이다. 이 실험은 약 70만 명의 페이스북 이용자를 대상으로, 사용자가 보는 뉴스피드 내용을 고의적으로 조작하는 방식으로 진행되었다. 실험팀은 일부 사용자에게는 긍정적인 감정을 담은 게시물(예: "오늘 너무 행복해!", "좋은 일이 있었어요!")을 많이 보이도록 설정했고, 다른 사용자에게는 부정적인 게시물(예: "기분이 안 좋다", "짜증 나는 하루다")이 더 자주 보이게끔 알고리즘을 조정했다.

이 조작은 사용자에게는 전혀 알리지 않고 이루어졌으며, 실험 결과는 놀라웠다. 긍정적인 글을 많이 본 사람은 자신도 긍정적인 감정이 담긴 게시물을 올리는 경향을 보였고, 부정적인 글을 많이 본 사람은 자신의 게시물에서도 우울하거나 공격적인 표현을 더 자주 사용했다. 다시 말해, 페이스북이 보여주는 정보의 감정적 성향만 바꿨을 뿐인데도 사람들의 감정과 행동이 실제로 바뀐 것이다.

이 실험은 큰 파장을 불러일으켰다. 단순한 기술 조작이 아니라, 디지털 환경 자체가 인간의 감정을 조정할 수 있는 **심리전의 장(場)**이 될 수 있음을 보여주었기 때문이다. 기업은 물론, 정치 세력이나 정부도 같은 방식으로 대중의 감정을 유도하고 행동을 설계할 수 있다는 점에서, 이 실험은 현대 사회에서 심리전이 디지털 플랫폼을 통해 일상적으로 수행될 수 있음을 보여주는 전환점으로 평가된다.

한국 사회 곳곳에서도 사람들의 생각과 감정을 움직이려는 심리적 전략은 정치, 소비, 방송 등 여러 분야에 널리 퍼져 있다. 앞으로는 사이버 공격이나 여론 조작, 정치 정보의 왜곡 같은 문제를 단순히 법이나 제도로만 다루기보다, 사람의 마음을 어떻게 흔드는지에 대한 이해를 바탕으로 대응해야 한다. 이를 위해서는 학교 교육, 언론 보도, 시민 활동의 현장에서 사람들이 심리적인 조작 기법을 알아보고 대처할 수 있는 **'마음의 면역력'**을 길러야 한다. 다시 말해, 누가 어떻게 우리의 감정을 흔들고 행동을 유도하는지를 읽어낼 수 있는 힘, 즉 심리전 리터러시가 지금 우리 사회에 꼭 필요하다.

제 2부

자기 심리전
— 내면 통제와 변화의 심리 전략

제4장

자기 혁신의 출발점 — 마음의 전환

1. 자기인식과 프레임 변환

자기 혁신의 첫걸음은 자신을 올바로 인식하는 것이다. 인간은 종종 자신을 과소평가하거나 과대평가하며, 그로 인해 왜곡된 사고와 감정 반응을 지속한다. '나는 원래 이런 사람이야'라는 무의식적 전제는 자기방어의 심리 구조이자, 동시에 성장의 걸림돌이다. 진정한 자기 인식은 강점과 약점을 모두 직시하며, 기존 사고 프레임을 유연하게 조정할 수 있을 때 이루어진다. 이 항에서는 심리전의 시작점으로서의 자기 인식과 프레임 전환의 기술을 다룬다.

나의 강점·약점 파악하기 — 솔직한 자기진단의 힘

자기 인식은 자신의 감정과 행동을 이해하고 조절하는 능력으로, 심리적 회복탄력성과 자기 결정력의 핵심이다. 그러나 사람들은 종종 자신의 장점은 과소평가하고, 단점은 외면하거나 정당화하려는 경향이 있다. 이는 두 가지 심리 메커니즘으로 설명할 수 있다.

하나는 '**자기 고착**(self-serving bias)'으로, 성공은 자신의 노력 덕분이라 여기고 실패는 외부 탓으로 돌리는 심리다. 예를 들어 시험을 잘 보면 "내가 똑똑해서"라고 생각하지만, 못 보면 "시험 문제가 이상했다"고 말하는 식이다. 이는 자기 이미지를 긍정적으로 유지하려는 본능적인 방어 반응이다. 다른 하나는

'인지 부조화(cognitive dissonance)'로, 자신의 신념과 실제 행동이 충돌할 때 느끼는 불편함을 줄이기 위해 생각이나 감정을 왜곡하는 현상이다. 예를 들어, 환경 보호를 중요하게 생각한다고 말하면서도 일회용 컵을 계속 쓰는 사람은 "한두 번은 괜찮아"라고 자기합리화를 통해 불일치를 해소한다.

이러한 심리적 회피는 자신을 위협으로부터 보호하는 기능도 있지만, 동시에 진정한 자기 성찰과 성장의 기회를 막는다. 자기 인식을 높이기 위해서는 자신에게 불편한 진실도 받아들이고, 감정과 행동의 불일치를 정직하게 마주하려는 태도가 필요하다.

한 스타트업 대표는 자신의 단점인 **'충동적 결정'**을 팀 회의에서 직접 고백하고, 모든 주요 의사결정은 24시간 룰(한 번 자고 나서 결정)을 도입하기로 했다. 이후 회사는 시행착오가 줄었고, 팀원들도 자유롭게 의견을 말할 수 있는 분위기가 형성되었다.

자신의 강점과 약점을 파악하는 가장 효과적인 방법은 두 가지다. 첫째, 타인의 피드백을 주기적으로 받고 스스로 느낀 점을 일지로 기록하는 것이다. 둘째, 간단한 도구를 활용하는 방식이 있다. 예를 들어 ① **'자기점검 문답지**(Self-audit checklist)'는 나의 판단 습관, 실수 경향을 체크리스트로 확인해볼 수 있는 방식이다. ② '강점 카드 분류법'은 여러 행동 특성을 카드 형태로 보고, 나에게 맞는 성향을 직접 골라보며 내 강점을 시각화하는 기법이다. ③ **SWOT 분석은** 나의 강점(Strength), 약점(Weakness), 기회(Opportunity), 위협(Threat)을 4가지 항목으로 구분해 자기 자신을 전략적으로 돌아보는 방법이다. 특히 중요한 것은 '내가 무엇을 잘하느냐'보다 '무엇을 회피하고 있는가'를 들여다보는 것이다. 회피에는 무의식적 약점이 숨어 있고, 이것이 심리적 취약점이자 보안의 틈이 될 수 있기 때문이다.

부정적 자기대화 극복 — 생각의 틀 바꾸는 인지 재구성

부정적 자기대화란 "나는 안 돼", "난 실패자야"처럼 스스로를 비하하거나 한계 짓는 생각이다. 이런 생각은 반복되면 자존감을 떨어뜨리고, 행동에도 제약을 준다. **인지행동이론(CBT, Cognitive Behavioral Therapy)**은 이런 부정적 사고를 바꾸는 심리치료 접근법이다. 이 이론은 사람이 어떤 감정을 느낄 때, 그 감정이 단순히 외부 사건 때문이 아니라, 그 사건을 해석한 자신의 생각 때문이라고 본다.

따라서 감정을 바꾸려면 먼저 생각을 점검하고 바꾸는 과정이 필요하다. 예를 들어, 시험에 떨어졌을 때 "난 재능이 없어"라는 생각을 하면 우울해지지만, "이번엔 준비가 부족했어, 다음엔 더 잘하자"라고 생각하면 도전 의지가 생긴다. 이처럼 감정은 생각의 결과이므로, 생각을 바꾸면 감정도 바뀐다는 원리다. CBT에서는 이런 자동적으로 떠오르는 부정적인 생각(자동사고)을 적어보고, 그것이 사실인지, 너무 과장된 건 아닌지 따져보는 연습을 한다. 그리고 그에 대한 더 균형 잡힌 대안 생각을 만들어 보는 것이다.

한 취업준비생은 면접에서 탈락한 후 "나는 능력 없는 사람인가?"라는 생각에 빠졌다. 그러나 상담에서 그가 지원한 기업은 200:1의 경쟁률을 자랑했고, 면접관도 긍정적인 평가를 남겼다는 사실을 확인한 뒤, 그는 "단지 경쟁이 치열했을 뿐"이라고 생각을 바꾸었다. 이처럼 생각의 틀을 조정하자 낙심보다는 재도전의 의지가 생겼고, 결국 그는 다른 기업에 성공적으로 입사했다.

부정적인 자기 대화를 줄이기 위해서는 먼저 '**자동사고(automatic thoughts)**'를 인식하고 차단하는 훈련이 필요하다. 자동사고란 어떤 상황에 처했을 때 거의 무의식적으로 떠오르는 즉각적인 생각으로, 그 사람의 감정과 행동에 강한 영향을 준다. 예를 들어, 실수를 했을 때 "난 역시 안 돼" "또 망했어" 같은 생각이 저절로 떠오른다면, 이는 자동사고의 대표적인 예다. 대부분의 자동사고는 빠르고 반복적이며 비판적인 경우가 많기 때문에, 이를 의식적으로 포착하고 멈추는 연습이 부정적인 감정의 악순환을 끊는 첫걸음이 된다.

새로운 신념 심기 — 자신감을 높이는 긍정 확언 기법

긍정 확언(affirmation)이란, 자기 자신에게 긍정적인 문장을 반복하여 말하거나 쓰는 습관이다. 예를 들어 "나는 침착하다", "나는 해낼 수 있다" 같은 문장을 매일 되뇌는 것이다. 이는 단순한 주문이 아니라, 뇌가 그 말을 현실처럼 인식하게 만드는 훈련이다. 반복된 긍정 문장은 자기 신념을 강화하고, 위기 상황에서도 흔들리지 않는 심리적 안전망 역할을 한다.

이러한 확언은 특히 '**자기 효능감(Self-efficacy)**'을 높이는 데 도움이 된다. 자기 효능감이란 "나는 어떤 일을 해낼 수 있다"고 믿는 마음이다. 이 믿음이 강할수록 사람은 더 과감히 도전하고, 실패에도 쉽게 무너지지 않는다. 두려움을 없애려 하기보다는, "해볼 만하다"는 감정 자체가 심리적 회복력을 키우는 핵심이다.

한 운동선수는 경기 전에 늘 "나는 침착하고 집중할 수 있다"는 말을 거울 앞에서 되풀이했다. 단순한 암기처럼 보이지만, 이런 확언은 그의 뇌에 '가능하다'는 메시지를 각인시켰고, 경기 중 예기치 못한 변수에도 흔들리지 않고 평소 루틴을 유지하는 데 도움이 되었다. 실제로 그는 이 훈련을 통해 기록을 경신하기도 했다.

긍정 확언은 일상에 쉽게 통합할 수 있다. 중요한 것은 너무 추상적인 표현보다는 현실감 있는 문장을 쓰는 것이다. 예를 들어, "나는 완벽하다"보다는 "나는 오늘 이 일을 잘 마칠 수 있다"처럼 구체적이고 실행 가능한 문장이 더 효과적이다.

아침에 거울 앞에서 말하거나, 일기장에 손으로 써보는 것도 좋은 방법이다. 스마트폰 메모장에 적어두고 수시로 읽는 것도 좋다. 중요한 것은 반복과 실천이다. 긍정 확언은 자기 자신과의 대화를 바꾸는 일이자, 자신감의 씨앗을 매일 조금씩 심는 일이다. 결국 그 씨앗은 도전과 회복의 힘으로 자라나게 된다.

2. 고정관념 깨기와 변화 모색

변화를 방해하는 가장 강력한 심리적 장벽은 고정관념이다. 인간은 익숙한 사고방식과 행동 패턴 안에서 안정감을 느끼며, 이를 벗어나려는 시도에 심리적 저항을 느낀다. 그러나 진정한 자기 혁신은 이 **'편안한 틀'**에서 탈출하는 데서 시작된다. 이 항에서는 고정관념을 인식하고, 그것을 넘어서기 위한 심리적 전략과 실천 방안을 탐색한다.

Comfort Zone 탈출 — 익숙함에 안주하려는 마음과의 싸움

Comfort Zone(안락지대)은 반복된 경험을 통해 익숙하고 예측 가능한 환경을 의미하며, **여기 머무르면 불확실성에 대한 불안을 피할 수 있다.** 그러나 동시에 도전은 제한되고 성장은 정체된다. 심리학적으로 이는 **'회피 기반 안정 추구'**로 분류되며, 성취 동기의 반대 극이다.

한 직장인은 5년 동안 같은 부서에서 일하며, 새로운 도전이나 승진 기회가 있을 때마다 망설였다. 특별히 큰 불만은 없었고, 변화를 생각하면 오히려 불안하고 번거로울 것 같았기 때문이다. 그는 "지금 이대로도 괜찮다"며 계속 그 자리에 머물렀다. 그러던 중 회사의 멘토링 프로그램에서 한 선배가 해준 말이 마음에 남았다. "가만히 있는 것도 하나의 결정이야. 결국 지금의 너는 그 선택을 반복한 결과인 거지."

그 말을 들은 그는 처음으로 깨달았다. '아무것도 하지 않는 것도 결국은 내가 선택한 결과였구나.' 이후 그는 더 이상 외부 탓을 하지 않기로 마음먹고, 낯설더라도 다른 부서로 옮기는 결심을 했다. 처음엔 두렵고 어색했지만, 시간이 지나면서 자신이 원하던 역량 발휘의 기회를 얻었고, 사람들과의 관계도 더 좋아졌으며 업무 평가 역시 눈에 띄게 향상되었다.

변화를 시도하기 위해 거창한 계획이 필요한 것은 아니다. 중요한 건 '**조금씩 달라지는 경험**'을 해보는 용기다. 예를 들어, 매일 1%씩 다른 방식으로 일하거나, 평소 피하던 회의 발언을 한 번 해보는 것처럼 작은 행동 변화가 쌓이면, 두려움은 줄고 자신감은 자란다. 이를 '**심리적 실험**'이라고 한다. 낯선 역할을 한 번 자원하거나, 새로운 사람에게 먼저 인사해보는 일도 포함된다. 이런 미세한 도전은 우리 뇌가 변화를 안전하게 받아들이는 훈련이 되며, 결국 더 큰 전환을 위한 디딤돌이 된다. 변화는 어느 날 갑자기 오는 것이 아니라, 이런 작은 시도들에서부터 시작된다.

실패에 대한 두려움 다루기 — 도전 정신을 북돋우는 심리 전략

실패에 대한 두려움은 도전을 피하게 만드는 가장 큰 심리적 장애물이다. 우리는 실패를 자존감에 대한 위협으로 인식하고, 타인의 평가를 지나치게 의식하게 된다. 하지만 스탠퍼드 대학교 심리학교수 캐롤 드웩(Carol Dweck)의 『마인드 셋』(2023)에서 **"성장은 실패를 통해 이루어진다"**는 개념을 제시하며, 이를 성장형 사고방식(growth mindset)이라고 불렀다. 이는 "나는 지금은 못하지만, 계속 시도하면 나아질 수 있다"는 생각을 중심에 두고 있다. 즉, 실패를 끝이 아닌 발전의 일부로 받아들이는 태도를 말한다.

한 대학생은 창업 동아리 발표에서 큰 실수를 한 뒤, 동료들의 조롱을 겪고 발표 상황 자체를 두려워하게 되었다. 이후 발표를 기피하며 스스로 위축된 삶을 살았지만, 멘토의 권유로 유명 강연 플랫폼인 TED 강연 영상을 분석하게 되었다. 다양한 연사들이 실패담을 공유하고 그것을 어떻게 극복했는지를 듣고, 그는 자신의 경험도 성장 과정이라 믿게 되었다. 이후 본인의 실패 경험을 블로그에 기록하며 감정을 정리했고, 1년 뒤 전국 창업 대회에서 발표자로 복귀하는 데 성공했다.

실패를 통제 가능한 경험으로 바꾸기 위해서는 '**실패 일지**'나 '**실패 포트폴리오**'를 작성하는 것이 효과적이다. 그날 있었던 작은 실패, 그때 느낀 감정, 그 상황을 어떻게 다르게 바라볼 수 있었는지를 글로 정리하면서, 자신의 경험을 객관화할 수 있다. 이 과정은 단지 감정 정리에 그치지 않고, 뇌가 실패를 위험이 아닌 학습의 신호로 받아들이도록 돕는다. 실패는 성공의 반대가 아니라, 성공으로 가는 경로 중 하나로 다시 정의돼야 한다

멘탈 모델 전환 — 성장형 사고방식으로 자기 한계 돌파

멘탈 모델(Mental Model)은 세상을 해석하는 개인의 인식 틀이다. 하나는 **고정형 사고방식(fixed mindset)**으로 능력은 타고난 것이며 변화하기 어렵다는 믿음을 기반으로 하고, 다른 하

나는 **성장형 사고방식**으로 능력은 학습과 노력으로 향상된다고 믿는다. 이 차이는 행동과 성취 결과에 결정적인 영향을 준다.

한 중소기업 팀장은 "나는 숫자에 약해"라는 고정관념 때문에 회계 교육을 피했다. 그러나 회사의 정책으로 팀장급 회계 교육이 필수가 되면서 억지로 수강했고, 이후 데이터를 해석하는 법을 익혀 전략 보고서를 직접 작성하게 되었다. 그는 "나는 못한다"는 말이 "나는 아직 익숙하지 않다"는 의미였음을 깨달았다.

또한 "이건 끝이 아니라 과정일 뿐"이라는 식의 자기 언어를 사용하면 실패를 '부정적 사건'이 아닌 '성장의 중간 단계'로 받아들이는 데 도움이 된다. 중요한 것은 결과보다 시도 자체의 의미를 인식하고, 반복을 두려워하지 않는 태도를 기르는 것이다. 실패는 성공의 반대가 아니라, 성공으로 가는 경로 중 하나로 다시 정의돼야 한다.

3. 목표 설정과 동기 부여

목표가 없는 행동은 방향 없는 움직임일 뿐이다. 그러나 목표를 세운다는 것은 단순히 미래 계획을 세운다는 뜻이 아니라, 자신의 내면 동기와 감정 구조를 정렬하는 심리적 작업이다. 목표 설정은 '무엇을 이룰 것인가'에 더해 '왜 그것을 원하는가'를 함께 명확히 해야 지속성이 생긴다. 이 항에서는 목표를 설정하고 유지하는 심리 전략과 동기를 부여하는 구체적 기법들을 제시한다.

구체적 목표 수립 — 막연함을 없애는 SMART 기법

목표가 명확하지 않으면 인간은 실행 동기를 느끼기 어렵다. **SMART 기법**은 이러한 막연함을 없애기 위해 고안된 심리 전략으로, 다음의 다섯 기준에 따라 목표를 설계하도록 돕는다: Specific(구체적), Measurable(측정 가능), Achievable(실현 가능), Relevant(의미와 관련성), Time-bound(기한 설정). 이처럼 구체적인 목표는 뇌에 '무엇을 해야 할지'를 분명히 인식시켜주고, 행동 개시를 용이하게 만든다.

한 직장인은 "운동해야지"라는 막연한 결심만 반복하다가 실천에 실패하곤 했다. 그러던 중 SMART 기법을 배우고, 자신의 목표를 "3개월 동안, 매주 월·수·금, 퇴근 후 30분 걷기"로 정리했다. 목표를 구체화하자 실천이 훨씬 수월해졌고, 점점 자신감도 쌓였다. 이 성공 체험은 식습관 개선이라는 또 다른 건강 목표로도 확장되었다.

목표 설정 시에는 단순히 "공부해야지", "운동해야지"와 같은 추상적 표현을 피하고, 언제(시간), 어디서(장소), 어떻게(방법)까지 포함한 문장으로 바꾸는 것이 좋다. 예를 들어, "매일 저녁 8시, 내 방 책상에서, 30분간 영어 단어 암기"처럼 구체적으로 적는 것이다. 이렇게 명확히 정리한 목표를 종이에 쓰고 달성 여부를 체크하는 루틴을 만들면, 뇌는 **'실행과 성취의 증거'**를 축적하면서 더 높은 행동 지속성을 유지하게 된다.

내적 동기 불꽃 — 돈이나 명예 너머의 자기만족 찾기

외적 보상(예: 돈, 칭찬)은 행동을 시작하게 만드는 데는 효과적일 수 있으나, 지속적인 열정은 **자기결정성(self-determination)**에서 비롯된다. 자기결정성이란 인간이 스스로의 행동을 자율적으로 선택하고 주도한다는 감각으로, 이는 세 가지 심리적 욕구 ― 자율성(내가 선택하고 있다는 느낌), 유능감(잘해내고 있다는 확신), 관계성(다른 사람들과 연결되어 있다는 만족감) ― 이 충족될 때 더욱 강력한 동기를 형성한다.

한 간호사는 반복되는 업무와 감정노동에 지쳐 이직을 고민하던 중, 한 환자로부터 받은 진심 어린 감사 편지를 통해 '내가 이 일로 누군가에게 실제 도움이 되었구나'라는 내적 감동을 경험했다. 이 감정은 그에게 직업적 의미를 다시 상기시켰고, 이직을 보류하고 스스로의 사명을 다시 찾게 했다. 그는 이후 힘들 때마다 '내가 왜 이 일을 시작했는가'를 기록하며 감정적 회복력을 키워갔다.

내적 동기를 유지하기 위해서는 '보상이 무엇이었는가'보다 **'내가 이 일을 왜 시작했는가'**에 집중해야 한다. 하루 일과가 끝난 뒤 "이 일이 내게 어떤 의미였는가?", "오늘 가장 만족스러웠던 순간은?" 같은 질문을 스스로에게 던지고 짧게 적어보는 습관이 유익하다. 이러한 감정 회고는 내적 동기의 뿌리를 강화시키고, 감정적 번아웃을 방지하는 데도 효과적이다.

작은 성공의 축적 — 보상 사이클로 꾸준한 동기 유지

인간의 뇌는 **'즉각적인 보상'**에 민감하게 반응한다. 이는 도파민이라는 신경전달물질과 연관되어 있으며, 우리가 어떤 행동을 한 뒤 곧바로 긍정적인 피드백을 받을 때, 그 행동을 반복하려는 충동이 강화된다. 반대로 보상이 너무 멀리 있거나 불확실할 경우, 아무리 중요한 목표라도 지속하기 어렵다. 그래서 작은 성공의 반복은 단순한 자기계발 기법이 아니라, 뇌의 보상 회로를 자극하는 과학적 전략이다. 이 방식은 특히 장기 목표를 달성해야 할 때, 중도 포기를 줄이고 지속 동기를 유지하는 데 효과적이다.

70세의 한 직장인 A씨는 건강 개선을 위해 다이어트를 시작했지만, '10kg 감량'이라는 막연한 목표는 오히려 부담으로 작용했다. 그는 목표를 '3일 연속 아침 식사 기록하기', '퇴근 후

10분 산책하기' 같은 구체적이고 짧은 단위로 나누었다. 각 목표를 달성할 때마다 스티커를 붙이거나 짧은 자기 칭찬 메시지를 기록하면서, 그 성공을 '보이는 성취'로 만들었다. 이후 그는 일상 전체를 **'작은 도전들'**로 세분화했다.

이러한 세부 목표의 누적은 건강뿐 아니라 정서적 안정감, 자기효능감에도 긍정적인 영향을 주었다. 그는 "어느새 하루하루가 작지만 뚜렷한 성취의 연속이 되었고, 그 자체가 즐거움이 되었다"고 회고한다.

장기적인 목표는 막연하고 피로감을 줄 수 있다. 반면 작고 구체적인 단계 목표를 세우면, 뇌는 이를 실행 가능한 과업으로 인식하고 더 쉽게 반응한다. 중요한 전략은 1). 목표 쪼개기(이번 주엔 하루 2L 물 마시기 등) 2) 즉시 보상 연결(작은 성공 후에는 좋아하는 음악 듣기 등) 3) 일상 루틴화(기상 후 스트레칭, 거울 앞 자기암시 등)와 같은 현실 기반의 조치가 동기 유지에 더 효과적이다.

이러한 보상 사이클은 단기적인 성취를 축적해 장기 목표로 나아가게 하는 정신적 추진력이 되며, 궁극적으로는 **'성과 중심의 습관 형성'**으로 이어진다. 행동 자체가 보상이 되는 구조, 그것이 꾸준함의 비결이다.

4. 꿈과 로드맵 — 목표를 자기 심리전의 무기로 만드는 법

목표를 단순한 문장으로 세우는 것만으로는 부족하다. 그것을 **시각화하고, 로드맵으로 구체화하며, 생활 속에 각인시키는 과정**이 필요하다. 로드맵은 장기적 비전과 단기적 행동을 연결하는 심리전 도구이며, 매일의 실천을 통해 스스로를 설득하고 몰아붙이는 '내부 선전(Internal Propaganda)' 역할을 한다.

저자는 중학교 시절, '육군사관학교 진학 후 장군 진급'이라는 목표를 세웠다. 당시 소 마구간 옆 작은 공부방 벽에 **소위에서 육군 대장까지의 진급 경로**, **결혼 시기**, **연도별 달성 목표**를 상세히 기록했다. 그 옆에는 "나는 결정적인 찬스에 모험과 희생으로 나의 획기적인 발전을 시도한다"는 행동철학과 함께 "I must do, I can do, I will do, I am doing"이라는 네 문장을 적어두었다.

I must do: 반드시 달성해야 할 목표를 명확히 선정
I can do: 이를 달성할 수 있다는 자신감 강화
I will do: 끝까지 실천하겠다는 의지 천명
I am doing: 현재도 목표를 위해 행동하고 있음을 스스로 확인

이 로드맵은 단순한 계획표가 아니라, 매일의 행동과 사고를 하나로 묶어주는 **심리적 작전계획서**였다. 비록 '장군진급'은 실패했지만, 다양한 부대에서 참모 및 지휘관 경험, 박사학위 취득, 대학원 강의, 현재에도 연구본부장으로서 국가안보와 국방·군사의 최일선에서의 연구와 정책제언 등 더 넓은 의미에서 목표를 초과 달성했다. 현재도 '기분좋은 휴먼뱅크'라는 뉴패러다임의 인간은행 창립하는 꿈을 품고, 로드맵에 의해 인맥과 자원을 확보 중에 있다. 이 로드맵을 실천하면서 기대감과 가치지향적 여정에 기분좋은 순간순간을 맞이하고 있다.

목표를 자기 심리전의 무기로 만들기 위해서는 다음 세 가지가 필요하다.
1) **시각화**: 목표를 구체적 문장과 숫자로 기록해 매일 볼 수 있는 위치에 둔다.
2) **내면화**: 목표를 이루기 위한 핵심 문구나 행동철학을 정해 스스로 되뇌며 신념화한다.

3) **일상화**: 오늘 하루의 행동이 목표 달성의 한 걸음이라는 인식을 유지하며 꾸준히 실천한다.

목표는 세우는 순간보다 **매일 되새기고 실천하는 과정에서 힘을 갖는다.** 자기 심리전에서 로드맵은 단순한 계획이 아니라, 스스로를 설득하고 몰아붙이는 가장 확실한 전술이다.

5. 자기인식과 그림자 수용 — 융 심리학의 통찰

인간의 내면은 밝은 면과 어두운 면이 공존한다. 누구나 강점과 미덕만을 가지고 사는 것이 아니라, 분노·질투·두려움·열등감과 같은 부정적 감정 또한 내 안에 자리한다. 심리학자 융(C.G. Jung)은 이를 '**그림자**'라 불렀으며, 진정한 성장은 그림자를 외면하지 않고 통합하는 과정이라고 보았다.

이 항에서는 그림자를 어떻게 인식하고 수용할 수 있는지, 그리고 그것이 자기 혁신과 내면 심리전에 어떤 힘을 주는지 살펴본다.

그림자 직면 — 불편한 감정과 마주하기

자기 인식은 단순히 장점과 단점을 아는 것이 아니다. 오히려 우리가 가장 숨기고 싶어 하는 부분, 불편한 감정까지 직면하는 데서 시작된다. 분노, 질투, 외로움, 열등감은 억누른다고 사라지지 않는다. 오히려 무의식 깊숙이 숨어 있다가 예상치 못한 순간에 튀어나와 나와 타인을 상처 입힌다. 그림자를 직면한다는 것은 이 감정들을 '**내 것이 아니다**'라고 부정하지 않고, 있는 그대로 인정하는 용기가 필요하다.

한 직장인이 반복적으로 상사의 말에 과민하게 반응했다. 그는 늘 "저 상사가 문제다"라고 생각했지만, 내면을 돌아보니 어린 시절 권위적 아버지에게 억눌린 경험이 떠올랐다. 분노의 뿌리는 현재가 아니라 과거의 그림자였던 것이다. 이 깨달음은 단순한 갈등 상황을 넘어 자기 이해의 전환점을 제공했다.

오늘 하루 불편했던 순간을 떠올려서, 왜 특정한 말이나 행동이 과도하게 마음을 흔들었는지 기록해 본다. 그 안에 내가 외면해 온 그림자의 흔적이 숨어 있다. 그림자를 직면하는 순간, 불편함은 더 이상 나를 휘두르는 적이 아니라 성장을 이끄는 길잡이가 된다.

그림자 수용 — 내 안의 어둠을 힘으로 전환하기

그림자를 직면하는 것만으로는 충분하지 않다. 진정한 변화는 그림자를 수용하고, 그것을 나의 일부로 끌어안는 데서 나온다. 분노는 용기와 단호함으로, 질투는 성취 동기로, 외로움은 창조성과 성찰의 힘으로 전환될 수 있다. 어둠은 빛과 분리된 적대적 존재가 아니라, 통합될 때 비로소 에너지가 된다.

세계적 예술가들이 고독과 내면의 불안을 작품으로 승화시켰던 것은 그림자 수용의 사례가 많다. 외로움 속에서 글을 쓰고, 분노를 운동이나 사회적 참여로 풀어내는 순간, 그림자는 힘이 된다. 자신이 가장 부정적으로 보는 감정을 적어보고, 그것을 다른 방식으로 활용할 방법을 찾아보면 된다. 예를 들어 '나는 지나치게 예민하다'라는 단점은 '세밀하게 관찰할 수 있다'는 장점으로 재해석될 수 있다. 그림자를 수용할 때, 자기 심리전은 방어가 아니라 창조적 전환으로 바뀐다.

자기 통합 — 내면 심리전의 승리

내면 심리전의 궁극적 목표는 자기(Self)의 통합이다. 빛과 그림자가 균형을 이룰 때, 인간은 외부의 심리적 압박에 쉽게 흔들리지 않는다. 자기 통합은 완벽한 상태가 아니라, 끊임없는 대화와 조율을 통해 흔들림 속에서도 중심을 잡는 과정이다.

위기 상황에서 흔들리지 않는 리더는 강점 때문만이 아니라, 자신의 그림자를 잘 알고 있는 사람이다. 두려움이 엄습해도 그것을 인정하고 관리할 줄 알기에, 오히려 담대하게 선택할 수 있다. 반대로 자기 그림자를 부정하는 사람은 작은 압박에도 무너진다. 심리전의 관점에서, 자기 통합은 외부 심리공세에 맞서는 최고의 방패다.

우리는 스스로에게 질문해 봐야 한다. "나는 나의 어떤 면을 인정하지 않고 숨기려 하는가?" 불편한 감정을 인정하고, 그것을 다스리는 습관을 들이면 내면의 균형이 강화될 것이다. 이것이 자기 심리전에서 승리하는 핵심이다.

제5장

현재형 행동과 변화의 기술

1. 즉시 행동의 힘

결심은 빠르지만 행동은 늦어지는 현상은 누구에게나 익숙하다. 이는 '**심리적 마찰**'과 '**인지적 저항**' 때문인데, 그 지점에서 즉각 행동을 유도하는 전략이 필요하다. 행동이 늦어질수록 두려움과 회피는 커지고, 변화의 에너지는 약화된다. 이 항에서는 '5초의 힘', 미루기 극복, 루틴 형성을 통한 변화 가속을 다룬다.

5초 법칙 — 아이디어를 행동으로 옮기는 실천 전략

'5초 법칙'은 멜 로빈스(Mel Robbins)가 제시한 행동 촉진 전략으로, 어떤 아이디어가 떠오른 뒤 **5초 안에 행동하지 않으면** 뇌는 이를 회피 방향으로 전환한다는 심리를 기반으로 한다. 카운트다운(5-4-3-2-1)을 활용한 즉시 행동은 사고보다 행동을 먼저 작동하게 만든다.

한 프리랜서 디자이너는 아침마다 "오늘은 피곤하니 내일부터 시작하자"는 자기 대화에 빠져 업무를 미뤘다. 그러나 '5초 법칙'을 도입해, 알람이 울리면 "5-4-3-2-1" 카운트 후 책상에 앉는 행동을 습관화하자, 집중력과 성과가 크게 향상되었다.

5초 카운트는 '**행동의 기폭제**'로 활용될 수 있다. 중요한 것은 생각하기 전에 움직이는 루틴을 만드는 것이다. 알람, 포스트잇, 타이머 앱 등을 활용해 뇌의 회피 반응 전에 행동을 시작하게 유도하면, 의지보다 실천이 앞서는 시스템이 작동한다.

미루기와의 전쟁 — Procrastination 극복 심리 해법

Procrastination(미루기)는 일 자체가 어려워서가 아니라, 그 일과 관련된 불편한 감정을 피하려는 본능에서 비롯된다. **해야 할 줄은 알지만 손이 안 가는 이유는**, 지금 당장은 기분 좋은 활동이 뇌에 더 큰 보상처럼 느껴지기 때문이다. 인간의 뇌는 당장 기분을 좋게 해주는 것을 우선하며, 장기 목표는 뒷전이 되기 쉽다. 이는 단순한 게으름이 아니라 감정 회피 전략이다.

한 대학생은 졸업논문 작성을 앞두고 넷플릭스를 반복 시청하며 미루기를 계속했다. 상담을 통해 그는 논문이 '**실패에 대한 두려움**'을 자극한다는 점을 자각했고, 이후 매일 20분 '감정 일지'를 쓰며 감정을 마주하는 훈련을 통해 작업을 재개할 수 있었다.

미루기를 줄이기 위해서는 과업 자체보다 '**그 일에 대한 감정**'을 다뤄야 한다. 구체적으로는 일을 작게 나누고, 그중 가장 쉬운 부분부터 시작하거나, '2분 규칙'처럼 짧은 시간 안에 가능한 행동부터 처리하는 방식이 유효하다. 감정을 회피하지 않고 받아들이는 훈련도 병행해야 한다.

일상의 루틴화 — 습관의 힘으로 목표에 다가가기

루틴은 반복된 행동이 자동화되어 인지적 저항을 줄이는 과정이다. 습관이 되면 의식적 결심 없이도 행동이 이어지므로, 동기 부침이나 감정 기복에 크게 휘둘리지 않는다. 심리학자 제임스 클리어는 『Atomic Habits』에서 "**매일 1%씩의 작고 반복**

가능한 변화가 결국 인생을 바꾼다"고 강조한다. 중요한 것은 크고 멋진 결심이 아니라, 매일 같은 시간에 실행하는 '작은 행동'의 누적이다.

부모의 이혼과 이사로 인해 중학교 내내 전학을 다섯 번이나 다닌 B군은 고등학교에 입학할 무렵 극심한 무기력에 빠져 있었다. 책상 앞에 앉으면 자괴감이 몰려왔고, '공부'란 단어만 들어도 머리가 아팠다. 그를 변화시킨 건 담임 교사의 한마디였다. "지금 성적이 아니라, 매일 같은 시간에 앉는 너의 행동이 너를 바꾼다." 그날 이후 B군은 매일 밤 9시에 작은 조명을 켜고, 단 15분간만 교과서를 펼치는 '루틴'을 시작했다. 처음엔 의미 없이 앉아 있는 것처럼 느껴졌지만, 이내 그는 15분을 30분으로, 30분을 1시간으로 자연스럽게 늘려나갔다. 어느 날은 공부 대신 일기만 써도 괜찮다고 자신을 다독이며, '앉는 행위' 자체를 스스로의 약속으로 정했다.

100일이 지나자 그는 밤 9시가 되면 자연스럽게 책상 앞으로 향했고, 더는 공부가 두렵지 않았다. 오히려 하루가 어수선하더라도 '그 시간' 만큼은 고요한 자신만의 공간이 되었고, 이 루틴은 결국 3학년 모의고사에서 전 과목 성적 상승이라는 결실로 이어졌다. B군은 훗날 이렇게 말했다. "매일 같은 시간에 앉는 작은 습관이, 내 마음의 무너진 기둥을 다시 세웠어요."

습관을 형성하려면 시작을 어렵게 만들지 않는 것이 핵심이다. 이를 위해 '행동 트리거' ─ 즉 행동의 신호가 되는 고정된 상황이나 자극 ─ 를 설정해야 한다. 예컨대 '식사 직후', '스마트폰 알람 후', '하루 일과가 끝난 뒤'와 같이 일상의 흐름에 자연스럽게 맞물리는 순간에 행동을 연결해야 한다.

또한 루틴의 **'시작 문턱'**을 낮추는 것이 중요하다. "30분 공부"보다 "책상 앞에 앉기", "문장 한 줄 읽기"처럼 작게 시작할

수록 부담이 적고 지속 가능성이 높다. 반복된 루틴은 심리적 마찰을 줄이고, 행동이 감정을 이끌어내는 구조로 전환되면서 '습관의 힘'이 작동하게 된다. 변화를 이끄는 건 큰 결심이 아니라, 매일 반복하는 작은 약속이다.

2. 피드백과 학습을 통한 성장

피드백은 단순한 평가가 아니라, 심리적 성장을 유도하는 정서적 도구다. 실패나 시행착오를 감정적 상처로 여기기보다는 학습의 자산으로 전환할 수 있을 때, 변화는 반복을 통해 축적된다. 이 항에서는 미래 중심의 피드포워드, **자기 피드백 훈련**, 그리고 외부 조력자의 활용을 통해 피드백을 성장 에너지로 전환하는 전략을 탐색한다.

자기 피드백 훈련 — 기록과 성찰로부터 배우기

자기 피드백은 다른 사람의 평가가 아니라, 스스로를 돌아보며 배우는 방법이다. 하루를 마치고 내가 잘한 일, 아쉬웠던 점, 다음에 어떻게 하면 좋을지를 생각해보는 습관이다. 이런 자기 점검은 실수를 반복하지 않게 도와주고, 내가 얼마나 나아지고 있는지도 확인할 수 있게 한다. 특히 생각을 글로 쓰면 머릿속이 더 정리되고, 감정에 치우치지 않고 더 냉정하게 자신을 바라볼 수 있다. 감정은 순간적이지만, 기록은 나를 꾸준히 바꾼다.

취업을 준비하던 D씨는 첫 면접을 보고 나와서 "다 망쳤다"며 눈물을 흘렸다. 긴장한 나머지 말을 더듬었던 순간만 계속 떠올랐기 때문이다. 하지만 그날 밤, 그는 면접 전날 연습 삼아 녹음해둔 자기소개와, 실제 면접 후 기억나는 답변을 노트에 다시 써보았다. 그러자 생각보다 훨씬 침착하게 말했음을 알게 되었고, 다만 한두 문장에서 말이 길어졌다는 것을 확인했다.

그는 이후 매 면접이 끝난 후 스스로에게 세 가지 질문을 적어보기로 했다:

1) 내가 오늘 잘한 건 무엇인가? → "질문을 이해 못했을 때 솔직히 다시 물어본 점."
2) 좀 더 잘했으면 하는 점은? → "자기소개가 너무 장황했다. 핵심만 말했어야 했다."
3) 다음엔 어떻게 해볼까? → "세 문장으로 요약된 자기소개를 준비하자."

이렇게 자기 피드백을 반복하면서 그는 스스로를 비난하기보다 구체적으로 개선할 수 있는 부분에 집중할 수 있게 되었고, 다음 면접에서는 훨씬 더 차분하고 자신감 있게 말할 수 있었다. 무엇보다 "실패"가 아니라 "하나의 과정"으로 경험을 받아들일 수 있게 된 것이 가장 큰 변화였다.

자기 피드백을 실천하기 위해서는 하루를 마친 뒤 아주 간단한 질문 즉, 1) 오늘 내가 잘한 일은 무엇인가? 2) 조금 아쉬웠던 점은 무엇인가? 3) 내일은 어떻게 해볼까? 이 세 가지 질문에 짧게 답을 쓰는 것만으로도 나를 더 정확하게 이해하고, 감정이 아닌 행동 중심으로 변화 방향을 잡을 수 있다. 예를 들어 "오늘 발표 망했어"라고 느꼈다면, 그렇게만 끝내지 말고 "처음엔 떨렸지만, 중반부터는 눈을 마주치며 설명했다. 다음엔 시작 전에 심호흡하고 말해보자"처럼 구체적인 분석과 대안을 남기는 것이 핵심이다.

이런 습관은 자신에 대한 신뢰를 키워주고, 성장을 추적할 수 있는 기록이 된다. 하루 5분이면 충분하다. 중요한 건, 오늘보다 조금 나은 내일을 준비하는 마음가짐이다.

피드포워드 — 미래 지향적 조언으로 개선 가속

피드포워드(feedforward)란 과거의 잘잘못을 지적하는 '피드백'과 달리, 미래에 어떻게 하면 더 잘할 수 있을지를 중심으로 조언을 주는 방식이다. 심리학자 마샬 골드스미스는 이 방식이 방어 심리를 덜 자극하고, 실제 행동 개선에 더 긍정적인 영향을 미친다고 보았다. 즉, "왜 그랬어?"보다 "다음엔 이렇게 해보면 어때?"가 더 효과적인 변화 전략인 것이다.

한 신입 사원은 실수한 뒤 상사의 비난 위주 피드백에 위축되어 업무에 자신감을 잃었다. 그러나 다음 프로젝트에서는 선배가 "이번엔 자료 정리에 먼저 집중해보는 게 어때?"라고 제안하자, 그는 긴장을 덜고 능동적으로 준비에 임할 수 있었다. 결국 팀 발표에서 중요한 역할까지 맡게 되며 성장 기회를 얻었다.

피드포워드를 실천하기 위해서는 과거를 비난하는 말보다 미래에 대한 제안의 말을 연습해야 한다. 예를 들어, "그때 또 실수했지?" 대신 "다음엔 시작 전에 체크리스트를 써보면 좋겠어"와 같이 말하는 것이다. 이러한 방식은 상대에게도 '변화 가능성'을 전제로 한 긍정적 신호로 작용하며, 조직과 개인 모두에게 발전을 유도하는 커뮤니케이션 전략으로 활용될 수 있다.

멘토와 코치의 활용 — 외부 시각으로 맹점 보완하기

사람은 자신의 생각과 감정에 너무 익숙해져 있어, 스스로 문제를 인식하지 못하는 경우가 많다. 이때 믿을 수 있는 멘토나 코치는 제3자의 시선으로 우리의 심리적 맹점과 행동 습관을 비춰주는 거울이 되어줄 수 있다. 이러한 과정을 **사회적 반영**(reflected appraisal)이라고 부른다. 이는 타인의 반응을 통해 자신에 대한 인식을 형성하는 심리적 메커니즘으로, "내가 어떻게 보이는가"를 남의 시선을 통해 자각하게 해준다. 특히 이 과정은 자기개념을 교정하거나 확장하는 데 효과적이다.

한 팀장은 조직 내에서의 소통이 잘 되지 않는다고 느꼈지만, 원인을 명확히 알지 못하고 있었다. 그러던 중 **멘토링 프로그램**을 통해 "당신은 말을 많이 하긴 하지만, 상대방의 감정에는 잘 반응하지 않는다"는 피드백을 받았다. 그는 처음에는 당황했지만, 그 지적을 수용하고 이후에는 말의 양보다 '질문하고 경청하는 태도'에 집중했다. 결과적으로 팀 내 회의 분위기가 달라지고, 팀원들과의 신뢰도도 높아졌다.

멘토링이나 코칭은 단기적인 조언보다 장기적인 신뢰 관계 속에서 효과를 발휘한다. 특히 '답을 알려주는 멘토'보다, 스스로 해답을 찾을 수 있도록 질문을 던져주는 **'코치형 멘토'**가 더 큰 변화를 이끈다. 이를 위해 정기적으로 대화 시간을 정하고, 최근 행동 중에서 어떤 점을 개선하면 좋을지를 함께 이야기하는 구조를 만드는 것이 좋다. 중요한 것은 나를 비판하는 사람이 아닌, '나를 성장시키려는 사람'의 시선으로 조언을 받아들이는 태도다.

3. 변화의 지속성 확보 — 의지보다 환경, 노력보다 구조

자기 변화는 결심이나 의지만으로 유지되지 않는다. 실제로 행동을 지속하는 데 가장 큰 영향을 주는 것은 환경과 시스템이다. 변화의 성공률은 얼마나 열심히 하느냐보다, 얼마나 **'하기 쉽게 만들어졌느냐'**에 따라 달라진다. 이 항에서는 행동 설계, 심리적 재충전, 성공 습관 정착이라는 세 가지 전략을 중심으로, 변화의 지속 가능성을 높이는 심리적 구조를 살펴본다.

행동 설계 — Nudge로 스스로 움직이게 환경 만들기

넛지(Nudge)는 사람에게 억지로 시키지 않고도 자연스럽게 행동하게 만드는 방법이다. 말 그대로 '**팔꿈치로 살짝 밀듯**' 살짝 유도하는 것이다. 예를 들어, 물 대신 콜라를 자주 마신다면 냉장고에서 콜라를 안 보이게 하고, 물병을 눈에 잘 띄는 자리에 놓는 식이다. 이렇게 환경을 조금만 바꿔도 사람의 행동은 달라진다.

노벨경제학상 수상자인 심리학자 리처드 탈러는 넛지를 '선택하는 방법을 살짝 바꿔서 더 나은 선택을 쉽게 만드는 기술'이라고 설명했다. 넛지는 강요가 아니라, 내가 스스로 하게 만드는 부드러운 설계다.

회사원 E씨는 운동을 하겠다고 몇 번이나 결심했지만, 매일 퇴근 후엔 그냥 소파에 앉아 TV를 켰다. 그래서 그는 자신이 운동을 망설이는 이유가 뭔지를 생각해봤다. 알고 보니 운동복을 꺼내 입는 것조차 귀찮고, 운동 앱을 실행하려면 몇 번을 눌러야 하는 게 번거로웠다. 그래서 그는 다음과 같이 바꿨다.

1) 아침에 미리 운동복을 침대 옆에 걸어두고, 2) 스마트폰에 퇴근 시간에 맞춰 자동으로 운동 앱이 켜지게 알람을 설정하고, 3) 운동 후 마시는 시원한 탄산수를 냉장고에 넣어두었다.

작은 변화였지만, 그날부터는 "운동해야지"라는 고민을 하기 전에 몸이 먼저 움직였다. 결국 그는 일주일에 세 번은 꾸준히 헬스장에 나가기 시작했고, 무엇보다도 운동을 억지로가 아닌, 자연스럽게 하게 된 자신이 뿌듯했다.

넛지를 실천하는 핵심은 원하는 행동이 저절로 나오게 주변 환경을 바꾸는 것이다. 예를 들어 1) 공부하고 싶다면 책상 위를 정리하고, 휴대폰은 다른 방에 둔다. 2) 건강하게 먹고 싶다면 과자는 안 보이게 넣고, 과일은 식탁 위에 꺼내놓는다. 3)

일기를 쓰고 싶다면 자주 앉는 자리에 노트를 펼쳐둔다. 4) 운동이 목표라면 운동화를 현관에 꺼내놓고, 운동 알림을 자동 설정한다.

중요한 건 목표를 '의지'에만 맡기지 말고, **행동이 더 쉽게, 더 눈에 띄게, 더 가까이에 있도록 설계**하는 것이다. 하기 어렵게 느껴지는 일은 환경 때문일 수 있다. 작은 환경의 변화가 큰 행동의 변화를 만들어낸다. 넛지는 결국, 스스로가 더 나은 선택을 하게 도와주는 똑똑한 습관 도구다.

슬럼프 극복 — 의욕 저하 시 심리 재충전 기술

사람은 항상 똑같은 속도로 일하거나 공부할 수 없다. 어느 순간 갑자기 아무것도 하기 싫고, 손에 잡히지 않는 시기가 온다. 이것이 바로 슬럼프다. 슬럼프는 단순한 게으름이 아니라, 마음의 에너지가 고갈된 상태다. 열심히 노력했지만 결과가 기대만큼 따라오지 않거나, 일이 너무 많아 압박을 받을 때 생긴다.

이때 중요한 건 '더 열심히 해야지!'라고 억지로 자신을 몰아붙이는 게 아니라, 잠시 멈추고 마음을 다시 채우는 것이다. 슬럼프는 '포기'가 아니라 '정비'의 시기다. 어떻게 쉬고 회복하느냐에 따라, 이후의 집중력과 성과는 오히려 더 좋아질 수 있다.

전업 작가 F씨는 출판사와 약속한 마감일이 다가오자, 매일 아침부터 밤까지 글을 쓰며 자신을 몰아붙였다. 하지만 어느 날, 컴퓨터 앞에 앉아도 한 줄도 쓰지 못한 채 하루를 보냈다.

"더는 단어 하나도 떠오르지 않았다. 머릿속이 텅 빈 것 같았다." 그는 처음엔 자신이 나약하다고 자책했지만, 곧 슬럼프라는 사실을 받아들이고 **'마음 충전 시간'**을 가지기로 결심했다. 3일 동안 그는 글을 쓰지 않고, 대신 예전에 감명 깊게 읽었던 책을 다시 읽고, 동네 공원을 하루 두 번씩 천천히 걸으며 머릿속을 정리했다. 아침엔 커피를 마시며 음악을 듣고, 일몰엔 아무 생각 없이 하늘을 바라보았다.

이 짧은 루틴이 그의 마음을 되살렸다. 다시 키보드를 두드릴 때, 그는 이전보다 더 집중된 상태로 몰입했고, 글의 깊이도 더 풍부해졌다. F씨는 이후 이렇게 말했다. "쉼은 낭비가 아니라, 더 멀리 가기 위한 준비였다."

슬럼프를 피하기는 어렵지만, 잘 이겨낼 수 있는 방법은 준비할 수 있다. 그 핵심은 자신만의 심리 회복 루틴을 갖는 것이다. 예를 들어 1) 감정 일기 쓰기 2) 산책하기 3) 음악 듣기 4) 좋아하는 사람과 짧은 통화 5) 하루 휴식 선언(아무것도 하지 않기로 정하고, 나 자신에게 '괜찮다'고 말해준다)이다.

중요한 것은, 억지로 밀어붙이지 않고 스스로를 다독이며 쉬게 해주는 것이다. 슬럼프는 실패가 아니다. 재도약을 위한 멈춤이며, 잠시 속도를 늦추는 것이 결국은 더 오래, 더 멀리 가는 힘이 된다.

성공 습관 정착 — 작은 변화의 반복으로 큰 변혁 이루기

성공은 갑작스러운 큰 변화보다는 일상 속의 작지만 꾸준한 행동 변화, 즉 **습관의 축적**에서 비롯된다. 습관은 단순히 반복되는 행동이 아니라, 자신이 어떤 사람인지 보여주는 표현이다. 예를 들어 매일 책을 읽는 사람은 단지 책을 읽는 것이 아니라, '나는 배움을 중시하는 사람'이라는 정체성을 행동으로 드러내는 것이다. 제임스 클리어는 이를 두고 "습관은 정체성의 표현"이라 말하며, 반복된 행동은 뇌 속 신경회로를 강화하여 결국 '나는 이런 사람'이라는 자아 이미지를 형성한다고 설명했다.

한 영어 학습자는 영어 실력이 부족하다는 열등감으로 공부를 시작하지 못하고 있었다. 그는 '매일 1분만 단어를 외우자'는 작은 결심으로 출발했다. 처음에는 1분이었지만, 점차 10분, 20분으로 늘어나더니 6개월 뒤에는 하루 1시간씩 영어를 공부하는 습관이 자리잡았다. 그는 어느새 '나는 매일 영어를 공부하는 사람'이라는 자기 이미지를 가지게 되었고, 결국 영어시험에서 목표 점수를 달성했다.

습관을 만들기 위해서는 거창한 계획보다, 아주 작고 구체적인 행동을 매일 실천하는 것이 핵심이다. "운동해야지"보다는 "아침에 일어나자마자 팔굽혀펴기 5회"처럼 작고 실행 가능한 행동을 정하고, 이를 기록해 체크리스트로 시각화하면 뇌는 이를 '**성취의 증거**'로 받아들인다. 이러한 반복은 뇌에 각인되며, 궁극적으로 '나는 변화를 만들어내는 사람'이라는 자기정체성을 구축하게 된다. 습관은 장기적인 변화를 이끄는 가장 실질적인 심리전 도구다.

제6장

내면의 전략 ― 무의식과 환경의 통제

1. 무의식의 힘 다루기 ― 내면의 자동조종 장치를 다시 세팅하라

사람들은 흔히 "나는 이성적으로 판단했다"고 생각하지만, 실제로는 감정이나 직감이 먼저 작동하고, 이성은 나중에 따라가는 경우가 많다. 우리가 습관처럼 말하고 행동하는 것도 대부분 무의식, 즉 우리가 따로 생각하지 않아도 작동하는 **'마음의 자동 시스템'** 때문이다.

이 무의식은 어릴 때부터 반복된 경험, 자주 들은 말, 나 자신에 대한 믿음 등으로 만들어진다. 그래서 무의식을 방치하면 오래된 습관이나 부정적인 생각이 나를 계속 지배할 수 있다. 반대로 무의식을 잘 활용하면, 의식적으로는 잘 되지 않던 변화도 자연스럽게 이어질 수 있다. 이 항에서는 무의식의 힘을 인식하고, 그것을 내 편으로 만드는 방법을 다룬다.

잠재의식 활용법 ― 시각화와 명상으로 마음 방향 잡기

잠재의식은 우리가 일부러 생각하지 않아도 작동하는 **'마음속 자동 저장소'**다. 우리가 무심코 반복하는 말, 행동, 감정의 패턴이 이 안에 저장되어, 평소 습관이나 결정에 영향을 준다. 예를 들어, "나는 늘 실패해"라고 자주 생각하면 무의식이 그것을 '사실'로 받아들이고, 실제 행동에서도 소극적이 되기 쉽다. 반대로

"나는 점점 나아지고 있어"라고 반복하면 무의식도 그 방향으로 나를 움직이게 한다.

시각화(마음속에서 장면을 생생히 떠올리는 것)와 명상(조용히 마음을 집중하는 것)은 이 잠재의식을 바꾸는 데 매우 효과적인 방법이다. 감정이 실린 이미지나 말은 무의식에 깊이 새겨져 행동 변화를 이끄는 기반이 된다.

프로 테니스 선수였던 G씨는 경기마다 긴장으로 실수를 반복했다. 코치는 그에게 "이기고 있는 장면을 매일 눈앞에 떠올리라"고 조언했다. 그는 매일 아침 눈을 감고, 자신이 침착하게 경기를 이기고, 관중의 박수를 받는 모습을 머릿속에 그리는 연습을 했다.

그와 동시에 "나는 강하다", "나는 내 플레이를 믿는다"는 말을 조용히 반복했다. 처음엔 어색했지만, 2주가 지나자 실제 경기에서도 흔들리지 않는 자신감을 갖게 되었고, 성적도 점점 올라갔다. 그는 이렇게 말했다. "현실보다 먼저, 제 마음속에서 제가 이기고 있었어요."

잠재의식을 활용하는 가장 쉬운 방법은 아침에 일어나기 직전, 또는 잠들기 직전에 5분간 마음을 집중하는 것이다. 이때는 뇌가 무의식과 더 가까워지는 시간이라, 어떤 이미지든 더 강하게 새겨진다. 예를 들면, 1) 조용한 자리에서 눈을 감고, 이루고 싶은 모습을 떠올려보는 것 2) 감정까지 함께 상상하자. 그 장면 속에서 내가 느끼는 뿌듯함, 자신감, 기쁨을 함께 그려보는 것 3) 긍정적인 말을 반복하는 것 등은 반복할수록 무의식에 깊이 새겨진다.

이런 습관을 꾸준히 반복하면, 내 무의식은 나를 걱정하게 만들고 멈추게 하던 방향에서 벗어나, **나를 밀어주는 힘으로 바뀐다**. 마음속의 이미지를 바꾸는 것이, 현실의 행동을 바꾸는 첫걸음이 될 수 있다.

꿈과 직감 — 무의식이 보내는 신호 해석하기

우리가 자는 동안 꾸는 꿈이나, 이유는 모르겠지만 뭔가 느껴지는 직감은 모두 무의식이 보내는 신호다. 꿈은 말 대신 이미지나 상징으로 표현되고, 직감은 머리보다 몸이나 마음이 먼저 반응하는 느낌이다. 예를 들어, 어떤 사람을 처음 만났는데 괜히 불편하거나, 어떤 일을 앞두고 괜히 불안한 느낌이 든다면, 그것이 바로 무의식이 '이 상황을 다시 한번 생각해봐'라고 말하고 있는 것일 수 있다.

심리학자 프로이트는 **꿈을 "무의식으로 가는 가장 직접적인 길"** 이라 했고, 현대 심리학에서는 직감을 '빠른 감정적 판단'이자 '오랜 경험이 만들어낸 빠른 경고 시스템'으로 본다.

광고 기획자 H씨는 중요한 프레젠테이션을 앞두고, 며칠 동안 같은 꿈을 반복해서 꿨다. 꿈속에서 그는 발표 도중 슬라이드가 꺼지고, 회의실 안에 침묵이 흐른 뒤, 동료들이 조용히 웃는 장면이었다. 처음에는 그냥 꺼림칙하게 넘겼지만, 꿈이 반복되자 그는 "내가 뭔가 준비를 놓치고 있는 건 아닐까?" 하고 스스로에게 질문했다.

그는 이 불안한 감정이 사실 '준비 부족'에서 온 것임을 인정하고, 발표 리허설을 반복하고, USB 백업을 두 개 만들고, 장비도 미리 테스트했다. 결과는 놀라울 만큼 안정적이었다. 그는 말한다. "꿈은 내 마음속 긴장을 눈앞에 보여준 거였어요. 무시했다면 아찔했을 겁니다."

꿈이나 직감은 무조건 이상한 것이 아니고, 마음속 깊은 곳에서 보내는 메시지일 수 있다. 이를 잘 활용하려면 1) 꿈 일기 쓰기: 아침에 일어나자마자 기억나는 꿈을 한두 줄로 적는다. 특히 반복되거나 강하게 남는 꿈은 주목할 필요가 있다. 예: "꿈속에서 계속 늦는다", "사람들이 나를 외면한다" 등은 현실에서의 불안이나 부담을 반영한다. 2) 직감 메모하기: 어떤 선택 앞에서 이유 없이 불안하거나 끌리는 느낌이 들었다면, 그 느낌이 언제, 왜 들었는지 짧게 메모해둔다. 나중에 결과와 비교해 보면, 자신만의 감정 레이더가 점점 정확해진다. 3) 무시하지 말고 해석하려는 시도하기: 꿈이나 직감이 강하게 남는다면 "왜 이런 생각이 들었지?" 하고 자기 자신과 대화하는 습관을 가지자. 무의식은 우리를 방해하려는 게 아니라 도와주려는 방향 감지기일 수 있다.

꿈과 직감은 때로는 말보다 더 정확하게 우리 안의 불안, 소망, 경고를 드러내준다. 중요한 것은 그 신호를 무시하지 말고, 적어도 한 번은 귀 기울여 보는 태도다. 그것이 무의식을 내 편으로 만드는 첫 걸음이다

자기 암시의 기술 — 긍정적인 자동사고 심기

자기 암시란, 스스로에게 자주 반복해서 하는 말이나 생각이 무의식에 영향을 주고, 결국 행동과 결과까지 바꾸는 심리 기술이다. 예를 들어 "나는 안 될 거야"라는 생각을 자주 하면, 실제로 자신감이 떨어지고 행동이 위축된다. 반대로 "나는 할 수 있어"라는 말을 반복하면, 뇌는 그 말을 현실처럼 받아들여 긴장을 줄이고 자신감을 높여준다.

이처럼 **자기 암시**는 말의 힘으로 마음의 방향을 바꾸는 기술이다. 특히 스트레스 상황이나 중요한 도전 앞에서 암시의 효과는 더 강하게 작용한다. 우리가 매일 반복하는 말이 곧 마음의 자동반응, 즉 '자동사고'를 만들어내는 셈이다.

9급 공무원 시험을 준비하던 I씨는 매번 "이번에도 안 될 거야", "나는 머리가 나쁘니까 안 돼"라는 말을 입에 달고 살았다. 공부는 했지만, 시험장만 가면 자신감이 무너졌고, 결과도 늘

비슷했다. 그러던 어느 날, 그는 상담사의 권유로 '자기 암시' 훈련을 시작했다. 가장 먼저 한 일은 자신이 자주 하는 부정적인 말을 찾아보는 것이었다. 그리고 그것을 하나씩 바꿔 나갔다. 즉, 1) "나는 안 될 거야" → "나는 차근차근 준비 중이다" 2) "나는 머리가 나쁘다" → "나는 점점 더 나아지고 있다" 3) "긴장돼서 또 망칠 거야" → "나는 침착하게 해낼 수 있다"

그는 매일 아침, 거울 앞에 서서 이 문장들을 또박또박 10번씩 말하기 시작했다. 처음엔 어색하고 믿기지 않았지만, 3주쯤 지나면서 마음이 조금씩 달라지는 걸 느꼈다. 점점 책상 앞에 앉는 시간이 늘었고, 모의고사 성적도 서서히 오르기 시작했다. 그는 결국 시험에 합격했고, 이렇게 말했다. "내가 바꾼 건 공부 방법이 아니라, 나를 바라보는 '내 말'이었다. 그 말들이 삶을 다시 쓰게 했다."

자기 암시는 반복이 핵심이다. 효과적으로 하려면 다음과 같은 방법을 일상에 적용하는 것이다. 즉 1) 내가 자주 하는 부정적인 말을 적어본다. 예: "나는 게을러", "나는 인간관계가 서툴러", "나는 중요한 순간에 망쳐" 등 2) 그 문장을 긍정적 문장으로 바꾼다. 예: "나는 게을러" → "나는 조금씩 습관을 바꾸고 있다", "나는 망쳐" → "나는 차분하게 해낼 수 있다" 3) 바꾼 문장을 일상에서 반복한다. 아침에 거울 보며 5번 말하기, 스마트폰 알람 이름으로 설정하기, 다이어리에 매일 한 번 적기, 컴퓨터 배경화면이나 포스트잇으로 눈에 띄는 곳에 붙이기 4) 말에 감정을 실어 표현하기 :기계적으로 읊기보다, 그 말을 믿는 듯한 어조와 표정으로 말하면 뇌에 더 강하게 각인된다.

자기 암시는 마법이 아니라 습관의 힘이다. 부정적인 생각이 자동으로 떠오르던 자리에 긍정적인 생각이 대신 들어오면, 행동도 조금씩 달라진다. 그리고 그 변화는, 아주 놀라운 결과로 이어질 수 있다.

2. 환경 설계로 자기 통제 강화 — 의지보다 강한 힘

자기통제는 흔히 '의지력'의 문제로 오해되곤 하지만, 실제로는 의지를 덜 써도 되게 만드는 **외적 환경 설계**가 더 큰 영향을 준다. 반복되는 유혹, 방해 자극, 선택의 피로는 인간의 뇌를 쉽게 지치게 하며, 궁극적으로 습관과 행동을 무너뜨린다. 이 항목에서는 행동 유도, 유혹 차단, 결정 피로 관리의 세 가지 전략을 통해 환경이 어떻게 심리전의 무기가 될 수 있는지를 탐색한다.

행동 유도 환경 설계 — 가까이, 반복, 즉시 가능한 구조 만들기

사람은 '가까운 것'과 '반복되는 것'에 반응한다. 환경이 행동을 이끄는 가장 큰 요인은 물리적 거리, 즉시성, 그리고 반복 구조다. 습관을 형성하려면 의지보다도, **행동을 할 수밖에 없는 위치와 리듬**이 결정적이다. 이는 행동과 장소를 연결시키는 '위치 조건화(location-based conditioning)'와도 관련된다. 예컨대 자주 앉는 자리에 책을 두면 더 많이 읽고, 침대 옆에 운동 도구를 두면 운동 확률이 높아진다.

직장인 K씨는 명상이나 일기 쓰기를 하고 싶었지만 늘 "생각은 하는데 행동이 안 따라준다"고 했다. 그는 일단 일기장을 거실 책상 대신, 매일 앉는 소파 옆에 두었고, 자주 쓰는 펜도 그 위에 함께 뒀다. 또 명상용 앱은 아침 알람과 함께 자동으로 켜지게 설정했다. 무엇보다 "일기 → 차 한 잔"이라는 보상을 루틴으로 묶으면서 점차 이 행동이 습관처럼 굳어졌다. 그는 "환경만 바꿨을 뿐인데, 머뭇거림 없이 행동하게 됐다"고 했다.

행동을 유도하는 환경은 다음 세 가지 원칙을 따른다. 1) 가깝게 두기: 원하는 행동과 관련된 도구를 물리적으로 가장 가까운

곳에 배치한다. 예) 읽고 싶은 책은 침대 옆, 물병은 책상 위.
2) 즉시 가능하게 만들기: 행동에 필요한 준비 단계를 줄인다.
예) 운동복을 미리 꺼내 두거나, 앱을 미리 실행 상태로 둔다.
3) 일상 리듬에 붙이기: 이미 존재하는 습관 뒤에 연결한다. 예)
'커피 → 일기', '세수 → 스트레칭'처럼. 이렇게 행동을 하기 쉬운 구조를 만들면, '해야지'라는 결심 없이도 **몸이 먼저 움직이게 되는 루틴 회로**가 형성된다.

유혹 차단 환경 설계 ― 하지 않게 만드는 심리적 차단막

하지 말아야 할 행동을 통제하기 위한 가장 효과적인 방법은 그 행동을 유도하는 자극 자체를 없애는 것이다. 이를 '**프라이밍 차단**'이라 부른다. 시각, 청각, 공간 자극이 차단되면 행동 욕구 자체가 약해진다. 의지로 참는 것이 아니라, 유혹을 아예 피하는 전략이다.

직장인 B씨는 야식을 줄이려 했지만, 밤마다 냉장고를 열어버리는 습관을 멈추지 못했다. 그는 바닥 서랍에 간식을 넣고, 식탁 위에는 차가운 물 한 병과 견과류를 두었다. 또한 늦은 밤에는 주방 전등을 꺼두고 가까이 가지 않았다. 그 결과, 유혹을 마주할 기회 자체가 줄면서 고민 없이 자연스럽게 야식을 피할 수 있었다.

스마트폰을 자주 보게 된다면 다른 방에 둔다. 넷플릭스 대신 책을 읽고 싶다면 리모컨을 서랍에 넣고 책을 소파 옆에 둔다. 간식을 줄이려면 구매하지 않거나, 눈에 보이지 않게 숨긴다. 유혹을 없애면, 통제는 쉬워진다. 심리전의 고수는 싸우지 않고 이기는 법을 안다.

결정 피로 줄이기 — 의지력 보존을 위한 루틴 구조화

사람의 의지력은 무한하지 않다. 아침에 어떤 옷을 입을지, 무얼 먹을지, 어떤 길로 갈지 같은 사소한 결정들이 쌓이면, 하루가 끝날 무렵엔 큰 결정을 할 에너지가 고갈된다. 이것을 '**결정 피로**(Decision Fatigue)'라고 한다. 심리학자 로이 바우마이스터는 "의지는 근육처럼 피로해진다"고 말한다. 즉, 중요한 일에 의지를 쓰기 위해선 **불필요한 선택 자체를 줄이는 전략**이 필요하다. '자동화된 일상'은 의지력을 보존하는 가장 효율적인 심리전 무기다.

미국 전 대통령 오바마는 대통령 시절 매일 같은 색 계열의 수트를 입었다. 이유는 간단했다. "아침부터 옷 고르느라 뇌 용량을 쓰고 싶지 않아서." 이처럼 성공적인 리더들이 반복적으로 사용하는 방식은 '의미 없는 결정을 줄이고, 중요한 결정에 집중력을 남겨두는 전략'이다. 한 직장인은 매일 아침마다 커피를 고르느라 10분씩 허비하곤 했다. 그는 결국 '아이스 아메리카노 1잔'으로 루틴을 고정했고, 이후 아침 시간의 여유와 집중력이 크게 향상되었다.

결정 피로를 줄이기 위한 루틴 전략은 다음과 같다.
1) 정해진 시간표 만들기: 매일 아침 7시 기상, 7시 30분 산책, 8시 독서 등 일과를 고정한다.
2) 선택지를 제거하기: 메뉴, 복장, 출근 경로 등을 가능한 한 단순화한다.
3) 자동화 시스템 활용: 앱 알람, 반복 설정, 미리 알림 등을 통해 결정을 대신하는 구조를 만든다.
4) 저녁보다 아침에 중요한 결정을 몰아두기: 피로 누적 전에 핵심 판단을 마치도록 일정 조정.

선택이 줄어들면 스트레스도 줄고, 남은 의지력을 더 중요한 일에 쓸 수 있다. 자기통제의 핵심은 **'덜 고민하게 설계된 일상'**에 있다. 의지력을 보호하라. 그것이 지속 가능한 자기 심리전의 기초다.

3. 감정과 욕구의 주도권 잡기 ─ 반응하지 말고 선택하라

인간의 감정과 욕구는 행동의 시작점이며 동시에 통제하기 가장 어려운 대상이다. 외부 자극에 따라 자동적으로 반응하는 대신, 감정과 욕구를 자각하고 선택하는 능력은 자기 조절의 정점이다. 이 항에서는 충동 조절, 스트레스 관리, 자기 설득이라는 세 가지 심리 전략을 통해 감정과 욕구의 주도권을 회복하는 방법을 탐색한다.

충동 조절과 지연 만족 ─ 스탠퍼드 마시멜로 실험의 교훈

사람은 누구나 "지금 당장 하고 싶은 욕구"를 느낀다. 먹고 싶고, 쉬고 싶고, 확인하고 싶은 충동은 인간의 생존 본능에 가까운 자연스러운 반응이다. 그러나 이런 욕구를 조금 늦추고 기다릴 수 있는 능력, 즉 **지연 만족**(delay of gratification) 능력이 장기적으로 삶의 질과 성공에 매우 중요한 영향을 미친다는 사실이 심리학적으로 입증되었다.

지연 만족 능력은 단순한 '참을성'이 아니라, 자기 통제력, 감정 조절력, 미래를 계획하는 능력과 연결된다. 이것은 공부 습관, 경제적 소비, 건강 관리 등 일상의 다양한 선택에서 반복적으로 작동하며, 그 결과는 시간이 지날수록 누적된다. 충동을 이겨내는 힘은 결국 인생을 장기적으로 설계하고 추진할 수 있는 힘이 되는 것이다.

1970년대, 심리학자 월터 미셸은 '**스탠퍼드 마시멜로 실험**'을 통해 이 개념을 실증적으로 보여주었다. 연구진은 유치원생들에게 마시멜로 한 개를 책상 위에 올려두고, "지금 먹지 않고 15분을 기다리면 하나를 더 주겠다"고 제안했다. 일부 아이들은 유혹을 이기지 못하고 바로 먹었고, 일부는 눈을 감거나 노래를 부르며 참고 기다렸다. 수년 후 이 아이들을 다시 조사했을 때, 기다릴 수 있었던 아이들은 학업 성적, 대인관계, 스트레스 관리, 목표 성취 등 다양한 영역에서 더 긍정적인 성과를 보였다. 이 실험은 이후 자제력 교육과 심리훈련의 상징적 사례로 자리 잡았고, 오늘날에도 인간 행동의 예측 가능성과 자기 통제의 중요성을 설명할 때 널리 인용되고 있다.

우리도 일상 속에서 충동을 느낄 때가 많다. 이때 무조건 참으려 애쓰기보다, 짧게 '**멈추는 습관**'을 훈련하는 것이 더 효과적이다. 예를 들면, 10초 멈춤 호흡, 2~3가지 셀프 질문, 물리적 거리 두기(유혹이 되는 간식, 스마트폰, 쇼핑 앱 등은 눈에 보이지 않는 곳으로 옮김), 나중 보상 습관 만들기(지금 30분 공부하면 10분 좋아하는 영상 보기) 등이다. 지연 만족은 단순히 참고 억누르는 것이 아니라, 현명한 선택을 위한 '기다림의 연습'이다. 오늘 10초만 멈추는 경험이, 내일 더 큰 성취로 이어질 수 있다.

스트레스 관리 — 호흡법과 인지 재평가로 마음 다스리기

스트레스는 단지 외부 상황 때문에 생기지 않는다. 진짜 스트레스는 "그 상황을 내가 어떻게 해석하느냐"에서 비롯된다. 예컨대 같은 시험을 두고도 어떤 사람은 "망치면 끝이다"라고 느끼고, 다른 사람은 "한 번의 경험일 뿐"이라며 담담해한다. 이 차이를 만드는 기술이 바로 '**인지 재평가**(cognitive reappraisal)'

다. 이는 같은 사건을 다른 시선으로 바라보게 해, 감정 반응을 바꾸는 심리 기술이다.

여기에 복식 호흡이나 느린 호흡 조절 같은 신체 안정 기법을 더하면 불안, 공포, 분노처럼 심리적 흥분 상태를 진정시키고 자율신경계를 안정시킬 수 있다. 이 두 가지는 심리전 상황에서도, 일상의 긴장 속에서도 내면의 주도권을 지키는 전략적 자기조절 수단이다.

대학 입시를 앞둔 고3 수험생 김모 군은 모의고사 성적 발표 직후 극심한 스트레스를 겪었다. "이번에도 망치면 나는 끝이다"는 생각에 호흡이 가빠지고 손이 떨렸으며, 밤잠을 이루지 못했다. 담임 교사의 권유로 그는 생각을 바꾸는 연습부터 시작했다. "실패는 치명적이다" → "모의고사는 연습일 뿐이다" "남들보다 뒤처졌다" → "지금부터 추격하면 된다" 이런 식으로 자신의 생각을 의식적으로 다시 써보는 인지 재구성 훈련을 매일 일지로 작성했다. 그리고 시험 당일에는 4초 들이마시고, 6초 내쉬는 복식 호흡법을 집중력 루틴으로 삼았다.

그 결과, 이전보다 침착하게 시험에 집중할 수 있었고, 그는 "긴장은 있었지만, 조절할 수 있다는 느낌이 큰 힘이 되었다"고 말했다. 이는 단순한 감정 조절이 아니라, 스트레스를 전략적으로 다루는 **'내면의 전술'**이었다.

현대 사회의 심리전은 전장에서만 벌어지지 않는다. 정보 과부하, 인간관계 갈등, 성과 압박, 불안정한 미래 등은 일상에서 사람들을 무기력·분노·불안이라는 감정의 전장으로 몰아넣는다. 이럴 때 사용할 수 있는 실제적 스트레스 관리 전략은 다음과 같다.
1) 생각을 재구성하라: "망했다" → "내가 배울 수 있는 기회다" "이 일은 너무 중요해" → "실패해도 인생은 계속된다" 등 감정을 악화시키는 '생각의 언어'를 재해석하고 다

시 써보는 연습을 한다.
2) 몸을 먼저 진정시켜라: 4:6 복식 호흡법: 4초간 코로 깊게 들이마시고, 6초간 입으로 길게 내쉰다. 긴장 해소 스트레칭(어깨, 목, 턱을 푸는 가벼운 이완 운동), 짧은 명상(3분간 눈을 감고, 감정이 아닌 호흡에 집중하기) 등 몸이 진정되게 하여 생각도 따라 안정되게 한다.
3) 스트레스 일지를 작성하라: 언제, 어떤 상황에서 스트레스를 느꼈는지, 그때 어떤 생각과 신체 반응이 있었는지, 이후 어떤 방식으로 반응했는지 등 반복되는 패턴을 인식하면, 예방과 조절이 가능해진다.

자기 심리전 — 나 자신을 설득하고 다스리는 법으로 최고의 나 만들기

자기 심리전은 외부의 위협보다 **내면의 불안, 비교심리, 두려움** 등 감정적 동요와 싸우는 심리 조절 전략이다. 사람은 누구보다 자신에게 가장 많은 영향을 주는 존재이기 때문에, 스스로를 위로하고 설득하는 능력은 정서 회복력의 핵심이다.

자기 심리전의 주요 기술은 다음과 같다.
1) 내면 대화 자각 훈련: "왜 난 이 모양일까" 같은 자동적 부정 표현을 인식하고, "조금 느려도 괜찮아"처럼 자기 지지를 담은 말로 전환하는 연습이다.
2) 감정 명명 훈련: 막연히 '답답하다'고 느끼는 대신, "지금 나는 불안하고, 인정받고 싶다"처럼 감정에 이름을 붙이면 감정의 정체가 명확해지고 조절이 쉬워진다.
3) 가치 중심 자기 문장 설정: '남보다 잘해야 한다'는 외부 기준이 아닌, "나는 꾸준히 배우는 사람"이라는 내면 기준을 세우면 환경 변화에도 흔들리지 않는다.

2023년 상반기, 취업을 준비하던 20대 초반의 김 모 씨는 SNS를 통해 또래 친구들의 성공 소식을 접하며 자신이 뒤처지고 있다는 느낌에 빠졌다. 그는 매일 "다들 잘나가는데, 나는 뭐 하고 있지?"라는 생각에 사로잡혀 자존감이 크게 흔들렸다.

그러던 중, 상담 프로그램에서 '**자기 심리전**' 개념을 배우고 다음과 같은 실천을 시작했다. 아침마다 거울 앞에서 "나는 내가 만든 길을 가고 있다"는 문장을 다섯 번 반복했고, 감정이 불안할 때는 "지금 나는 초조하다. 왜냐하면 미래가 불확실하기 때문이다"라고 써보며 감정을 정확히 인식하려 했다. 그 결과 SNS 사용 시간을 줄이고, 비교보다는 자신의 계획에 집중하게 되었으며, 한 달 후 "불안이 줄고 하루가 더 명확해졌다"고 스스로 평가했다.

자기 심리전을 실천하기 위해서는 먼저 내가 나에게 건네는 말을 인식하는 것이 중요하다. 하루에 한 번 "지금 내 감정은 어떤가?", "나는 나에게 무슨 말을 하고 있는가?"를 스스로 점검해보자.

다음의 간단한 실천법이 도움이 된다.
1) 감정 쓰기: "나는 지금 슬프다. 하지만 이 감정은 곧 지나갈 것이다"처럼 감정을 글로 써보면 정서적 거리두기가 가능하다.
2) 기준 문장 만들기: "나는 남보다 늦을 수 있지만, 방향은 잃지 않는다"처럼 자신만의 격려 문장을 만들어 매일 읽는다.
3) 비교 피하기 습관: SNS 사용 시간 제한, 외부 자극보다 하루 계획에 집중하기 등 일상 속에서 비교를 줄이는 환경 조성도 중요하다.

이처럼 감정을 인식하고, 스스로 말 걸고, 기준을 세우는 습관은 내면의 불안을 잠재우는 강력한 심리 방어 전략이 될 수 있다.

4. 호기심과 기대감 — 감정의 흐름을 설계하는 루틴 전략

감정은 에너지이며, 일상의 흐름을 바꾸는 가장 강력한 심리적 동력이다. 특히 호기심과 기대감은 뇌를 활성화하고 마음을 젊게 유지하는 핵심 감정이다. 호기심은 지루한 일상 속에서도 의미를 찾게 해주고, 기대감은 다가올 날에 대한 긍정적 감정을 미리 불러온다. 이 두 감정은 억지로 만들어지는 것이 아니라, 스스로 설계되고 훈련될 수 있다.

감정 탐색 루틴 — 일상에서 의미를 발견하는 관찰 훈련

감정의 흐름은 주의를 어디에 두느냐에 따라 달라진다. 아무리 반복되는 일상이라도 그것을 새롭게 바라보는 시선, 즉 '호기심의 렌즈'를 갖고 있으면 뇌는 보상을 느낀다. 심리학에서는 이를 **"의미 감지 습관**(habit of noticing)"이라고 한다. 익숙한 공간 속에서 색, 소리, 변화에 민감하게 반응하는 뇌는 활력을 유지하고, 긍정적인 감정 회로를 형성한다.

저자가 10년 동안 매주 토요일 관악산 국기봉에 오르고 있지만 산행 때마다 새로운 발견의 기쁨을 느낀다. 겨울엔 얼어붙은 나무 위로 쌓인 눈, 봄엔 소나무 가지에 피는 새순, 여름엔 땀을 식혀주는 계곡 물소리, 가을엔 단풍 사이로 스치는 햇살. 때론 새소리, 때론 돌 위에 핀 이름 모를 꽃, 때론 안개 자욱한 날의 조용함. 매번 달라지는 풍경과 자연의 숨결을 관찰하며 필자는 '오늘도 발견했다'는 감정을 품는다. 그것은 단순한 산행이 아니라 감정과 인지의 새로움을 찾는 훈련이자 습관이다.

하루를 '감정 탐색 루틴'으로 시작해보자. 예를 들면,
1) 출근길에 '어제와 달라진 것', '주변분들의 좋은 인상과 모습 찾기'

2) 아침에 창밖 하늘의 색과 소리를 주의 깊게 느끼기.
   3) 산책이나 등산 중에는 계절과 날씨의 작은 차이를 발견하기 등

관찰은 단순한 인식이 아니라 감정 회복의 출발점이다. 호기심은 뇌를 젊게 하고, 삶을 유의미하게 만든다. 매일이 같은 날처럼 느껴질수록, '새로운 발견과 다르게 보기'는 더 강력한 심리전의 기술이다.

기대의 감정 설계 — 내일을 긍정적으로 예견하기

기대감은 미래의 감정을 미리 경험하는 심리적 시뮬레이션이다. 뇌는 실재보다 상상을 먼저 처리하며, 긍정적 상상은 실제 감정에 영향을 미친다. 심리학에서는 이를 "**예기적 긍정**(anticipatory positivity)"이라 하며, 이는 동기와 활력의 촉진제가 된다. 기대감은 삶에 방향을 부여하고, 지루함과 무기력을 몰아낸다.

저자는 매주 3회 이상 다양한 모임에 참여한다. 각기 다른 사람들을 만나는 자리 — 만나는 분들과 즐거운 식사, 연구자들과의 토론, 때론 오랜 지인을 다시 만나는 시간 — 가 다가올 때마다, '이번에는 어떤 이야기가 나올까', '그 사람은 누굴까, 친구는 얼마나 변했을까', '좋은 술자리, 깊은 대화가 펼쳐지겠지'라는 생각을 한다. 이 상상만으로도 하루가 기대되고, 전날부터 기분이 올라간다. 준비하는 마음도 달라지고, 결과적으로 만남은 더 풍요로워진다.

기대감을 감정 전략으로 쓰려면 다음과 같이 훈련을 할 수 있다.
   1) 다음날의 일정을 미리 떠올리고, 기대 포인트를 구체화한다.
   2) 모임이나 만남 전날, 즐거운 장면을 상상한다.

3) 아침마다 "오늘 가장 기대되는 일"을 마음속으로 선언해 본다.

기대는 감정의 선행 투자다. 기대가 있는 사람은 태도가 달라지고, 그것이 결과를 바꾼다. 미래를 긍정적으로 설계하면, 오늘의 감정도 밝아진다.

활력 루틴 설계 — 젊음을 유지하는 심리 전략

호기심과 기대감은 도파민 분비를 촉진시키며, 신체적 활력과 정서적 젊음을 유지하는 데 핵심 역할을 한다. 특히 일상 루틴 속에 이 감정들을 심어놓으면, 지루하지 않은 반복이 가능해진다. 이를 **감정 기반 루틴**(emotion-based routine)'이라고 하며, 장기적으로 자아 긍정, 건강, 심리적 안정감을 유지하는 원천이 된다.

필자의 하루는 정교한 루틴으로 구성된다. 새벽 6시 기상, 출근, 도착 후 운동과 목욕, 간단한 아침식사 후 정해진 일과, 일과 후 헬스장에서 운동과 목욕, 그리고 퇴근 혹은 모임. 이 반복은 단조로워 보일 수 있지만, 매일의 작은 변화와 감정 포인트 덕분에 지루하지 않고, "기대감과 호기심으로 일상이 감정의 경연장이 되어서 기분좋다!"라고 중얼거림이 습관화 되었다. 그래서 필자는 '기분좋은 사람' 애칭과 '기분좋오타아~~~!' 건배 구호를 특허처럼 외치고 있다. 70세인 지금, 여전히 60세의 체력과 활력으로 많은 분들로부터 부러움을 사고 있으며, 그 자긍심은 일상의 감정 설계에서 비롯될 것으로 생각된다.

활력을 유지하는 루틴 전략은 다음과 같다.
1) 일정한 시간에 감정적인 루틴을 배치한다. 예: 관악산 국기봉 등산시는 주변 변화에 대한 호기심, 관악산 국기봉 경례, 소나무나 천봉 바위 올라 사진찍기, 그리고 메시지

작성 후 전파하고 기록하기.
2) 운동, 식사, 휴식 루틴에 감정적 의미를 부여한다. 예: "이 운동은 나를 젊게 만든다", "모임에서 기분좋오타아!!! 건배"로 즐거운 분위기 만든다.
3) 하루를 마무리할 때, '오늘의 발견'과 '내일의 기대'를 상상한다.

반복되는 일상 속 감정 루틴은 나이를 잊게 만드는 전략이다. 체력도, 인상도, 자존감도 모두 감정에서 시작된다.

제 3부

디지털 심리전의 전선
― 보이스피싱과 해킹의
   정서 공격

제7장

감정 조작을 통한 보이스피싱
— 신뢰와 공포의 양날 심리전

1. 신뢰와 공포를 교묘히 이용하다 — 감정 조작의 이중 구조

보이스피싱은 피해자의 감정, 특히 '**신뢰**'와 '**공포**'를 동시에 자극해 판단력을 흐리는 심리전이다. 범인은 금융기관, 검찰, 경찰 등 신뢰할 만한 기관을 사칭해 믿음을 유도하고, 동시에 "범죄 연루", "계좌 정지", "압수 수색 예정" 같은 위협적인 말로 공포심을 자극한다. 이 두 감정이 동시에 작동할 때 사람들은 평소라면 의심할 상황에서도 판단을 포기하게 된다. 피해자는 겁에 질려 정보를 넘기거나 송금을 하게 되며, 이는 논리보다 감정이 우선 작동한 결과다. 이 항에서는 이러한 감정 조작의 구조를 심리전의 관점에서 분석하고, 왜 신뢰와 공포의 이중 자극이 강력한 심리 무기가 되는지를 살펴본다.

친밀한 사기 — 가족·직장 상사를 가장한 신뢰 구축

보이스피싱의 핵심은 '신뢰를 가장하는 기술'이다. 범죄자는 피해자가 평소에 잘 알고 있는 사람—예를 들어 가족, 직장 상사, 친한 친구—인 것처럼 행동하면서 방심을 유도한다. 이런 수법은 인간의 자연스러운 심리적 반응으로서 '**관계 기반 판단**'을 노린 것이다. 즉, 사람은 낯선 사람의 말보다 익숙한 사람의 말을 더 쉽게 믿는다. 예를 들어, 모르는 번호로 전화가 와도

89

"엄마인데, 사고가 나서 급히 돈이 필요해"라는 말이 들리면, 순간적으로 의심보다 걱정이 앞선다. 또는 "나 부장이야. 지금 거래처에 급하게 돈을 송금해야 하니까 회사 법인 계좌에서 이체 좀 해줘"라는 메시지를 받으면, 당황한 직원이 상사의 말인 줄 알고 별다른 확인 없이 지시에 따르는 경우가 적지 않다. 실제로는 해커가 상사의 말투를 흉내 내거나, 회사 내부 정보를 도용해 속이는 방식이다.

이처럼 우리는 관계에 기반해 판단을 내리기 때문에, 감정적 신뢰가 작동하는 순간에는 논리적 검토나 확인 과정을 생략하기 쉽다. 보이스피싱은 바로 이 심리를 파고들어, 신뢰를 무기로 삼는 심리전적 사기 전략이라 할 수 있다.

2023년 서울에서 한 30대 직장인이 "회사 팀장"을 사칭한 전화를 받고, 긴급 송금 요청을 받은 뒤 700만 원을 이체한 사건이 발생했다. 팀장의 말투와 일처리 방식까지 정교하게 흉내낸 범인은 피해자가 질문을 던지기도 전에 답변을 유도하는 방식으로 신뢰를 구축했다. 피해자는 "평소 듣던 말투와 뉘앙스가 너무 비슷해서 의심조차 못했다"고 진술했다.

또 유사한 사례가 있었다. 한 피해자는 평소 거래하던 은행에서 대출을 받은 상태에서 추가 자금이 필요해 2금융권과 상담 중이었다. 며칠 뒤, 평소 이용하던 은행의 이름으로 전화가 걸려 왔고, 상담원은 **"기존 대출금 일부를 상환하면 추가 대출이 가능한 신상품이 나왔다"**고 안내했다. 피해자는 혹시나 하는 마음에 직접 해당 은행 지점에 전화했는데, 전화를 받은 사람 역시 직원인 것처럼 응대하며 같은 내용을 반복했다. 이에 신뢰를 갖고 800만 원을 상환했지만, 이후 연락이 끊기고 추가 대출은 이루어지지 않았다. 결국 범죄 조직은 실제 은행과 비슷한 목소리와 시나리오로 피해자의 신뢰를 유도하였던 것이다.

이러한 친밀한 사기에 대응하기 위해서는 '익숙함'이 주는 심리적 무장을 의식적으로 해제해야 한다. 특히 긴급한 요청이 있을 경우, 다른 채널(문자, 대면 확인 등)을 통한 교차 검증이 필요하다. 기업은 실제 팀장 이름을 악용한 사기 사례를 직원 교육에 활용하고, 가족 간에는 비상 연락 절차를 미리 합의해두는 등 심리전적 대응이 필수다.

긴급 상황 연출 — 공포와 시간 압박으로 판단력 마비시키기

보이스피싱은 피해자에게 '지금 당장 결정해야 한다'는 압박을 심어 공포를 유도한다. 이때 사람은 논리보다 감정에 기반해 반응하며, 위기 상황일수록 뇌의 전두엽 기능(이성적 판단)이 위축되고, 본능적인 생존 반응이 우선한다. 이는 보이스피싱 공격자가 의도적으로 **'시간 제한'**과 **'위협 요소'**를 결합하는 이유다.

2022년, 부산의 한 60대 여성은 "딸이 사고를 당했다"는 다급한 전화를 받았다. 전화를 건 사람은 경찰을 사칭하며 "30분 안에 병원비를 송금하지 않으면 수술이 불가능하다"고 말했다. 피해자는 실제 딸의 상황을 확인하지도 못한 채, 급한 마음에 1,000만 원을 송금했다. 뒤늦게 딸과 통화해 사기임을 깨달았다.

비슷한 방식의 사건은 2021년에도 발생했다. 한 60대 부부는 중국에 여행 중인 딸을 납치했다는 전화를 받았고, 이어 들려온 여성의 목소리는 **"아빠, 제발 살려줘요"**라고 애원했다. 부모는 패닉에 빠져 은행으로 달려가 2,000만 원을 송금했다. 하지만 이후 직접 딸과 통화해 아무 일도 없었다는 사실을 확인했고, 이미 보이스피싱에 당한 후였다.

긴급성을 강조하는 전화나 메시지를 받았을 때, 가장 효과적인 대응은 '일단 멈춤'이다. 한 템포 쉬고 주변에 알리거나, 진짜 가족에게 직접 연락을 취하는 단순한 행동이 감정적 함정을 피하게 해준다. 정부와 기관은 이러한 사례를 중심으로 시나리오 기반 훈련을 제공하고, "긴급 상황일수록 확인부터"라는 감정 방어 습관을 사회적으로 확산시켜야 한다.

이러한 친밀한 사기에 대응하기 위해서는 '**익숙함**'이 주는 심리적 무장을 의식적으로 해제해야 한다. 특히 긴급한 요청이 있을 경우, 다른 채널(문자, 대면 확인 등)을 통한 교차 검증이 필요하다.

작은 이득 제시 — '탐욕 유도(Greed 회유)'로 방심 끌어내기

보이스피싱은 단순히 겁을 주거나 위협하는 방식만 쓰지 않는다. 오히려 '좋은 소식'을 가장해 접근하는 경우가 더 많다. 범죄자는 "당첨금이 있다", "세금이 환급된다", "포인트가 소멸되기 전에 사용하라"는 식으로 작은 이득을 미끼로 던진다. 이처럼 이익을 제시해 경계심을 풀게 만드는 방식은 심리학적으로 '**탐욕 회유**(Greed appeal)' 전략이라고 한다.

여기서 '탐욕(Greed)'은 꼭 큰 욕심을 뜻하지 않는다. 오히려 "5천 원이라도 돌려받을 수 있다"거나 "상품권이 지급된다"는 식의 작고 현실적인 이익이 더 큰 효과를 낸다. 사람은 예상치 못한 이득 앞에서 "이건 진짜일지도 몰라"라는 생각에 마음이 흔들리고, 그 순간 논리적 판단보다는 감정적으로 행동하기 쉽다. 특히 이런 이득이 '지금 바로 확인해야 한다'는 식으로 제시되면, 확인 클릭 한 번으로 악성 링크에 걸리거나 개인정보를 넘기게 되는 것이다.

2023년 서울의 한 직장인은 "국세청 환급금이 남아 있습니다. 확인 후 수령하세요"라는 문자를 받고 안내된 링크를 눌렀다. 익숙한 정부 로고와 함께 주민번호 입력 창이 떴고, 별 의심 없이 정보를 입력했다. 이후 그의 명의로 휴대폰이 개통되고 대출까지 시도된 사실이 드러났다.

또 다른 사례로, 한 50대 여성은 "지난 달 사용한 카드 포인트 2만 원이 소멸 예정입니다"라는 메시지를 받고 링크를 눌렀다가 악성 앱이 설치되었다. 이 앱을 통해 공격자는 전화 통화를 실시간으로 도청하고, 결국 금융사기를 시도했다.

작은 이득을 강조하는 보이스피싱은 '탐욕'이 아니라 '실속'처럼 보이기 때문에 누구라도 쉽게 속을 수 있다. 따라서 "생각보다 좋은 일에는 반드시 확인이 필요하다"는 원칙을 갖는 것이 중요하다.

문자나 메신저로 오는 환급, 포인트, 당첨 안내는 항상 공식 앱이나 홈페이지에서 직접 확인하고, 링크 클릭은 최대한 피하는 습관을 가져야 한다.

또한 가족이나 지인에게도 "이득 관련 문자나 전화가 오면 반드시 출처 확인 후 공유하자"는 생활 안전수칙을 만들어두면 좋다. 작은 욕심을 자극하는 감정의 틈이, 보이스피싱 조직에게는 가장 넓게 열린 심리전의 문이 될 수 있기 때문이다.

2. 피해자는 왜 속는가? ― 심리전의 표적이 된 일상적 인간

보이스피싱의 피해자는 결코 무지하거나 단순해서 속는 것이 아니다. 오히려 그들은 일상 속 감정적 루틴에 젖어 있는 평범한 사람들이다. 신뢰, 공포, 조급함, 탐욕 등 인간의 기본 정서가 교묘하게 조작될 때, 이성은 감정에 밀려 판단을 유보하게 된다. 공격자는 바로 이 감정의 틈을 노린다. 이 항에서는 '**왜 속는가**'를 심리전의 관점에서 분석하고, 피해자들의 심리 구조를 들여다 본다.

사회공학적 취약성 ― 누구나 당할 수 있는 심리적 허점

사회공학적 취약성(social engineering vulnerability)'이란,

컴퓨터나 기술 장비가 아닌 사람의 심리와 행동 습관을 노리는 약점을 말한다. 이는 해커가 기술이 아닌 인간의 마음을 해킹하는 방식으로, 보안 시스템보다 사람 자체가 가장 약한 연결 고리임을 전제로 한다. 예를 들어, 대부분의 사람은 도움을 요청받으면 돕고 싶어 하고(호의), 경찰이나 상사의 말에는 따르려 하며(권위), 위협적인 상황에서는 본능적으로 피하려 한다(공포 회피). 이러한 심리는 인간이라면 누구나 갖고 있는 기본 반응이며, 의도적으로 학습된 것이 아니라 자동적으로 작동한다.

보이스피싱은 바로 이 사회공학적 취약성을 정교하게 이용하는 심리전이다. 이는 단순한 기술 해킹이 아니라 심리 해킹으로, 피해자의 지적 수준이나 컴퓨터 지식과는 관계없이 누구라도 속을 수 있다는 특징이 있다. 다시 말해, "나는 똑똑하니까 괜찮아"라는 생각 자체가 가장 위험한 허점이 될 수 있다.

공격자는 상황에 따라 '협조 요청', '긴급 상황', '공식 기관 사칭', '권위적 말투' 등을 전략적으로 조합해, 인간의 자동 반응을 유도한다. 피해자는 스스로 판단한 것 같지만, 사실은 유도된 감정과 맥락 속에서 선택을 한 것이다.

2022년 한 대기업 여성 직원은 인사팀을 사칭한 전화를 받고 '급한 인사문서를 확인해달라'는 이메일을 수신했다. 인사팀의 익숙한 말투와 이메일 주소의 유사성에 속아, 첨부된 악성파일을 실행했고, 이는 조직 내부망 해킹으로 이어졌다. 피해자는 "모든 보안교육을 받았지만, 너무 자연스러워 의심하지 않았다"고 진술했다.

사회공학 공격에 대응하려면, 모든 사람은 **'심리적으로 당할 수 있다'**는 인식을 먼저 가져야 한다. 친숙하고 정상적으로 보이는 요청일수록 더 의심해야 하며, 사이버 보안 교육은 단순한 기술 대응보다 심리적 취약성을 인식하고 방어하는 훈련 중심으로 전환돼야 한다.

권위에 대한 복종 심리 — 공무원·경찰 사칭의 효과

인간은 본능적으로 권위에 복종하려는 심리를 가지고 있으며, 특히 경찰, 검찰, 세무서처럼 법적 제재력을 가진 기관의 이름이 언급되면 더욱 쉽게 순응하게 된다. 이는 심리학자 스탠리 밀그램이 실시한 유명한 **"밀그램 실험"**에서도 입증된 바 있다. 이 실험에서 실험 참가자들은 실험 책임자의 지시에 따라 다른 사람에게 점점 강한 전기 충격을 가하는 상황에 놓였다. 실제로 전기 충격은 존재하지 않았지만, 참가자들은 **"권위자의 명령"**이라는 이유만으로 타인에게 해를 끼치는 행동을 멈추지 않았다. 이는 사람들이 도덕적 판단보다 권위에 복종하는 경향이 강하다는 것을 보여준다.

2023년 대전에서 한 50대 남성은 자신이 '금융범죄 수사 대상자'라는 경찰관의 전화를 받고, 통장 전체 거래내역을 점검해야 한다는 말에 계좌와 OTP 번호까지 넘겼다. 그는 경찰관이라는 말에 '무조건 따라야 한다'는 생각이 먼저 들었다고 했다. 이후 피해 금액은 2,000만 원에 달했다.

권위 사칭은 심리적 마비를 유도한다. 따라서 기관들은 '전화로 수사나 확인을 요청하지 않는다'는 원칙을 반복 강조해야 하며, 일반인 역시 권위의 언어에 휘둘리지 않고 **"전화는 의심부터"**라는 심리 습관을 가질 필요가 있다. 비판적 거리두기가 권위로부터 나를 보호하는 가장 강력한 심리방어다.

반복적 설득 — 끈질긴 전화에 굴복하는 이유

보이스피싱 조직은 단순 설득이 아니라 반복 설득을 전략으로 삼는다. 인간은 반복되는 메시지에 대해 점점 저항력이 약해지며, 특히 피로 상태이거나 정보가 부족할 경우 순응 확률이 높아진다. 이 반복 효과는 **'단호한 거절'**을 어렵게 만들고, 점진적 설득으로 이어진다.

서울에 거주하는 40대 주부 김 모 씨는 동일한 발신 번호로 3일 연속 전화를 받았다. 첫날에는 '금융정보 유출 여부를 확인해야 한다'는 내용이었고, 다소 수상하다고 느껴 전화를 끊었다. 그러나 둘째 날에는 전화를 건 사람이 자신이 금융감독원 직원이라고 주장하며, 통화 내용이 더 정교하고 구체적으로 바뀌었다. 마지막 셋째 날에는 "지금 전화를 끊으면 불이익이 매우 크다"는 협박성 발언까지 이어졌고, 결국 그녀는 불안감에 휩싸여 수백만 원을 송금하고 말았다. 피해자는 이후 "처음에는 절대 속지 않겠다고 생각했는데, 너무 집요하고 논리적으로 밀어붙여서 결국 무너졌다"고 말했다.

보이스피싱은 단발성보다 장기적 심리전으로 설계되는 경우가 많다. 반복 연락을 통해 감정을 소모시키고, 상대를 피로하게 만든 뒤 판단을 흐리게 한다. 따라서 단순히 '수상하면 끊는다'가 아니라, 반복되는 연락 자체를 차단하고 기록하는 대응 습관이 필요하다.

3. 전화 사기 심리전의 진화 — 신뢰를 해킹하는 연출의 기술

보이스피싱은 단순한 사기 전화가 아니다. 그것은 정교한 '**심리전의 연극**'이다. 현대의 전화 사기는 피해자의 인지 판단 구조와 감정 반응을 체계적으로 겨냥한다. 단순히 금전을 노리는 수준을 넘어, 반복적 연락, 권위 연기, 다채널 접근, 감정적 몰입 등 다양한 전술이 동원된다. 이러한 전략은 피해자가 이성적 판단을 내리기 전에 감정적으로 포섭되도록 설계되어 있으며, 이는 고도로 조직화된 '심리적 전장'에서 작동한다. 실제 사례를 보면, 보이스피싱은 단순히 범죄자가 전화를 거는 것이 아니라, 하나의 스크립트와 팀워크, 기술, 그리고 인간 감정의 틈을 노리는 공세적 심리전이다. 이제 전화 사기를 막기 위해서는 단순한 주의 환기가 아닌, 정서적 몰입을 차단하고, 정보 유입을 의심하며, 심리적 거리두기를 실천하는 인지적 방어 훈련이 필요하다.

국제 보이스피싱 조직 — 다단계 역할극의 심리 전술

조직형 보이스피싱은 단순히 한 사람이 전화를 걸어 사기를 치는 것이 아니다. 이들은 '콜센터 상담원', '검찰 수사관', '금융감독원 직원', '은행 창구 담당자' 등으로 **역할을 분담한 다단계 구조**를 형성하고, 피해자를 연극처럼 짜인 시나리오 안에 끌어들인다. 각 단계는 진짜처럼 들리는 배경음, 공식 용어, 위협 또는 공감 섞인 말투를 활용해 피해자의 감정과 인지를 조작한다. 이처럼 '권위'와 '사실감'이 반복적으로 강화되며 피해자는 점차 의심을 멈추고 심리적으로 몰입하게 된다.

2023년 4월, 필리핀 클락(Clark) 지역에서 한국인을 겨냥한 불법 보이스피싱 콜센터가 현지 경찰과 한국 경찰의 공조 수사로 적발되었다. 현장에서 체포된 80여 명은 한국말을 유창하게 구사했으며, 실제 검찰청·금감원 로고가 인쇄된 서류와 위조한 가상 웹사이트도 함께 발견되었다. 피해자에게는 하루에 세 통의 전화가 차례대로 걸려 왔다. 첫 통화는 "검찰 수사관"이 걸어와 "당신 명의 계좌가 범죄에 연루되어 있어 긴급조치가 필요하다"고 말했다. 두 번째는 "금융감독원 직원"이 "안전계좌 이체 안내"를 하며 정식 절차라 강조했고, 마지막 전화는 "은행 직원"이 구체적인 이체 방법을 안내했다. 한 50대 피해자는 "통화 내내 다른 부서로 연결되는 구조가 너무 자연스럽고 설득력 있어서, 정말 국정원이나 검찰이 수사 중인 줄 알았다"고 진술했다. 실제로 그는 사흘에 걸쳐 총 4,200만 원을 송금했다.

이러한 보이스피싱은 전화 한 통이 아니라, **'역할극 전체'**를 경계해야 하는 다중 심리전이다. 따라서 "수상한 사람"이 아니라 "수상한 흐름"을 의심하는 습관이 필요하다. 정부와 금융기관은 실제 피해 사례 기반의 시나리오 시뮬레이션 훈련을 통해 일반 시민이 연속적 설득 구조를 인식하고 중단할 수 있도록 해야 한다. 또한 경찰 신고 앱(예: '더치트', '사이버범죄 신고') 등을 쉽게 활용하는 훈련과, "실제 금융기관이나 수사기관은 전화로 계좌이체를 요구하지 않는다"는 점을 반복 학습할 수 있는 디지털 시민훈련 콘텐츠가 보강되어야 한다.

기술 결합 수법 — 문자·메신저를 동원한 새로운 위험

전화 사기는 이제 전화에 국한되지 않는다. 문자, 메신저, SNS DM(상대방과 비공개로 소통할 수 있는 '개인 메시지' 기능), 링크 등을 복합적으로 활용해 신뢰도를 높이고 대응 속도를 높인다. 이른바 '기술 + 심리' 융합형 사기는 정보의 양과 채널의 다양성으로 방심을 유도한다.

2022년 한 20대 대학생은 카카오톡으로 "통장 인증이 필요하다"는 메시지를 받고, 링크를 클릭했다. 해당 링크는 피싱 사이트로 연결됐으며, 이후 '고객센터'로 위장한 전화가 연결돼 송금을 유도했다. 피해자는 "카카오톡도 왔고, 상담원도 친절해서 전혀 의심하지 않았다"고 말했다.

기술 결합형 사기는 **'채널 수가 많을수록 진짜일 것'**이라는 착각을 노린다. 따라서 어떤 채널을 통해 오든, "링크 클릭 전 확인"이라는 심리 방어 원칙이 필요하다. 특히 젊은 세대는 SNS나 메신저에 대한 경계가 낮아, 학교와 기업 차원에서 이중 확인 습관을 생활화하는 교육이 요구된다.

범죄 심리와 피해자 트라우마 — 사기 이후의 심리적 상처

보이스피싱 피해자는 단지 금전적 손실을 입는 것이 아니라, 심리적 충격과 자책, 불신, 수치심에 빠지기도 한다. 이는 **'감정적 상처'**로 남아 대인관계 회피, 자기 신뢰 저하, 외상 후 스트레스 장애(PTSD)로 이어질 수 있다. 사기 이후의 감정 회복은 심리전의 마지막 전선이다.

2021년 한 은퇴한 공무원은 3,000만 원을 보이스피싱으로 잃은 뒤 심각한 우울감과 대인 기피를 겪었다. 그는 자신이 당한 사실을 가족에게도 숨겼으며, 이후 상담 치료를 통해 "사기의 대상이 된 것이 아니라 감정이 공격당한 것"임을 인식하면서 회복의 계기를 찾았다.

사기 피해를 입은 사람에게 가장 먼저 필요한 건 단순한 돈이 아니라 무너진 마음을 다시 붙잡을 수 있는 안전한 공간이다. 많은 피해자들은 단순히 돈을 잃은 것이 아니라, 자신이 속았다는 사실에서 오는 충격, 수치심, 분노, 자책감에 시달린다. 그런데도 우리 사회는 여전히 피해자에게 "왜 속았냐"고 묻거나, 책임을 돌리는 시선을 갖고 있다. 이게 피해자에게는 두 번째 고통이 된다.

사기 피해 회복은 그래서 단순한 배상 문제가 아니다. 심리 상담과 감정 표현의 통로, 피해자끼리 서로를 이해하고 지지할 수 있는 커뮤니티, 개인 정보를 보호해주는 익명성 보장 시스템 같은 것이 꼭 필요하다.

피해자는 **'약해서 속은 사람'**이 아니라, 의도적으로 감정이 조작당한 전장에 있었던 사람이다. 그 감정의 무너짐을 이해하고, 다시 스스로를 회복할 수 있게 돕는 것이야말로, 진짜 회복의 출발점이다.

딥페이크 로맨스 스캠 — 사랑이라는 이름의 디지털 심리전

딥페이크와 온라인 연애를 결합한 '**로맨스 스캠**'은 감정적 교감이라는 가장 강력한 심리 매개를 악용한다. 상대방의 얼굴과 음성이 실제처럼 작동하는 상황에서 피해자는 현실과 가상 간의 경계를 잃는다. 이 사기는 외로움, 인정 욕구, 사랑받고 싶다는 감정을 정조준한다.

2023년 국내에서 50대 여성 A씨는 SNS를 통해 알게 된 외국인 남성과 영상통화를 하며 감정적으로 가까워졌다. 하지만 이 남성은 실제 사람이 아니라 인공지능으로 합성된 딥페이크 영상이었다. 상대는 "해외에서 큰돈을 벌었지만 지금은 은행 계좌가 잠겨서 돈을 꺼낼 수 없다"며 도와달라고 했다. 그는 돈을 보내주면 나중에 몇 배로 돌려주겠다고 약속했고, A씨는 이를 믿고 수천만 원을 송금했다. 피해자는 "**진심으로 사랑한다고 믿었다**"고 말하며 눈물을 흘렸다.

로맨스 스캠은 기술보다 감정을 조작하는 사기 수법이다. 고립된 사람일수록 감정적 연결에 취약하며, '**사랑**'이라는 단어가 등장하면 의심보다 환상이 앞선다. 따라서 교육기관과 언론은 단순한 기술 예방이 아닌 '**감정 조작**' 사례로 접근해야 하며, 특히 중·장년층 대상의 감성 중심 예방 교육이 요구된다. 보이스피싱은 단발성보다 장기적 심리전으로 설계되는 경우가 많다. 반복 연락을 통해 감정을 소모시키고, 상대를 피로하게 만든 뒤 판단을 흐리게 한다. 따라서 단순히 '수상하면 끊는다'가 아니라, 반복되는 연락 자체를 차단하고 기록하는 대응 습관이 필요하다

제8장

해킹의 심리전 — 인간은 가장 약한 링크다

1. 피싱 이메일과 링크 클릭 유혹 — 감정을 겨냥한 디지털 함정

현대의 해킹은 단지 방화벽을 뚫거나 암호를 해독하는 기술 싸움이 아니다. 가장 흔한 해킹 수법 중 하나인 피싱 이메일은 사용자의 감정과 심리를 겨냥해 정보 유출이나 악성코드 감염을 유도하는 **'디지털 심리전'**이다. 해커는 일상적으로 신뢰받는 기관을 사칭하고, 사람들의 불안·호기심·탐욕 같은 감정을 자극해 클릭이나 입력을 유도한다. 기술적 보안만으로는 막을 수 없는 이 해킹 방식은 결국 인간 심리의 허점을 파고드는 감정 조작이 핵심이며, 이로 인해 수많은 개인과 조직이 피해를 입는다.

호기심 자극 — "중요한 안내" 메일로 클릭 유도하기

피싱 이메일은 대부분 **'호기심'**이라는 인간의 본능을 자극한다. '급여 명세서', '계약서 확인', '택배 반송', '보안 경고' 등은 수신자가 무의식적으로 클릭하게 만드는 키워드다. 이때 감정은 탐색보다 반응이 앞서며, 클릭은 사고가 아닌 반사적 행동이 된다.

2023년 한 지방공무원은 **'6월 급여명세서 확인'**이라는 제목의 이메일을 받고, 첨부파일을 열었다가 랜섬웨어에 감염되었다. 실제 공문 양식과 유사한 서식, 내부 부서 명칭까지 흉내낸 해당 메일은 내부 직원이 작성한 것처럼 위장돼 있었다. 그는 "진짜 공문인 줄 알았다"고 진술했다.

호기심 기반 해킹에 대응하려면, '관심이 가는 제목일수록 더 의심한다'는 심리 방어 원칙이 필요하다. 기업과 기관은 '메일 열람 전 확인 목록'을 배포하고, 시뮬레이션 훈련을 통해 실제 상황에서 클릭 유도 메일을 식별하는 능력을 키워야 한다.

디지털 미끼의 진화 — 공짜가 아니라 '설정된 탐색 유도'

오늘날 해커들은 단순한 '공짜 심리'만이 아니라, 사용자의 호기심과 클릭 습관 자체를 정밀하게 설계한다. 단지 "당첨되었습니다"라는 방식에서 한 걸음 더 나아가, 마치 자신이 스스로 탐색하고 선택한 것처럼 보이게 하는 미끼 구조를 만든다. 예컨대 사용자의 검색 기록, 쇼핑 취향, SNS 반응을 분석해 맞춤형 사은품, 쿠폰, 이벤트, 리뷰 링크 등을 노출시키고, 사용자가 자발적으로 클릭하도록 유도한다. 이처럼 해커는 사용자가 탐욕이나 흥분 상태에 빠진다는 전통적인 '공짜 심리'에서 벗어나, **정보 습득 과정 자체를 해킹**하는 방식으로 진화하고 있다.

2023년 한 30대 직장인은 유튜브 영상 하단에 달린 "이 제품 정말 좋네요! 무료 체험 링크는 여기요"라는 댓글을 클릭했다. 해당 댓글은 실제 사용자가 작성한 것처럼 보였지만, 알고 보니 **AI로 자동 생성된 가짜 후기**였다. 그는 링크를 통해 무료 샘플을 신청했고, 이름·연락처·카드 정보를 입력했다. 이후 '무료 체험 기간 종료'라는 명목으로 수차례 자동 결제가 이뤄졌고, 개인정보는 해외 악성 서버로 유출된 것으로 확인됐다.

이제 해킹은 '무료'를 앞세운 단순 유혹이 아니라, 사용자의 관심과 클릭 경로를 설계하는 심층 심리 조작으로 발전하고 있다. 특히 SNS 댓글, 유튜브 후기, 쇼핑몰 리뷰 등 신뢰할 수 있는 정보처럼 보이는 콘텐츠에 주의가 필요하다.

"내가 알아보고 결정한 것 같다"는 느낌 자체가 유도된 것일 수 있다. 따라서 대응 전략은 "누가 정보를 설계했는가"를 먼저 질문하는 사고 훈련이며, 특히 디지털 리터러시 교육에서 리뷰, 후기, 추천 알고리즘에 대한 경계심을 키우는 것이 핵심이다.

공포 메일 ― 계정 정지 위협으로 당황시키기

공포는 인간의 가장 강력한 감정 반응 중 하나다. 해커들은 '계정이 정지될 수 있음', '보안 위반 발생', '수사 대상' 등 위협적인 메시지로 사용자의 감정을 압도하고, 클릭이나 정보를 제출하도록 유도한다. 공포는 판단력을 마비시키고 즉시 행동하게 만든다.

2023년 한 대학생은 **'당신의 구글 계정이 해킹 시도에 노출되었습니다'**라는 이메일을 받고, 링크에 접속해 로그인 정보를 입력했다. 해당 사이트는 실제 구글과 유사한 디자인이었고, 피해자는 "계정이 정지될까봐 무조건 들어갔다"고 말했다. 이후 그의 계정은 해커에 의해 탈취되었다.

공포 메일에 대응하려면, 위기 메시지를 받았을 때 오히려 **'즉시 반응을 멈추는 습관'**이 필요하다. 공식 앱이나 포털을 통해 직접 접속해 확인하는 이중 확인 습관, 의심스러운 메시지 스크린샷 저장 및 신고 체계 마련이 보안 문화 형성의 핵심이다.

2. 사회공학과 인간 해킹 기법

정보 보안의 가장 약한 고리는 기술이 아니라 사람이다. **사회공학(Social Engineering)기법**은 바로 이 '사람의 심리와 행동 패턴'을 이용해 정보를 빼내거나 보안 체계를 무너뜨리는 기법을 말한다. 즉, 컴퓨터를 해킹하는 대신 사람의 마음을 먼저 해킹하는 방식이다. 해커는 신뢰할 만한 사람인 척 접근하거나, 허위 상황을 만들어 혼란을 유도하고, 일상에서 흘리는 정보를 교묘하게 포착한다. 예를 들어 "택배 기사입니다"라고 하며 건물에 침입하거나, "IT팀인데 비밀번호를 확인해야 한다"는 전화로 인증 정보를 빼내는 방식이 대표적이다. 이런 기법은 고도의 기술보다 사람의 방심, 호의, 호기심, 불안감을 공략해 작동한다.

프리텍스트의 달인 — 거짓 신분으로 정보 캐내기

프리텍스트(Pretexting)는 사회공학 해킹에서 가장 널리 쓰이는 기법 중 하나로, 해커가 거짓된 상황과 신분을 만들어 믿게 만든 뒤, 피해자에게서 스스로 정보를 제공하도록 유도하는 방식이다. 여기서 핵심은 단순한 거짓말이 아니라, 그럴듯한 이야기 구조와 타당한 이유가 함께 제공된다는 점이다.

예를 들어 "IT팀인데 보안 점검이 필요합니다", "인사과인데 급여 정보 확인이 필요해요"와 같이 정상적으로 들리는 요청과 직책을 갖춘 상황극을 먼저 구성하고, 상대방이 그 요청을 의심 없이 받아들이도록 **'가짜 맥락'**을 조작하는 것이다.

이러한 기법은 상대방이 정보를 주는 행위가 마치 '정상적인 일의 일부'처럼 느껴지게 만든다. 즉, 해커는 기술을 쓰는 것이 아니라, 사람의 일상 루틴, 직장 내 위계 구조, 권위에 대한 반응을 심리적으로 설계하여 공격한다.

2023년, 국내 한 대학교 행정팀 직원은 IT팀을 사칭한 전화를 받았다. 발신 번호는 실제 교내 내선 번호처럼 조작돼 있었고, 상대는 "서버 점검을 위한 관리자 계정 확인이 필요하다"며 침착하고 전문적인 어조로 요청했다. 이메일 주소도 실제 교내 도메인을 모방해 만들어진 것이었다. 직원은 이를 의심하지 않고, 자신의 계정과 초기 비밀번호를 그대로 전달했다.

결과적으로 공격자는 해당 계정으로 내부 시스템에 접근했고, 학사 데이터와 인사 정보 일부가 외부로 유출되었다. 이 사건은 프리텍스트 기법이 얼마나 정교하게 사람의 신뢰와 일상 판단 기준을 이용하는지, 그리고 얼마나 쉽게 보안망이 뚫릴 수 있는지를 보여준다.

프리텍스트 공격을 막기 위해서는 무엇보다 **'말이 되는 이야기일수록 한 번 더 의심하라'** 는 경계 습관이 중요하다. 신분 확인 없이 개인정보나 인증 정보를 요구하는 요청은 아무리 익숙한 사람이나 내부 번호처럼 보이더라도 반드시 절차에 따라 이중 확인해야 한다. 구체적으로는 1) 모든 정보 제공은 당사자 확인 후 처리 (전화나 메신저 응답 시에도 실제 번호 재확인) 2) 민감 정보 전달은 반드시 서면 요청 및 상급자 검토 후 승인 3) 내부 매뉴얼에 따라 모든 예외 상황을 문서화하고 기록 4) 실제 사례 기반의 정기적인 시뮬레이션 훈련 및 교육 실시 5) 프리텍스트는 결국 '상식처럼 보이는 이야기'로 침투하는 심리 해킹이다. 따라서 기술적 방화벽만큼이나, 사람의 판단력을 보완하는 교육과 절차적 장치가 필수적이다.

어깨너머 기술 — 사무실, ATM 등 현장에서 정보 탈취

'쇼울더 서핑(Shoulder Surfing)' 은 물리적 공간에서 타인의 행위나 입력 정보를 몰래 훔쳐보는 방식이다. 사람들이 비밀번호나 인증번호를 입력할 때 방심하거나 주변 환경을 고려하지 않을 경우, 쉽게 개인정보가 노출된다. 이는 디지털 보안보다 심리적 주의력이 더 중요한 상황이다.

서울 시내 한 편의점 ATM기 앞에서 해커는 대기하는 척하며 고객의 계좌번호와 비밀번호를 엿보았다. 이후 고객의 휴대폰을 절도한 해커는 확보한 정보를 이용해 계정을 탈취했다. 피해자는 "비밀번호를 누를 때 누군가 보고 있었는지 몰랐다"며 스스로의 부주의를 후회했다. 이처럼 일상의 허점을 노린 심리전은 기술이 아닌 감정의 빈틈을 파고든다.

어깨너머 해킹은 감정적 경계가 느슨한 순간에 일어난다. 따라서 ATM, 키오스크, 공공 장소에서 정보 입력 시에는 반드시 주변을 확인하고, 화면 가리개나 신체를 활용한 차단 동작을 습관화해야 한다. 이는 감정적 방심을 기술적으로 차단하는 가장 기본적인 심리 방어 행위다.

USB와 악성 링크 ─ 호기심을 노린 물리적 해킹 유도

USB나 메모리카드는 손바닥만 한 작은 물건이기에. 사람들은 이를 대체로 '별것 아닌 물건'으로 인식한다. 이처럼 작고 일상적인 장치는 경계심을 낮추는 효과가 있다. 해커는 이를 이용해 "이거 공짜예요", "잃어버린 파일인데 확인해 주세요" 같은 식으로 피해자가 호기심이나 선의로 직접 컴퓨터에 꽂도록 유도한다. 사실상 사용자가 스스로 시스템을 열어주는 셈이다.

2022년 한 기업 보안 담당자는 회의실 책상 위에 놓인 USB를 습관적으로 컴퓨터에 꽂았다. 해당 USB에는 실행형 악성코드가 숨겨져 있었고, 이후 해당 PC를 통해 사내 내부망까지 감염되었다. "동료가 두고 간 줄 알았다"는 것이 그의 진술이었다.

물리적 해킹을 방지하려면, 출처 불명의 저장장치는 절대 사용하지 않는다는 원칙을 일상화해야 한다. 회사나 기관은 **'외부 USB 절대 사용 금지'** 등의 표준 지침을 마련하고, 업무 환경 내에서는 정체불명의 물건도 의심하는 심리적 경계 교육이 병행되어야 한다. 공포 메일에 대응하려면, 위기 메시지를 받았을 때 오히려 '즉시 반응을 멈추는 습관'이 필요하다. 공식 앱이나 포털을 통해 직접 접속해 확인하는 이중 확인 습관, 의심스러운 메시지 스크린샷 저장 및 신고 체계 마련이 보안 문화 형성의 핵심이다.

'사건조회 링크' 심리조작 — 확인 욕구를 역이용한 공격

현대의 보이스피싱은 단순 협박이나 유혹을 넘어서, 피해자의 심리적 '불신'과 '확인욕구'조차 조작하는 정교한 심리전 수법으로 진화하고 있다. 특히 "못 믿겠으면 사건조회 사이트를 직접 확인하라"는 접근은 권위의 탈을 쓴 심리 유도다. 사용자는 의심이 들면서도 '정말일 수도 있다'는 감정에 휘둘려 스스로 가짜 사이트에 접속하고, 악성 앱을 설치하게 된다. 이는 정보를 숨기는 것이 아니라, 일부러 내보이며 신뢰를 유도하는 '심리적 이중함정' 전략이다.

최근 보이스피싱 범죄는 '**수사기관 사칭 + 가짜 사건조회 링크 제공 → 숙박시설 격리 → 외부 차단 → 수일간 송금 유도**'라는 방식으로 발전했다.
가해자는 "의심되면 확인해보라"며 공문서와 유사한 사건조회를 빙자한 사이트 접속을 유도하고, 이 과정에서 원격제어 앱을 피해자의 폰에 심는다.
일단 앱이 설치되면, 피해자는 더 이상 통제력을 갖지 못하며 '**외부 연락 단절 → 심리 고립 → 반복적 송금 → 자책감**'의 감정 루프에 빠지게 된다. 이는 군사작전이 아닌, 심리적 감금과 감정 마비를 유도하는 고차원 심리전이다.

이 수법은 다음과 같은 '관계 심리전 원리'로 분석할 수 있다.

1) 신뢰의 역설: 수사기관이라면 무조건 무섭게 명령할 거라는 고정관념을 역이용 → "의심되면 직접 확인하라"는 유화적 태도로 신뢰 조작
2) 감정 설계: 의심 → 불안 → 확인 → 안도 → 통제 상실 → 자책 → 추가 피해의 감정 곡선을 유도
3) 관계 단절: 가족·지인과 연락을 차단하고 스스로 고립된 결정을 내리게 만들어, 판단 오류를 증폭시킴

이러한 고도화된 수법은 단순 사기가 아닌 디지털 심리전, 감정 인지 조작, 사회적 관계 차단을 통합한 복합 심리전 양상으로 해석돼야 한다.

3. 해커의 심리와 목표 — 기계를 넘어서 사람을 해킹하는 자들

해커는 기술자이기 이전에 설계자이며, 때로는 사람의 감정과 반응을 조작하는 심리전 전술가이다. 그들은 보안 시스템의 구조보다 인간의 마음에 주목하며, 권력 획득, 자아 과시, 경제적 이득이라는 복합적인 욕망을 따라 행동한다. 이 항에서는 해커의 심리 구조를 세 가지 측면 — 권한 욕구, 익명성의 감정 해방, 내부자 위협 — 으로 나누어 해석하고, 그 심리전이 어떻게 조직과 개인의 보안 균열을 만들어내는지를 탐색한다.

권한 획득 욕구 — 금전, 정보, 권력을 노리는 해커 심리

많은 해커들은 단순한 파괴가 아니라, 타인의 정보와 시스템에 대한 '권한'을 얻는 데서 쾌감을 느낀다. 이 권한은 때로는 금전적 이익을, 때로는 정치적 조작이나 기술적 과시를 가능케 한다. 해커의 목표는 '정보에 대한 통제권'이라는 권력 획득이다.

2021년 발생한 미국 Colonial Pipeline 랜섬웨어 공격은 해

커 그룹이 단순한 금전 요구를 넘어서 미국 사회 기반 시설을 마비시키고, 언론과 정부의 주목을 받은 사례다. 이들은 440만 달러의 비트코인을 받고 암호 해제를 제공했으며, **"우리는 기술로 세상을 통제할 수 있다"**는 메시지를 노골적으로 전달했다.

해커들은 종종 "은행입니다", "회사 보안팀입니다"처럼 속이는 말을 앞세워 사람들을 안심시키고, 비밀번호나 개인정보를 스스로 넘기게 만든다. 이런 '사회공학 기법'으로 강제로 시스템을 뚫는 것이 아니라, 사람의 실수를 유도해 문을 열게 만드는 수법이다. 즉, 기계를 뚫기 전에 먼저 사람을 속이는 전략이다.

이를 막기 위해 개인은 낯선 링크나 첨부파일을 클릭하지 않는 기본 원칙 외에도, 1) 이중 인증(2FA) 설정, 2) 패스워드 관리자 사용, 3) 정기적인 보안 업데이트, 4) SNS 공개 설정 제한, 5) 로그인 이력 자가 점검 등 일상적인 보안 습관을 체화해야 한다. 더 나아가 "왜 나에게 이런 연락이 왔을까?", "이 요청이 정말 정당한가?"라는 질문을 스스로 던지는 심리적 거리두기 또한 핵심적인 방어 기술이다. 해커의 공격은 기술 이전에 '사람의 판단'을 노리는 심리전이기 때문이다.

익명성의 탈 ─ 양심을 무디게 하는 온라인 가면

인터넷 공간에서 사람들은 자신의 이름이나 얼굴이 드러나지 않기 때문에, 평소라면 하지 않을 말이나 행동을 쉽게 하게 된다. 이런 현상을 심리학에서는 '**디인디비주에이션(deindividuation)**' 효과라고 부른다. 이는 '개인의 정체성이 흐려지는 현상'을 의미하며, 책임감이나 도덕적 자제가 약해져 집단 속에서 더 과감하고 때로는 공격적인 행동을 하게 만든다. 해커들은 이 심리를 이용해 자신의 행위를 정당화하거나, 피해자도 쉽게 속도록 조작한다. 예컨대 "어차피 내가 누군지 아무도 모르니까"라는 생각은 해킹을 심리적으로 덜 죄책감 느끼게 만드는 요인이 된다.

2019년 적발된 '디지털 성범죄 공유방' 운영자들 중에는 고등학생, 직장인, 대학원생 등 겉보기엔 평범한 일상을 살아가는 사람들이 다수 포함되어 있었다. 이들은 **"인터넷에서는 내가 누군지 아무도 모르니까 괜찮다"** 고 생각하며, 해킹하거나 불법 촬영물을 유포하는 행동을 반복했다. 온라인에서는 자신이 처벌받지 않을 거라는 착각 속에서, 현실에서라면 결코 하지 않을 범죄를 저지른 것이다.

이처럼 익명성이 보장된 온라인 공간에서도, 결국 그 행동의 결과는 현실의 자신에게 되돌아온다는 점을 분명히 인식시켜야 한다. 단순히 법적 처벌을 강조하기보다는, "온라인에서 한 일도 결국 내가 한 일이며, 그 책임도 내가 진다"는 인식을 심어주는 윤리 교육이 필요하다. 특히 "익명이라고 해서 책임이 없는 것이 아니라, 오히려 더 큰 책임을 져야 할 수 있다"는 감정적 자각이 중요하다. 이를 위해 청소년과 일반 사용자들을 대상으로 한 사례 기반 교육, 가상 시뮬레이션, 피해자 관점 체험 콘텐츠가 함께 제공되어야 한다.

내부자 위협 — 조직 내부자의 배신과 심리적 동인

해킹과 정보 유출을 외부 위협으로만 인식하는 것은 반쪽짜리 보안이다. 실제로 대규모 보안 사고 중 상당수는 **'내부자'** — 즉 조직 구성원에 의해 발생한다. 이들은 시스템 접근 권한, 데이터 흐름, 보안 체계에 대한 정보를 잘 알고 있기 때문에 외부 공격자보다 훨씬 은밀하고 효율적으로 피해를 줄 수 있다.

2020년, 서울 소재 대형 병원에서 발생한 의료정보 유출 사건은 보안의 본질을 다시 성찰하게 했다. 가해자는 퇴직을 앞둔 행정직 직원으로, 수천 건의 환자 진료 정보를 외부 브로커에게 넘긴 혐의로 적발됐다. 조사 결과 그는 "수년간 병원을 위해 일했지만 승진도 없었고, 퇴직이 임박했음에도 아무도 관심을 주지 않았다"고 진술했다. 심리적으로 조직에 대한 배신감을 느꼈고, 퇴직 이후 생계에 대한 불안감도 동시에 작용한 것으로 드러났다. 단순한 금전 유혹이 아닌, '무시당한 감정'과 '보상받지 못한 분노'가 핵심 동력이었다는 점에서 조직 내부의 심리 리스크가 물리적 보안 이상으로 중요하다는 사실을 보여주는 사건이었다.

내부자 위협에 효과적으로 대응하기 위해서는 단순한 보안 규정 준수나 기술적 통제만으로는 부족하다. 가장 우선되어야 할 것은 감정 기반 리스크 관리이다. 구성원의 심리 상태를 사전에 인지하고, 불만 축적이나 조직에 대한 소외감을 줄이는 예방적 접근이 필요하다.

또한, 감정 조율이 필요한 시점에서는 관리자의 '심리적 리더십'이 작동해야 한다. 상호 존중과 공감의 메시지 하나가 내부 위협을 사전에 차단하는 결정적 계기가 될 수 있기 때문이다.

제9장

공격에 대응 — 보안 심리전과 방어 전략

1. 의심이 최고의 방패다 — 순진한 신뢰보다, 직관의 방어

사이버 보안에서 가장 취약한 지점은 기술보다 사람이다. 해킹과 피싱 공격은 감정의 틈을 파고들며, 피해자는 의심보다는 신뢰로 반응해 스스로 정보를 제공한다. "회사 보안팀입니다", "지금 계정이 위험합니다"라는 말에 쉽게 흔들리는 이유는, 인간이 기본적으로 신뢰에 기반해 사회생활을 영위하기 때문이다. 그러나 이 신뢰가 공격의 출발점이 되기도 한다.

따라서 효과적인 보안 심리전의 출발점은 '의심'이다. 이는 단순한 불신이 아니라, 감정에 휘둘리지 않고 한 걸음 물러서서 상황을 점검하는 심리적 습관이다.

심리전 인지하기 — "설마 내가?"라는 방심 버리기

사이버 공격은 보통 '나는 당하지 않을 것'이라는 방심을 전제로 작동한다. 이른바 **'면역착각'**(immunity illusion)은 사용자가 위험 신호를 감지해도 자신에게는 적용되지 않는다고 생각하게 만든다. 이 심리적 착각은 대응 속도와 경계심을 약화시킨다.

2022년 한 금융사 직원은 "고객 정보가 유출됐다"는 메시지를 받고, 자신이 IT 보안 담당자임에도 불구하고 링크를 클릭했다. 그는 "나는 보안 전문가이기 때문에 절대 속지 않을 줄 알았다"고 진술했다. 그러나 바로 그 '자신감'이 감정적 허점을 만들었다.

보안 사고 예방의 첫 걸음은 '**나는 예외가 아니다**'라는 심리 인식 전환이다. 모든 구성원이 자기 자신도 공격 대상이라는 자각을 갖도록, 실제 사례 중심의 교육과 '자기 확인 체크리스트'를 도입해야 한다. 경계심은 불신이 아니라 방어의 본능이다

사회공학 공격 징후 ― 목소리·메시지의 미묘한 패턴 감지

사회공학 기반 공격은 사소한 말투, 문장 구조, 발신자 정보의 비일관성 등에서 정체를 드러낸다. 그러나 대부분의 사람은 내용에 집중하느라 그러한 '**패턴의 이상**'을 간과한다. 공격자는 감정을 자극해 판단력을 흐리고, 미묘한 불일치를 감지하지 못하게 만든다.

2023년 한 기업 인사담당자는 '채용 문의'라는 이메일에서 주소는 기업과 유사했지만 **.co가 아닌 .com으로 끝나는 도메인**을 미처 인식하지 못했다. 또한 평소와 다른 말투(존댓말 대신 반말)에 의심을 품지 못하고 첨부 파일을 열어 랜섬웨어에 감염됐다.

사용자는 메시지를 '의미'보다 '**형식**'에서도 분석해야 한다. 평소와 다른 말투, 맞춤법, 시간대, 링크 주소 등 패턴을 꼼꼼히 확인하는 습관이 필요하다. 조직 차원에서는 '이상 징후 체크리스트'를 만들어 전 직원이 직관적으로 위험을 감지하도록 훈련시켜야 한다.

보안 문화 구축 ― 조직 내 보고와 공유로 면역력 강화

개인은 공격받기 쉽지만, 조직은 집단 학습과 공유를 통해 방어력을 높일 수 있다. 보안 위협에 대해 개별 대응이 아닌 '**즉각 보고**'와 '**피드백 순환**'이 정착되면, 사회공학적 심리전에 집단 면역 효과가 나타난다.

한 다국적 기업은 내부 피싱 메일 훈련 후, 클릭률을 낮추는 데 실패했지만 보고 건수는 4배 증가했다. 이후 해당 데이터를 분석해 '**위험 감지 언어**', '의심 표현 패턴'을 정리했고, 6개월 만에 클릭률도 절반으로 줄었다. 구성원 간 공유 문화가 심리 면역을 강화한 것이다.

보안 사고는 '누가 잘못했느냐'를 따지는 것보다, 문제가 생긴 뒤 얼마나 빨리 대응하고 함께 해결하느냐가 더 중요하다. 실제로 해킹은 단 한 사람의 실수로 시작되지만, 피해가 커지는 이유는 그 사실을 제때 알리지 않아서다. 만약 누군가가 수상한 메일을 받았거나 이상한 링크를 클릭한 것을 즉시 보고하고, 다른 동료들과 공유했다면, 같은 피해가 확산되는 것을 막을 수 있다. 이렇게 '**경험을 나누는 문화**'가 자리 잡히면, 개별 사건이 단지 한 사람의 실수가 아니라 모두가 배우는 '집단 보안 학습'이 될 수 있다.

2. 피해를 막는 대응 기술

심리전 기반 공격은 빠르게 침투하지만, 그 피해를 줄이는 것은 의외로 단순하고 실천 가능한 습관에서 시작된다. 대응 기술은 '클릭하지 않기', '확인하기', '공유하기'와 같은 기본 원칙을 기반으로 하며, 훈련과 반복을 통해 내재화된다. 이 항에서는 실제 피해를 예방하기 위한 대응 기술들을 유형별로 정리하고, 심리적 반응보다 한 박자 빠른 방어 행동을 실천하도록 돕는다.

대처 커뮤니케이션 — 전화 사기 시나리오별 대응 화법

심리적 위협을 가하는 전화 사기에는 훈련된 '대화 대응 기술'이 필요하다. 단호하게 질문을 차단하고, 반복적 언급을 피하며, 시간 벌기와 제3자 확인 요청이 핵심이다. 이는 감정적 반응이 아닌 전략적 언어를 통해 상대의 페이스를 무너뜨리는 방식이다.

한 60대 여성은 보이스피싱 사기 전화를 받았을 때, **"제 자녀 이름과 출생년도를 정확히 말씀해 주세요"** 라고 응수했고, 상대방은 얼버무리며 전화를 끊었다. 이는 감정이 아닌 '정보 역질문'을 통해 주도권을 되찾은 대표 사례다.

가정과 직장에서 전화 사기 대응 화법을 시나리오별로 훈련하는 것이 효과적이다. 특히 고령층과 정보취약계층에게는 응답 패턴(예: "잠시만요, 확인하고 다시 전화드릴게요")을 반복 교육해 반사적 대응이 가능하도록 해야 한다.

정보 검증 습관 ― 링크 클릭 전 출처 확인하기

피싱 링크나 첨부파일은 외형상 정상처럼 보이기 때문에, 수신자의 감정이 먼저 작동하면 의심의 기회가 사라진다. 따라서 시각적 유사성에 속지 않기 위해서는 **'버튼을 누르기 전 3초의 정지'** 라는 습관이 필요하다.

2023년 한 교직원은 "전자출결 시스템 안내"라는 링크가 포함된 이메일을 받았지만, URL에 의심을 품고 학교 IT부서에 즉시 확인했다. 실제로는 유사한 도메인을 활용한 피싱 메일이었다. 그의 주의 깊은 습관이 피해를 막았다.

모든 링크와 첨부파일에 대해 "이건 내가 요청한 정보인가?"라는 자문과 함께, 발신자 주소, 링크 도메인, 메시지 맥락을 점검하는 습관을 훈련시켜야 한다. 특히 관리자급 직원일수록 내부 확인 루틴을 의무화하는 것이 필요하다.

2차 피해 차단 — 개인정보 유출 시 취해야 할 조치

피해는 한 번의 클릭으로 끝나지 않는다. 정보가 유출되었을 경우 2차 피해(금융사기, 계정 탈취, 명의 도용 등)로 이어질 수 있으며, 빠른 대응만이 연쇄 피해를 줄일 수 있다. 대처는 '의심스러운 활동을 즉시 차단하고 계정 사용을 중지한 후, 비밀번호나 인증정보를 변경하고, 관련 기관에 신고하는' 순서로 진행되어야 한다.

2022년 한 취업준비생은 가짜 채용사이트에 이력서를 입력한 뒤, 하루 만에 본인 명의로 대출이 발생했다. 그는 곧바로 금융감독원과 경찰에 신고하고, 통신사 명의 보호 조치를 신청해 더 큰 피해를 막을 수 있었다.

개인정보 유출이 의심되면 즉시 주요 계정 비밀번호를 변경하고, 금융기관 고객센터에 연락해 거래 중지를 요청해야 한다. 국가기관이나 통신사의 명의 보호 서비스 활용도 중요하며, 피해 경험을 주변에 알리는 '경고 확산'도 2차 피해 차단의 심리 방어다. 보안은 '누구의 실수냐'가 아니라 '어떻게 회복하느냐'가 중요하다. 공격 징후를 느꼈을 때 즉시 보고하고, 동료에게 전파하는 문화가 정착되면 개별 위협이 전체 학습으로 전환된다. 조직은 이를 장려하는 시스템(예: 포상, 익명 제보)을 마련해야 한다.

3. 심리 면역 체계 구축을 위한 일상 속 실천 전략

지속 가능한 보안은 기술이 아니라 습관에서 시작된다. 일상 속에서 경계심을 유지하고, 감정에 휘둘리지 않으며, 한 템포 늦추는 판단 습관은 심리전을 방어하는 가장 효과적인 방법이다. 이 항에서는 해킹과 피싱 공격에 대한 실질적인 심리 면역력을 높이기 위한 구체적 실천 전략을 제시한다.

판단 지연 습관 — '즉각 반응' 대신 '한 템포 멈춤'

심리전은 순간의 감정 반응을 노린다. '긴급', '중요', '지금 조치하세요'라는 자극적 메시지는 사용자의 사고를 마비시키고, 반사적으로 클릭하거나 정보를 제공하게 만든다. 따라서 반응 전에 의식적으로 '한 박자 쉬기'는 판단 실수를 줄이는 핵심 기법이다.

한 보험회사 직원은 '보안 계정 일시 중단'이라는 메시지를 받고 로그인하려다, "잠깐만"이라는 포스트잇을 책상에 붙여둔 동료의 조언이 생각나 클릭을 멈췄다. 이후 IT 부서에 문의해 해당 메시지가 피싱임을 확인했다.

'**5초 지연**' 원칙을 모든 의사결정 전에 실천하도록 장려해야 한다. 중요한 클릭이나 정보 입력 전 "정말 필요한 행동인가?", "정상 경로인가?"를 점검하는 루틴을 조직 내 의식으로 정착시키는 것이 필요하다.

디지털 다이어트 — 정보의 홍수 속에서 판단력 지키기

하루에도 수십, 수백 건의 뉴스, 이메일, 알림, 메시지가 쏟아지면 뇌는 과부하 상태에 빠지고, 이로 인해 감정적으로 반응하거나 판단 실수가 생기기 쉬워진다. 정보가 너무 많으면 오히려 중요한 정보를 놓치게 되고, 판단력도 흐려진다. **디지털 다이어트**란, 이런 과잉 정보를 스스로 제한하고, 뇌에 휴식을 주는 심리 방어 전략이다. 마치 음식 섭취를 줄여 몸의 컨디션을 회복하듯, 정보도 절제해야 집중력과 사고력이 회복된다.

한 직장인은 하루 평균 60통의 메일과 15개의 업무 알림에 시달렸다. 그는 점심시간 후 1시간 동안 이메일 앱을 꺼두는 습관을 들인 뒤, 중요 메일을 더 정확히 분류하고, 사내 보안 공지에도 더 적극적으로 대응하게 되었다. 디지털 입력을 줄인 결과, 정보의 우선순위 판단과 위협 인식이 높아졌다는 것이다.

업무 시간 중 '정보 집중 구간'과 '정보 휴식 구간'을 나누고, 불필요한 알림을 차단하는 습관을 권장해야 한다. 스마트폰 알림 설정, PC의 '집중 모드' 기능, 특정 시간대에 인터넷과 앱 사용을 제한하는 디지털 다이어트는 개인 차원뿐 아니라 조직적으로도 제도화할 수 있다. 그리고 **디지털 디톡스**로 해야 한다. 디톡스라는 단어는 본래 '독소 배출'이라는 의미이며, 디지털 디톡스는 과잉된 정보의 피로를 덜고 뇌의 회복력을 높이기 위한 디지털 정화 시간을 뜻한다.

공동 면역 문화 — 공유와 질문이 있는 관계망 만들기

개인이 아무리 보안에 철저해도, 혼자만 조심해서는 한계가 있다. 진짜 강한 보안은 '누가 먼저 알았냐'가 아니라, '누가 먼저 알려줬냐'에서 나온다. 누군가 수상한 이메일을 받았을 때, 곧바로 동료에게 "이거 이상하지 않아?"라고 물을 수 있는 분위기, 단톡방이나 메신저에 캡처해서 함께 확인해보는 문화는 단순한 정보 공유를 넘어선 집단 면역 시스템이다.

이런 조직 문화는 심리적 고립을 줄이고, 실수에 대한 두려움을 낮추며, 작은 '불안의 신호'가 전체의 방어로 전환되는 심리전 대응의 기초가 된다.

서울의 한 관공서에서는 실제로 "의심되면 동료에게 먼저 물어보자"는 슬로건을 걸고 직원용 단톡방에 수상한 이메일, 이상한 링크, 낯선 발신자를 캡처해 즉시 공유하도록 유도했다. 한번은 어떤 직원이 "국세청 세금 환급"을 사칭한 피싱 이메일을 받아, 내용을 단톡방에 올리며 "혹시 이런 거 받으신 분 있나요?"라고 올렸다. 몇 초 만에 여러 명이 "저도 받았습니다", "저

건 가짜입니다"라고 답했고, 즉각 IT팀이 발신 주소를 차단하고, 전 직원에게 안내 공지를 내렸다.

이 과정에서 누구도 창피해하지 않았고, 오히려 "빠르게 공유해줘서 다행이다"라는 반응이 많았다. 이는 한 명의 경계심이 전체를 보호한 대표적인 심리전 집단 면역 사례다.

조직이 보안에서 진짜 강해지려면, "혼자 잘하는 사람"이 아니라, "함께 조심하는 문화"가 필요하다. 이를 위해 리더는 일일 보안 브리핑, 의심사례 단톡 공유 룰화, "질문은 민폐가 아니라 방패"라는 인식 확산, 자발적 보안 리더 지정 등, 이처럼 작은 질문 하나, 짧은 공유 하나가 전체 조직의 심리전 대응력을 키운다. 공동 면역 문화란, "나 하나쯤이야"를 넘어서, "나부터 지켜야 모두가 안전하다"는 감정적 연대에서 출발한다.

4. SNS는 또 다른 딥페이크인가 ― 감정 설계와 비교 조작

딥페이크가 외형을 조작한다면, SNS는 감정을 조작한다. 우리는 흔히 딥페이크를 '**거짓 얼굴**'을 만들어내는 시각적 사기 기술로 인식하지만, 감정을 유도하고 비교를 조장하며 자기 인식을 흔드는 SNS 역시, 정서 차원에서 딥페이크에 못지않은 위력을 발휘한다. 딥페이크가 '가짜를 진짜처럼' 믿게 만드는 기술이라면, SNS는 '진짜 자신의 감정'을 가짜로 오도하게 만든다. 우리는 플랫폼 위에 놓인 타인의 삶과 감정, 비교와 판단, 자존의 흔들림 속에서 감정 피로와 자기검열에 빠져든다. 이 항에서는 SNS가 어떻게 알고리즘과 구조를 통해 감정을 설계하고, 일상의 비교를 심리전의 무기로 변형시키는지를 살펴본다.

SNS 알고리즘은 감정을 설계 — 정서적 피드백 루프의 원리

　SNS는 정보의 공유 플랫폼이 아니라, 감정의 유도 장치다. 플랫폼의 알고리즘은 사용자의 클릭·댓글·정지 시간 등을 분석해 **'자극적인 감정 반응'**을 유발할 콘텐츠를 우선적으로 노출한다. 특히 분노, 시기, 불안, 우월감 같은 감정은 도파민 분비를 촉진하고 사용자 체류 시간을 늘리기 때문에, 알고리즘은 자극적 콘텐츠를 강화학습 방식으로 반복적으로 띄운다. 그 결과 사용자는 특정 감정으로 자신이 조작되고 있다는 사실을 인지하지 못한 채, 플랫폼이 제시한 감정에 '반응하도록 길들여진다'.

　2025년 7월, 어느 일간지 독자기고문에 SNS에서 겪은 감정 피로를 회고하며, "헛소리가 난무하고 나쁜 감정이 화장실 곰팡이처럼 퍼져나갔다. 아무 생각 없이 드나들던 SNS가 나를 대단히 불행하게 만들었다"고 썼다. 그는 무심코 사용하던 SNS가 자신에게 **'남들과의 비교 열등감'**과 '자기 연민'을 심어주고 있었음을 뒤늦게 자각했다. 이는 감정을 지속적으로 자극하는 SNS의 알고리즘 구조가 정서 상태를 어떻게 피로하게 만드는지를 보여주는 사례다.

　사용자는 자신의 감정이 진짜 내면에서 비롯된 것인지, 아니면 SNS 피드를 통해 '설계된 자극'에 반응한 것인지를 점검해야 한다. SNS를 사용할 때 '나는 지금 어떤 감정을 느끼는가?', **'왜 이 콘텐츠가 자꾸 보이는가?'**라는 질문을 던져보는 것은 정서적 주권을 회복하는 첫걸음이다. 특히 감정적으로 과잉 반응하거나, 반복적으로 우울해질 때는 사용 시간과 노출 콘텐츠를 제한하거나, 주기적으로 앱을 삭제하는 감정 방역이 필요하다.

비교 심리전 — '남들은 잘나가는데 나는 왜'라는 조작된 정서

인간은 본능적으로 타인과 자신을 비교한다. 이는 생존 경쟁에서 자기 위치를 파악하기 위한 진화적 전략이기도 하다. 그러나 SNS는 비교 대상을 끊임없이 노출시키며, 자존과 정체성의 기준을 외부로 이관시킨다. 특히 타인의 삶이 '성공적이고 행복해 보이도록' 편집된 이미지로 올라올 때, 사용자는 현실 속 자신의 고단한 감정과 괴리를 느끼게 된다. 이 괴리는 자기혐오, 무기력, 분노로 이어지며, 이는 SNS가 만들어낸 '심리전적 비교 프레임'이라 할 수 있다.

한 직장인은 SNS를 보다가 "남들은 월급도 많고, 외식도 잘하고, 여행도 다니는데, **나는 왜 이렇게 초라할까?**"라는 생각에 빠졌다. 그는 점차 SNS 사용 시간이 늘어날수록 자기 자신에 대한 불만이 늘고, 일상에 대한 의욕이 감소하고 있음을 깨달았다. 알고리즘은 그가 자주 멈추던 성공한 사람의 피드를 계속 띄워주었고, 이는 그를 반복된 비교와 자기연민의 루프에 빠지게 했다.

이런 비교 심리전에서 벗어나려면, 먼저 SNS 속 콘텐츠는 연출된 삶의 일부임을 자각해야 한다. 대부분의 게시물은 성공의 순간, 빛나는 이미지, 필터링된 장면만 보여준다. 자신이 '무엇을 갖지 못했는가'보다 '무엇을 과도하게 소비하고 있는가'를 점검할 때, 비교는 멈추고 현실과의 감정 접점이 복구된다. 개인은 자신의 감정 기준선을 내부로 돌리고, SNS 속 타인의 삶을 현실이 아닌 연출된 정보로 인식해야 한다.

감정의 피로와 자기 노출 — SNS는 어떻게 우리를 탈진시키는가

SNS는 단순한 소통 공간이 아니라 '감정 표현의 무대'이자 '평가의 장'이다. 사람들은 SNS에 자신의 기분, 생각, 일상을 공유하며 소통을 시도하지만, 이는 때때로 자신을 과잉 노출하고, 외부 반응에 의존하게 만드는 정서적 소모로 이어진다. 특히 감정적으로 취약한 순간에 SNS를 사용할 경우, 자기 연민, 자책, 또는 인정 욕구가 극대화되어 **'심리적 탈진'** 상태로 빠지기 쉽다.

한 청년은 힘든 감정을 토로하려고 SNS에 **"그냥 다 내려놓고 싶다"**고 썼지만, 주변의 반응은 미미하거나 냉소적이었다. 그는 "내가 너무 유난스러웠나"라는 부끄러움에 글을 지우고, 이후 더 큰 무력감에 시달렸다. 이는 감정 표현을 긍정적 기대를 걸고 던졌으나, 반응의 부재 또는 조롱으로 인해 **2차 감정 상처**를 입은 사례다. 자기 노출은 위로가 아니라 또 다른 피로를 부를 수 있음을 보여준다.

감정을 공유하는 공간으로서 SNS는 때로 위험하다. 감정의 무분별한 노출은 공감보다 오해를 부르고, 자기 피로를 가중시킨다. 진짜 감정은 신뢰할 수 있는 사람에게 직접 전하거나, 글쓰기·일기 등의 비공개 수단으로 정리하는 것이 더 건강하다. SNS에서는 "진짜 감정은 숨기고, 필요한 말만 하는 연출력"이 일종의 감정적 생존 전략이 된다. 적절한 가식은 '정서적 속옷'이다. 보이지 않지만 반드시 필요한 보호막이다.

제 4부

인간관계 속 심리전
─ 감정과 권력의 숨은 전쟁터

제10장

가족과의 심리전

1. 부모-자녀 관계: 권위와 반항의 심리 게임

가족은 인간에게 가장 먼저 접하는 권력 구조이며, 이 안에서 부모와 자녀는 애정이라는 이름 아래 끊임없는 심리전을 펼친다. 부모는 자녀를 돌보고 보호한다는 명분으로 **'통제'**를 정당화하며, 자녀는 자율성과 독립을 요구하며 이에 저항한다. 이러한 권위와 반항의 역동은 인간 발달 과정에서 필연적으로 겪는 심리적 갈등이며, 세대 간 충돌의 본질이기도 하다. 이 항목에서는 부모가 권위를 세우는 전략, 자녀의 반항 심리, 그리고 세대 갈등이 화해와 이해로 전환되는 과정에 주목한다.

보살핌 속에 숨은 통제 — 부모의 권위 세우기 전략

부모의 보살핌은 자녀에 대한 사랑의 표현인 동시에, 때로는 권위를 행사하려는 심리적 통제 수단이 된다. 인간은 돌봄의 명분을 통해 상대방의 선택을 제한하고, 자신의 가치관을 주입하려는 경향을 가진다. 이는 부모가 자녀의 미래를 보호하려는 마음과, 자녀를 자신의 연장선으로 보는 **'심리적 소유욕'**이 결합될 때 발생한다. 부모의 권위는 때로 안정과 질서를 위한 것이지만, 자녀에게는 자유의 제한으로 경험된다.

한 고등학생이 예술대학 진학을 희망했지만, 부모는 "네 미래를 위해 공무원을 준비하라"고 강요했다. 부모는 사회적 안정과 직업적 명예를 이유로 들었지만, 실제로는 '남들이 보기 좋은 길'을 선호했고, 자녀의 의사는 크게 반영되지 않았다. 결국 자녀는 원치 않는 진로에 진입했고, 이후 수년간 성취감과 정체성 혼란을 겪었다. 부모의 보호는 **'선의의 지배'**로 작용한 셈이다.

부모는 자신의 경험과 가치관이 자녀가 살아가는 시대와 반드시 일치하지 않을 수 있음을 인식해야 한다. 진정한 보호란, 자녀를 대신해 선택하고 통제하는 것이 아니라, 자녀가 스스로 선택할 수 있는 기반을 만들어 주는 것이다. 이를 위해 부모는 통제보다는 질문과 공감으로 대화하는 방식을 택해야 한다. 그래야 자녀는 자신의 선택에 대해 책임질 수 있고, 삶의 **'심리적 주인공'**으로 성장할 수 있다.

이런 방식이 자리 잡을 때, 가족 내 권위는 억압이 아니라 신뢰와 존중으로 작동하게 된다. 진정한 보살핌은 자녀를 감싸 안는 것이 아니라, 스스로 설 수 있도록 곁에서 지켜주는 것이다.

십대의 반항 — 독립을 향한 본능적 심리전

십대의 반항은 단순한 문제행동이 아니라, 독립성과 자아 정체성을 확립하려는 자연스러운 심리적 발달 과정이다. 청소년은 부모의 세계관과 일시적으로 거리를 두며, 자신만의 생각과 감정을 실험하고 표현하려 한다. 이 시기의 반항은 통제에 대한 저항이자, 자신을 스스로 인정받고자 하는 **'감정의 권리 선언'**이다. 부모의 간섭에 대한 침묵, 회피, 무시 같은 반응은 자율성 쟁취를 위한 방어 전략으로 나타난다.

중학생인 K군은 평소 부모의 과도한 간섭에 시달렸다. 부모가 친구 관계나 옷차림, 학습 시간까지 세세하게 관리하자 그는 점점 말수가 줄어들었고, SNS를 통해 친구하고만 소통하기 시작했다. 부모가 대화를 시도해도 짧은 대답만 하고 방으로 들어가 버렸다. 일기장에는 "엄마는 늘 옳고, 나는 늘 틀리다고 생각해"라는 문장이 적혀 있었다. 이 무언의 저항은 감정적 독립 선언이었다.

부모는 반항을 문제로만 보기보다, 자녀가 자기 존재를 주장하려는 신호로 이해할 필요가 있다. 이 시기에는 지시보다는 협의, 명령보다는 경청이 효과적이다. 자녀의 표현을 억누르기보다, 감정을 말할 수 있는 공간을 마련해주는 것이 중요하다. 반항은 독립의 첫 단계이며, 이 시기를 건강하게 넘기면 자녀는 스스로 책임지는 성인으로 성장한다. 심리전은 통제보다 인정이 이기는 전장이다.

표정, 시선, 말투를 통한 메시지 통제-말보다 먼저 느끼는 감정의 싸움'

부모-자녀 관계는 말보다 표정, 시선, 말투 같은 비언어적 신호를 통해 감정과 메시지를 주고받는 대표적인 관계다. 인간은 감각을 통해 자극을 수용하고, 지각과 감정, 인식, 판단, 해석의 흐름 속에서 타인의 행동을 해석한다. 특히 비언어 신호는 이 흐름 중 **'감정과 인식'**을 가장 직접적으로 자극한다. 부모가 "괜찮아"라고 말해도 무표정하거나 피곤한 말투일 경우, 아이는 '짜증이 났다'고 해석하고, 반대로 아이가 아무 말은 하지 않아도 시선 회피나 어색한 웃음으로 감정 상태를 드러낸다. 이러한 신호는 말보다 빠르게 작용하며, 때로는 관계의 갈등이나 오해를 키운다.

한 초등학생 아이가 늦게 귀가했을 때, 어머니는 말로는 "다녀왔어?"라고 했지만, 팔짱을 낀 채 무표정한 얼굴과 딱딱한 목소리를 보였다. 아이는 강한 긴장감을 느꼈고, 다음 행동을 주

저하게 되었다. 반대로, 사춘기 아들이 부모의 질문에 "몰라요"라고 대답하면서도 고개를 돌리고, 눈을 피하며, 짧고 딱딱한 말투를 사용했다면, 이는 단순한 회피가 아니라 **감정적 반항**을 나타내는 비언어적 메시지이다. 이처럼 부모와 자녀는 말이 아니라 느낌과 분위기로 상호작용하며, 때로는 그 메시지가 왜곡되거나 감정을 증폭시키기도 한다.

부모와 자녀의 갈등은 종종 말의 내용보다 말투, 표정, 시선 같은 비언어적 표현에서 시작된다. 서로의 감정 상태를 정확히 전달하지 못하거나 오해하는 상황이 반복되면, 작은 말 한마디도 상처가 되고 방어적 반응으로 이어지기 쉽다. 특히 반항기에는 언어적 충돌보다도 눈빛, 말투, 무시나 조롱으로 해석되는 비언어 신호들이 갈등을 증폭시킨다. 이때 중요한 것은 단순한 대화 기술이 아니라, 감정이 부딪히지 않도록 미리 구축된 '**정서적 안전지대(emotional safe zone)**'다.

정서적 안전지대란, 가족 구성원 간에 감정 표현이 억압되거나 왜곡되지 않고, 비난이나 처벌에 대한 두려움 없이 솔직하게 소통할 수 있는 심리적 공간을 의미한다. 이 공간은 자연스럽게 형성되는 것이 아니라 전략적으로 설계되고 유지되어야 한다. 예를 들어 부모는 자녀와의 대화 시 감정 표현을 있는 그대로 받아들이되, 판단하지 않고 반응하는 태도, 말의 내용뿐 아니라 표정, 목소리 톤도 일관되게 전달하기, 문제제기를 할 때 '너는 왜 그래' 대신 '나는 이렇게 느꼈다'는 식의 '**나 전달법**' 사용 등을 실천할 수 있다.

심리전 관점에서 보자면, 정서적 안전지대는 가정 내 갈등이 심리적 전쟁으로 확산되지 않도록 방지하는 **감정의 비무장지대**다. 감정이 무기화되지 않도록 막아주는 이 공간은 결국 자녀의 감정 표현력, 자아 존중감, 문제 해결 능력을 키우는 기반이 되며, 부모 역시 자신을 통제하는 전략적 커뮤니케이터로 성장할 수 있다. 갈등 없는 가족은 없지만, 정서적으로 안전한 관계는 감정의 피해가 아닌 회복을 가능하게 한다.

2. 부부 관계: 사랑과 힘의 균형

부부 관계는 단순한 감정의 결합을 넘어서, 권력과 영향력의 섬세한 균형 위에 놓인 심리적 동맹이다. 연애 시기에는 호감과 설득의 심리전이 중심이었다면, 결혼 이후에는 갈등 조정, 공동 의사결정, 신뢰 유지라는 보다 복잡한 심리전이 지속적으로 전개된다. 워싱턴 대학 심리학 명예교수 존 가트맨(John Gottman)은 수천 쌍의 커플을 장기 관찰한 연구에서, 부부 갈등의 핵심은 **"비난, 방어, 경멸, 회피"** 라는 네 가지 파괴적 의사소통 패턴이라고 지적했다.

실제로 침묵, 비꼬기, 피드백 회피 같은 비언어적 메시지는 단순한 갈등 표현이 아니라, 심리적 우위나 주도권을 확보하려는 행위로 작용하기도 한다. 이 항에서는 의사소통의 방식, 경제적 권력 분배, 신뢰 회복 전략 등 부부 관계에 내재된 심리적 힘겨루기의 주요 양상을 탐색한다.

의사소통과 오해 ─ 부부 싸움의 심리학: 말 뒤에 숨은 의미

부부 갈등은 겉으로 드러난 말의 충돌보다, 그 이면에 숨은 감정과 욕구의 충돌에서 비롯된다. 인간은 대화를 통해 단순히 정보를 주고받는 것이 아니라, 감정적 신호를 교환한다. 특히 부부 관계에서는 말보다 말투, 타이밍, 맥락이 중요하며, 종종 한마디 속에 '인정받고 싶다', '존중받고 싶다', '이해받고 싶다'는 욕구가 숨어 있다. 이러한 욕구가 반복적으로 무시되면, 사소한 말도 싸움의 불씨가 된다. 부부간 심리전은 물리적 충돌이 아니라, 감정의 무장과 해석의 오류에서 시작된다.

한 부부 상담 사례에서, 남편은 "왜 또 늦었어?"라는 아내의 말을 비난으로 받아들였고, 아내는 남편이 아무런 설명 없이 저녁 약속으로 늦는 것을 반복하며 자신이 무시당한다고 느꼈다. 문제는 시간 약속이 아니라, 존중받지 못했다는 감정이었다. 대화는 항상 **"당신이 문제야"**로 끝났고, 결국 두 사람 모두 서로의 말보다 감정에 갇혀 의사소통을 멈췄다. 이처럼 갈등의 핵심은 말이 아니라, 그 말이 품은 감정의 방향에 있었다.

부부 간의 의사소통은 말의 표면이 아니라 의미의 해석이 관건이다. "왜 또 늦었어?"라는 말이 시간보다 감정의 문제임을 인식하고, "나는 당신이 나를 늦게까지 기다리게 했기 때문에 서운함을 느꼈어"와 같이 감정 중심으로 표현하는 훈련이 필요하다. 상대방의 말을 분석하거나 방어하기보다, 그 감정의 맥락을 묻는 것이 핵심이다. 결국, 건강한 부부 소통은 '논리적 설명'이 아니라 **'감정의 이해'**에 기반해야 한다.

경제력과 의사결정 — 생활비를 둘러싼 심리적 지배

미국의 심리학자이자 경제심리 연구자인 대니얼 카너먼(Daniel Kahneman)은 인간의 경제적 판단이 단순한 계산이 아니라 **감정과 사회적 맥락에 영향**을 받는다고 설명했다. 이는 부부 관계에서도 마찬가지다. 같은 돈이라도 누가 벌었는지, 어디에 쓰는지를 누가 결정하는지, 그 과정에서 얼마나 존중받는지를 누가 느끼는지에 따라 심리적 주도권이 정해진다.

예를 들어, 한쪽이 경제적으로 더 많은 부담을 질 경우, 무의식적으로 '내가 더 기여했기 때문에 결정권도 더 갖는다'는 생각이 형성된다. 반대로 상대는 '경제적으로 의존하고 있기 때문에 주장할 수 없다'는 열등감을 내면화하기 쉽다. 이처럼 경제력은 단순한 생활 수단이 아니라, 감정적 주도권과 심리적 지배의 무기가 될 수 있다.

한 맞벌이 부부는 아이 교육 방향을 두고 갈등을 겪었다. 남편은 사교육을 선호했고, 아내는 창의적 학습을 원했다. 그러나 남편은 자신의 소득이 많다는 이유로 "내가 돈을 내니 내 의견을 따르자"고 주장했다. 아내는 무력감을 느꼈고, 이후 의사결정에 소극적 태도를 보였다. 이로 인해 부부 간의 신뢰는 급격히 저하되었고, 결국 감정적 거리까지 생겼다. 돈은 의사결정 수단이 아닌 심리적 무기로 작동한 셈이다.

경제력이 권력으로 작동하지 않도록 하려면, '기여의 종류'를 다양하게 인정하는 사고방식이 필요하다. 가사노동, 감정적 돌봄, 자녀 교육 참여 등도 기여로서 동등하게 존중받아야 한다. 의사결정 과정에서는 **'소득자 중심'**이 아닌 **'합의 우선'**의 원칙을 확립하고, 경제 관련 대화 시에는 '정보 공유' → '의견 교환' → '공동 선택'의 구조를 마련해야 한다. 부부 관계는 경영이 아니라 협력적 파트너십이며, 심리전의 승자보다는 신뢰의 공동 소유자가 되어야 한다.

화해와 신뢰 회복 ― 갈등을 이기는 정서 전략

갈등이 발생하는 것은 자연스러운 현상이지만, 이를 어떻게 수습하고 신뢰를 회복하느냐는 전적으로 심리적 기술에 달려 있다. 즉 "부부간의 심리적 갈등에서 가장 강력한 무기는 **정서적 회복 탄력성**"이다. 화해는 감정과 명분의 균형이 요구되는 고난도 전략이다. 감정을 풀지 않은 채 사과하거나, 문제 해결을 감정 통제 없이 시도하면 오히려 갈등이 재발할 가능성이 높다.

결혼 12년 차 부부가 감정적으로 심한 갈등을 겪은 뒤, 서로에 대한 **'감정 회고 편지'**를 주고받는 프로그램에 참여했다. 남편은 아내가 느낀 외로움을 처음으로 정확히 이해했고, 아내는 남편의 부담감을 새롭게 해석했다. 편지는 갈등 상황에 명확한 '프레임 전환'을 유도했고, 이후 두 사람은 감정표현 훈련과 사과 언어 공유를 통해 신뢰를 다시 구축했다.

화해는 단순히 "미안하다"는 말로 끝나는 것이 아니다. 진정한 화해는 상대의 감정을 제대로 이해하고, 그 마음을 진심으로 인정하는 데서 시작된다. 이를 위해 평소에 자주 따뜻한 말이나 행동으로 상대에게 긍정적인 감정을 쌓아 두는 것이 중요하다. 마치 은행에 저축을 하듯, 좋은 기억과 감정을 축적해두면 갈등이 생겼을 때 그것을 꺼내어 위기를 넘길 수 있다. 이것이 흔히 말하는 **'감정 계좌'**다.

심리전의 관점에서 보면, 신뢰를 다시 얻는 일은 매우 정교한 전략이 필요한 과정이다. 언제 말을 꺼낼지, 어떤 표현을 쓸지, 감정을 어떻게 드러낼지를 모두 신중히 생각해야 한다. 특히 부부 관계는 모든 것을 똑같이 생각하려 애쓰기보다, 서로 다른 생각이나 감정을 얼마나 잘 조율해 나가는지가 더 중요하다. 부부는 결국 매일매일 '감정을 조율하는 협상가'인 셈이다.

침묵과 과신 ― 친밀함이 부른 심리적 오해

가까운 관계일수록 우리는 말하지 않아도 알 거라는 기대를 하게 된다. 특히 부부나 연인 관계에서 이러한 기대는 자주 나타난다. 서로에 대해 잘 알고 있다고 믿고, 감정이나 욕구를 굳이 설명하지 않아도 이해받을 것이라 생각하는 것이다. 그러나 이런 과도한 신뢰는 곧 **'심리적 과신'**으로 이어지며, 오해와 소외감의 씨앗이 되기 쉽다. 침묵은 때로는 배려로 해석될 수 있지만, 반대로 정서적 거리감이나 무관심으로 느껴질 위험도 크다. 이처럼 친밀함은 오히려 방심과 오해의 틈을 만들고, 무언의 심리전이 일상 속에서 무의식적으로 작동하게 된다.

세계적인 정서 심리치료사 수잔 존슨(Sue Johnson)의 『정서중심 부부치료』(2022)에서 "사랑하는 관계에서 **가장 큰 상처는 무시당했다고 느끼는 순간**에 생긴다"고 지적한다. 침묵은 신뢰를 표현하는 도구가 아니라, 심리적 단절의 첫 신호일 수 있다.

한 부부상담 사례를 보자. 20년 차 부부였던 A씨 부부는 평소 다툼 없이 조용한 가정을 유지해 왔다. 남편은 **"우린 말하지 않아도 통하는 사이다"**고 생각했지만, 아내는 오랫동안 감정 공유가 없다는 이유로 외로움을 느끼고 있었다. 어느 날 아내는 느닷없이 이혼을 요구했고, 남편은 "무슨 문제가 있었냐"며 황당해했다. 그러나 상담 과정에서 드러난 것은, '서로 말하지 않아도 알 거라 믿었던 수년간의 침묵'이 관계를 서서히 무너뜨린 것이었다.

이 사례처럼, 침묵은 갈등을 피하는 수단이 아니라, 감정을 억누른 결과이며, 시간이 지날수록 상호 방어적 심리와 왜곡된 해석을 증폭시킨다. 이러한 침묵의 축적은 결국 한쪽의 일방적 파열로 터지는 심리전의 결과다.

친밀한 관계일수록 더욱 정서적 표현이 필요하다. 말하지 않아도 알 거라는 기대는 대체로 실망으로 돌아오기 마련이다. 부부 관계에서 중요한 것은 반복적인 감정 확인과 욕구의 명확한 표현, 그리고 일상 속 작은 소통의 축적이다. 오히려 **'표현의 노력'**이야말로 신뢰의 기초이며, 진짜 친밀감은 과신이 아니라 지속적인 대화와 경청을 통해 만들어진다. 심리전의 관점에서 볼 때, 부부 관계는 말 없는 전쟁이 아니라, 감정의 언어로 주도권을 주고받는 교섭의 장이 되어야 한다.

3. 형제자매와 가족 내 역할 다툼

형제자매 관계는 경쟁과 협력, 우애와 질투가 교차하는 복합적 심리전장이며, 부모라는 권위 매개체를 중심으로 한 비대칭적 심리전의 대표적 구조다. 특히 가족 내에서 역할이나 순위가 고정될수록, 인정욕구와 비교심리는 더욱 예민하게 작동한다. 형제 간 갈등은 **'애정 경쟁'**이며, 감정의 승패가 심리적 지위로 이어지는 내면 투쟁이다. 형제자매 간 관계에서도 눈에 보이지 않는 '심리적 통화 단위', 즉 관심, 인정, 질투, 보호, 위협과 같은 감정적 메시지와 행동의 교환이 지속적으로 오간다. 이런 교환은 마치 돈처럼 상대에게 영향을 주고받는 정서적 거래로 작용하며, 유년기의 상호작용은 성인이 되어서도 무의식적으로 감정 패턴과 행동 방식에 영향을 미친다. 예를 들어, 첫째는 책임감과 통제를 무기로, 막내는 애교나 피해자 역할로 심리적 이득을 얻으려는 경향을 보일 수 있다.

이 항목에서는 형제자매 간 순위 인식, 부모의 사랑을 둘러싼 경쟁, 확대 가족 내 감정 연대와 분열의 구조를 중심으로, 가족 안에서 벌어지는 심리전의 다양한 양태와 그 지속 효과를 살펴본다.

첫째와 막내 — 순위에 따른 심리적 자리매김

형제자매 사이에서의 출생 순위는 단순한 시간적 순서가 아니라, 심리적 역할을 결정짓는 구조적 요인으로 작용한다. 오스트리아 출신의 심리학자 알프레드 아들러(Alfred Adler)의 『아들러의 인간이해』(2016)에서 "가족은 아이가 처음으로 만나는 사회이며, **출생 순위는 그 사회 내에서 자신이 어떤 역할을 맡아야 하는지를 규정한다**"고 설명했다. 첫째는 자연스럽게 책임감 있고 모범적인 역할을 맡게 되고, 막내는 보호받고 자유로운 분위기 속에서 성장하는 경향이 있다. 반면 중간 자녀는 종종 비교 대상이 되거나 존재감이 흐려지는 '사이의 자리'에서 정체성 혼란을 겪을 수 있다.

세 자녀를 둔 한 가정의 실제 상담 사례를 보자. 첫째는 성실하게 공부해 늘 부모의 자랑이 되었고, 막내는 애교 많고 밝은 성격으로 가족의 사랑을 독차지했다. 그러나 중간에 위치한 둘째는 항상 둘 사이에서 비교되었고, "넌 왜 너만 애매하냐"는 농담 섞인 말에 상처를 받아왔다. 그 결과 그는 점점 반항적인 태도와 냉소적 언행으로 자신을 각인시키는 방식을 택했다. 겉으로는 관심 없는 듯 행동했지만, 내면에서는 인정받지 못했다는 심리적 결핍감이 자리 잡았다. 성인이 된 이후에도 그는 인간관계에서 '특별한 존재가 되려는 강박'과 '지기 싫어하는 성향'을 보였으며, 이는 팀워크에서 갈등을 일으키는 원인이 되기도 했다.

이 사례는 형제 간의 출생 순위와 역할 고정이 얼마나 장기적인 심리적 영향력을 갖는지를 잘 보여준다. 특히 중간 자녀가 겪는 **'역할의 부재'**와 그로 인한 심리적 왜곡은, 적절한 관심과 조정 없이는 평생 지속될 수 있다.

가정은 아이들이 역할에 갇히지 않고, 유동적인 정체성과 감정 표현의 기회를 누릴 수 있도록 도와야 한다. 부모는 자녀를 단순히 **"맏이라서"**, **"막내니까"**와 같은 고정된 틀로 대하지 않고, 각자의 기질과 상황에 따라 다르게 접근할 필요가 있다. 특히 중간 자녀처럼 상대적으로 주목받지 못하는 위치의 자녀에게는 개별적인 인정과 공정한 대우가 중요하다.

형제 간 경쟁 ― 부모의 사랑을 얻기 위한 보이지 않는 전쟁

형제자매 간 갈등은 흔히 단순한 투닥거림이나 시기심으로 보이지만, 그 밑바탕에는 부모의 애정을 향한 무의식적 경쟁심이

자리하고 있다. 가족 치료의 선구자인 버지니아 사티어(Virginia Satir)의 『사티어모델: 가족치료의 지평을 넘어서』(2000)에서 가족을 '**감정의 학교**'라 부르며, 아이가 자신이 사랑받고 있다고 느낄 때 비로소 심리적 안정감을 갖는다고 강조했다. 그러나 가족 내에서 애정이나 관심이 고르게 분배되지 않거나, 아이가 그렇게 느끼지 못할 경우, 형제 간에는 '누가 더 사랑받는가'를 둘러싼 심리적 지위 경쟁이 시작된다.

실제 상담 현장에서 있었던 한 사례는 이를 잘 보여준다. 두 남매가 있는 가정에서, 부모 앞에서는 서로를 응원하고 칭찬하는 모습을 보였지만, 부모가 자리를 비우면 언쟁이 잦아지고, 서로의 실수를 지적하거나 흉보는 행동이 반복되었다. 어느 날 언니가 학교 음악대회에서 상을 받자, 동생은 갑자기 식사를 거부하고, 대화가 줄어들며, 평소보다 무기력한 모습을 보이기 시작했다.

이런 행동은 단순한 투정이나 열등감 표현이 아니라, "나는 지금 부모에게서 밀렸다"는 감정적 패배 의식이 만들어낸 심리적 방어 반응이었다. 이는 겉으로 드러나는 경쟁보다 더 깊은 감정의 균열이며, 정서적 애정 자원을 놓고 벌어지는 심리전의 내면화된 전선이다.

이러한 형제자매 간 심리전은 부모의 말투, 반응, 칭찬 방식 하나하나에 영향을 받는다. 부모는 "누가 더 잘했니?"라는 비교적 언어보다, "너만의 강점은 이런 것이구나"처럼 각자의 개성과 기질을 인정해주는 표현 방식을 선택해야 한다. 형제 간 갈등을 단순한 다툼으로 보기보다는, 애정 욕구와 인정 욕구가 어떻게 표현되고 있는지를 이해하려는 접근이 필요하다.

특히 부모의 시간, 관심, 칭찬 같은 심리적 자원은 공평하게 나누는 것이 아니라, 아이의 상황과 감정에 따라 조절해야 한다. 아이마다 **'사랑받고 있다'**고 느끼는 방식이 다르기 때문에, 이를 고려하지 않으면 의도치 않게 경쟁을 심화시킬 수 있다. 가족 내에서 애정은 제로섬 게임이 되어서는 안 되며, 모두가 충분히 인정받을 수 있다는 신호를 지속적으로 주는 것이 갈등 완화의 핵심 전략이다.

가족 모임의 역학 ― 친척 관계에서의 체면과 갈등 관리

미국의 사회학자 어빙 고프먼(Erving Goffman)의 『자아연출의 사회학』(2016)에서 일상생활을 '무대'에 비유하며, 사회적 관계 속 인간은 각자의 역할에 맞는 **'자기 연출'**을 수행한다고 설명했다. 가족 모임은 그 중에서도 가장 민감한 감정 연극의 무대다. 구성원들은 자신을 좋은 자녀, 성공한 부모, 예의 바른 조카로 보이기 위해 꾸미고 조심하며, 무심한 질문 하나에도 민감하게 반응한다.

특히 확장가족에서는 학벌, 직업, 결혼, 자녀 성취 등 비교의 기준이 상징적 권력으로 기능하며, 그 결과 솔직함보다 체면이 우선되는 긴장 구조가 형성된다. 이런 환경은 감정의 억제와 내부 경쟁을 유도하며, 비언어적 심리전이 은연중에 작동하는 대표적 장면이라 할 수 있다.

실제 설날 모임에서 있었던 일이다. 큰집 자녀가 명문대 합격 소식을 전하자, 다른 형제들의 부모는 저마다 "너도 공부 좀 하지 그랬냐", "얘는 집에서 게임만 한다"며 자녀에게 비교와 훈계성 발언을 쏟아냈다. 그러자 일부 자녀는 식사 내내 말이 없었고, 어떤 가족은 식사만 하고 곧장 자리를 떴다. 명절 모임이 '축하의 자리'가 아니라 '비교받는 전장'이 되어버린 것이다. 나중에 해당 자녀는 **"명절은 1년 중 가장 긴장되는 날"**이라고 털어놓았고, 이 일 이후 가족 전체 모임 참석률이 현저히 떨어졌다.

이 사례는 가족 내에서 체면과 성공이 무형의 비교 도구가 되었을 때, 어떻게 심리적 불편과 거리감이 축적되는지를 보여주는 전형적인 예다. 구성원 모두가 웃고 있지만, 그 안에서 긴장과 눈치, 자존심의 심리전이 동시에 벌어지고 있었던 셈이다.

가족 모임에서의 심리전을 줄이기 위해서는 구성원 모두가 '**비교**'보다는 '**배려**'에 집중하는 대화 태도를 가져야 한다. 특히 가족 내 리더 역할을 하는 어른은 갈등의 완충자 역할을 자임하며, 누군가를 돋보이게 하기보다는 모두가 편안히 이야기할 수 있는 분위기를 설계해야 한다.

무엇보다 중요한 것은, 가족이라는 집단도 감정 조율이 필요한 하나의 인간관계라는 사실을 인정하는 것이다. 체면 중심의 대화보다 감정을 존중하고, 말하지 않아도 눈치를 보지 않아도 되는 분위기가 심리전 없는 가족 모임의 핵심이다. 명절의 본질이 '함께함의 따뜻함'에 있음을 기억한다면, 감정의 균형도 그에 맞춰 회복될 수 있다.

제11장

연애와 우정

1. 연인 관계의 심리전

연인 관계는 따뜻한 감정적 유대 위에 서 있지만, 그 유대가 항상 평등하거나 안정적인 것은 아니다. **사랑이라는 이름 아래에서도 심리적 줄다리기**, 즉 애정의 확인과 회피, 질투와 통제, 신뢰 구축과 의심의 공존이 끊임없이 반복된다. 한쪽이 감정을 더 많이 표현하면 상대는 그에 대해 심리적 우위를 확보하거나 방어적으로 반응하기도 하고, 때로는 사랑의 표현이 상대의 행동을 조종하기 위한 전략적 수단으로 변질되기도 한다.

이러한 맥락에서 연애는 단순한 감정 교류를 넘어, 서로의 심리를 읽고 대응하는 복합적 상호작용의 장이 된다. 이 항에서는 바로 이러한 관계의 본질을 심리전의 관점에서 들여다보고, 연인 간 감정 사용의 전략, 갈등의 조율 방식, 심리적 거리 설정의 역학 등을 분석한다.

밀당의 기술 — 애정 확인을 위한 심리 게임

'밀고 당기기(**밀당**)'는 감정의 크기를 직접 말하지 않고, 상대의 반응을 통해 그 감정을 간접적으로 확인하려는 심리전술이다. 연애 초기일수록, 감정을 완전히 드러내는 것보다 일부러 거리를 두거나 모호한 태도를 통해 상대의 마음을 끌어당기려는 시도가 많다. 이는 자존감 방어, 주도권 확보, 애정 확인 욕구의 혼합적 결과이다. 이러한 방식은 일종의 **"심리적 스파링"**이라

할 수 있다. 단순한 감정 표현의 차단이 아니라, 자신의 감정을 얼마나, 언제, 어떻게 드러낼지를 조절하고 그 결과를 관찰하는 시험의 과정인 것이다. 다시 말해, '밀당'은 감정의 진실을 숨기는 것이 아니라, 감정의 표현 방식과 타이밍을 전략적으로 설계하는 심리적 시뮬레이션이다.

A씨는 소개팅으로 만난 상대와 잘 지내고 있었지만, 답장을 늦게 보내거나 일부러 데이트 제안을 회피하는 식으로 밀당을 시도했다. 그는 **"먼저 들이대면 지는 것 같다"**고 생각했고, 상대가 자신을 더 좋아하게 만들고 싶었다. 그러나 상대는 이러한 태도를 '무관심'으로 해석하고 멀어졌고, 결국 관계는 흐지부지 끝났다. 감정 전략이 오히려 소통 단절로 이어진 사례다.

건강한 밀당은 감정을 숨기는 것이 아니라, 서로의 마음을 맞춰가는 조율이다. 좋아하는 마음이 있어도, 그걸 어떻게 표현하느냐는 단순한 계산이 아니라, 상대의 마음을 존중하고 눈치를 살피는 일종의 배려일 수 있다. 내 감정을 있는 그대로 다 쏟아 붓는 것보다, 조금씩, 천천히, 상대가 받아들일 수 있을 만큼만 보여주는 것 — 이게 바로 밀당의 본질이다.

하지만 밀당이 반복되어 감정 차단으로 변해버리면, 상대는 혼란에 빠진다. "지금 날 좋아하는 걸까, 아닌 걸까?"라는 불안이 쌓이면, 결국은 신뢰보다 의심이 앞서고, 두 사람 사이의 거리도 더 멀어질 수 있다. 감정은 꼭 말로만 표현할 필요는 없지만, 너무 오래 숨기면 오해가 자란다. 애정은 머리로 따지는 계산이 아니라, **마음과 마음이 만나는 타이밍의 예술이다.** 너무 앞서지도, 너무 늦지도 않게 — 상대가 편안하게 느낄 수 있을 만큼만 솔직하면, 그게 가장 자연스러운 밀당이 된다.

질투와 불안 — 연애 관계의 힘 겨루기

질투는 연애에서 흔히 나타나는 감정이지만, 그 뿌리는 사실 **'사랑'보다는 '불안'**에 가깝다. 사랑하는 사람의 마음이 혹시 다른 사람에게 기울지는 않을까, 내가 더는 특별한 존재가 아닐까 하는 상상이 머릿속에 자리 잡기 시작하면, 마음속에서 불안이 자라고 그 불안은 곧 질투로 변한다. 이는 단순히 누군가를 빼앗길까 봐 화가 나는 것이 아니라, 관계 속에서 나의 위치가 흔들리는 것에 대한 두려움에서 비롯된다.

질투는 감정의 폭발이기도 하지만, 동시에 상대의 마음을 내 곁에 붙잡아두고 싶은 욕구의 표현이기도 하다. 그래서 때로는 서운함, 예민함, 감시 같은 형태로 드러나기도 한다. 질투는 감정을 숨기지 못하는 솔직함일 수 있지만, 그 방식이 서툴거나 과해질 경우 오히려 관계를 더 위태롭게 만들 수 있다. 결국 질투는 사랑의 일부가 아니라, 사랑을 지키고 싶은 마음을 잃을까 봐 두려운 마음이 뒤섞인, 감정의 줄다리기다.

B씨는 연인의 SNS에 자주 등장하는 특정 이성 친구를 의심했다. 별다른 증거도 없이 "요즘 그 친구랑 연락 자주 하지?"라고 반복적으로 묻기 시작했고, 상대는 점점 피로감을 느꼈다. 결국 연인은 **"내 삶을 감시받는 것 같다"**며 관계를 종료했다. 질투는 사랑을 증명하는 도구가 아니라, 심리적 억압이 될 수 있다는 현실을 보여준 사례다.

질투나 불안이 생겼을 때 가장 중요한 것은, 그 감정을 상대에게 어떻게 전달하느냐이다. 많은 사람들이 불안할 때 "너 요즘 왜 그래?", "무슨 일 있어?"처럼 묻지만, 이런 말은 자칫 상대를 몰아붙이는 말투로 들릴 수 있다. 그보다는 먼저 자신이 왜 불안한지 스스로 인식하고, 그 감정을 있는 그대로 말로 표현하는 연습이 필요하다.

예를 들어 "너 왜 그래?" 대신, **"요즘 네가 좀 멀게 느껴져서 내가 불안해"**라고 말하는 편이 훨씬 효과적이다. 이런 식의 표현은 비난이 아니라 감정의 공유로 다가가게 만들고, 상대방도 방어하지 않고 진심으로 응답할 수 있는 공간을 만들어준다. 감정을 숨기기보다 말로 풀어내는 용기가 오히려 관계를 더 단단하게 만든다.

신뢰 쌓기 vs. 방어 기제 — 오래가는 관계의 심리 전략

지속 가능한 연애 관계의 핵심은 신뢰다. 하지만 사람은 상처받는 것이 두려워서, 무의식적으로 자신을 지키기 위한 심리적 방어 기제를 작동시킨다. 예를 들어, 일부러 무관심한 태도를 보이거나, 지나치게 독립적인 척하거나, 감정을 표현하지 않는 사람은 종종 거절당할까 봐 먼저 거리를 두는 것이다.

이는 일종의 '자기 심리전', 즉 상대와의 갈등이나 상처를 피하려는 예방적 행동 전략이라 할 수 있다. 심리학자 브레네 브라운(Brené Brown)은 이런 행동을 **'취약성의 회피'**라고 설명하며, 진짜 연결은 자신의 불안정함과 감정을 드러낼 때 비로소 가능해진다고 강조한다. 감정을 닫는 것은 자신을 보호하는 방식일 수 있지만, 동시에 관계의 흐름을 막고, 단절을 불러올 수 있다.

C씨는 과거 이별로 인해 상처받은 이후, 누구와의 관계든 **'적당한 거리'**를 두고 사귀었다. 데이트 후에도 감정을 깊이 나누지 않았고, 미래 이야기에는 항상 "나중에 생각하자"고 회피했다. 상대는 이 관계가 진지하지 않다고 느껴 먼저 떠났고, C씨는 "나는 아무것도 안 했는데 왜?"라며 혼란스러워했다. 감정의 방어가 결국 신뢰의 단절을 불러온 사례다.

신뢰는 감정을 나눌수록 자라고, 반대로 방어는 감정을 숨길수록 더 단단해진다. 오랜 관계를 바란다면, 서로 감정을 드러내고 약한 모습을 받아들이는 용기가 필요하다. 때로 우리는 상처받을까 두려워 스스로 거리를 두기도 한다. 그러나 "내가 겁이 나서 멀어진 거구나"라고 솔직히 인정하는 것이야말로, 관계를 다시 시작할 수 있는 첫걸음이 된다. 신뢰는 단번에 만들어지지 않는다. 반복되는 진심 어린 태도와 상호 작용 속에서 조금씩 쌓여가는 것이다. 연애나 친밀한 관계에서 진정으로 강한 사람은 감정을 숨기는 사람이 아니라, 마음을 열 줄 아는 사람이다.

2. 친구 관계의 이면 — 친밀함 속의 경쟁

미국의 사회심리학자 레온 페스팅거(Leon Festinger)은 인간이 스스로를 평가할 때 타인을 기준으로 삼는 **"사회적 비교 이론(social comparison theory)"**을 제시했다. 친구 관계에서도 이러한 비교는 자주 발생하며, 특히 친밀한 사이일수록 더 민감해진다. 친구의 성공이나 인정받는 모습은 때로는 자극제가 되기도 하지만, 반대로 무의식적인 질투나 열등감, 관계의 긴장을 유발할 수 있다. 이는 경쟁심이 아니라, 자기 존재감의 확인 욕구에서 비롯되는 심리적 반응이다.

예컨대, 두 친구가 비슷한 시기에 진로를 준비하고 있을 때 한쪽이 먼저 성취를 이루면, 나머지 친구는 축하하는 마음과 함께 자신의 위치에 대한 불안감을 동시에 느끼게 된다. 이런 복합 감정은 때때로 사소한 말 한마디, 조언의 방식, 관심 표현의 균형 속에 녹아들며, 감정적으로는 가까우면서도 서늘한 거리감을 만드는 심리적 전장이 된다.

이 항목에서는 절친과의 감정적 주도권 다툼, 소셜 그룹 내 서열 의식, 조언이라는 이름의 개입 행동 등, 친구 관계에서 작동하는 다양한 심리전의 양상을 살펴본다.

절친과 라이벌 — 우정에 숨어 있는 우위 다툼

친구 관계에서의 경쟁은 겉으로 드러나지 않지만, 은근한 우위 다툼은 흔히 발생한다. 특히 절친한 사이일수록 **"나는 네게 어떤 존재인가"**라는 심리적 순위 확인 욕구가 작동한다. 상대가 자신의 성공을 축하해줄 것이라 기대하면서도, 동시에 나보다 앞서가는 것에는 불안과 질투를 느끼는 이중심리가 존재한다. 이는 우정의 유지와 자존감의 보전을 동시에 추구하려는 모순적 심리전이다.

직장인 D씨는 대학 시절부터 10년을 친구로 지낸 E씨와 절친한 사이였다. 그런데 E씨가 먼저 승진하고 SNS에 사진을 올리자, D씨는 축하 메시지를 보냈지만 마음 한켠에 쓸쓸함이 남았다. 이후 그는 E씨의 단점을 은근히 다른 친구에게 흘리기 시작했고, 두 사람의 사이도 점점 멀어졌다. 우정은 계속되었지만, 그 안에서는 경쟁이라는 심리전이 지속되고 있었다.

우정 속에서 경쟁을 완전히 없애는 것은 사실상 어렵다. 중요한 것은 그런 감정을 부정하거나 억누르기보다는, 솔직하게 인식하고 건강하게 다루는 태도다. 친구가 잘 나간다고 해서, 그것이 곧 내 실패를 뜻하는 것은 아니다.

사람마다 인생의 속도와 타이밍이 다르다는 것을 인정하고, 남과 비교하기보다는 내 걸음을 있는 그대로 받아들이는 연습이 필요하다. 또한 "축하해"라는 말 뒤에 질투나 서운함 같은 감정이 숨어 있다면, 그 감정을 외면하지 말고 내 안의 비교심리를 조용히 들여다보는 '**내적 대화**'가 필요하다. 우정은 공감만큼이나 자기 성찰과 감정 조율이 중요한 심리 구조다.

그룹 내 서열 — 모임에서의 주도권 쟁탈전

친구 집단, 특히 3인 이상이 모인 소규모 사회적 관계에서는 눈에 보이지 않는 서열과 역할이 자연스럽게 형성된다. 누가 말의 중심을 잡는지, 누구의 의견에 따라 분위기가 움직이는지를 통해 집단 내에서 **비공식적인 리더**가 드러나게 된다. 이러한 구조는 공식적으로 정해지는 것은 아니지만, 함께 있는 시간이 쌓일수록 감정의 흐름, 발언의 빈도, 행동 반응의 타이밍을 통해 구성원들은 서서히 자신의 위치를 인식하게 된다.

특히 청소년기나 초기 성인기에는 자존감 형성과 소속감이 중요한 시기이기 때문에, 친구 집단 내에서의 위치는 곧 자기 존재에 대한 평가 기준으로 이어지기도 한다. 말하자면, 친구 사이에서도 암묵적인 '**감정의 계급장**'이 존재하는 셈이며, 이는 관계 유지에 있어 무의식적인 심리전의 한 형태로 작동한다.

F씨는 세 명의 고등학교 친구와 꾸준히 모임을 이어왔다. 그런데 한 친구가 유독 모임 날짜, 장소를 정할 때 늘 주도권을 쥐었고, 농담도 그를 중심으로 흘렀다. 처음엔 자연스럽다고 여겼지만, 점차 F씨는 소외감을 느꼈고, 자신이 '**들러리**'가 된 것 같다고 말했다. 결국 F씨는 모임 참석을 점점 줄이게 되었고, 관계는 균열되었다.

친구 모임이 오래가려면 단순히 친하다는 이유만으로는 부족하다. 누구 한 사람만 계속 주도하거나, 의견을 무시당하는 사람이 생기면 아무리 오래된 사이여도 서운함이 쌓이고 관계에 금이 간다. 그래서 친구들 사이에서는 서로의 감정을 존중하면서도, 말할 기회나 결정권을 공평하게 나누는 분위기가 중요하다.

예를 들어 매번 같은 사람이 약속을 정하거나, 자기 말만 강조하고 다른 사람의 의견을 잘 듣지 않는다면, 겉으로는 웃고 있어도 속으로는 소외감을 느끼기 쉽다. 반대로 누군가 조용히 있는 친구에게 "넌 어떻게 생각해?"라고 물어보거나, "이번엔 네가 정해봐"라고 제안하는 행동은 감정이 한쪽으로 쏠리지 않도록 균형을 잡아주는 역할을 한다.

눈에 보이지는 않지만, 친구들 사이에도 말투나 행동을 통해 자연스럽게 생기는 서열이나 거리감이 있다. 이럴 때는 그 분위기를 읽고 서로 조율하려는 섬세한 감정의 배려가 필요하다. 친구 관계는 결국, 서로가 편하게 느끼는 감정의 리듬을 같이 맞춰주는 사이에서 오래간다.

친구 간 설득과 조언 — 선의와 간섭의 경계

친구 사이에는 조언이라는 이름으로 타인의 선택에 개입하는 일이 자주 일어난다. 이는 도움의 의도에서 출발하나, 때로는 상대의 삶을 자신의 틀로 재단하려는 심리적 지배로 작동한다. 설득은 자기 방식의 강요일 수 있으며, 조언은 무의식적 통제일 수 있다. 친구 간 조언은 우정의 이름 아래 감정적 영향력을 행사하려는, 이중적 심리전의 한 방식이다.

취업 준비 중인 G씨는 디자인 직군을 희망했지만, 친구 H는 "공무원이 안정적이다"라며 수차례 다른 길을 권유했다. G씨는 처음엔 고마웠지만, 점점 자신의 선택이 무시당한다는 느낌을 받았고, 두 사람은 결국 거리감을 두게 되었다. 선의의 조언이 상대의 자기결정권을 침해한 사례다.

친구에게 조언을 하기 전, 상대가 그것을 필요로 하는지, 어떤 감정 상태인지 살펴야 한다. **"내 생각엔…"**보다 **"넌 어떻게 느껴?"**라는 질문이 더 효과적일 수 있다. 조언은 방향이 아니라 '가능성의 제안'이어야 하며, 감정의 지지 없이 정보만을 전달하는 것은 관계에 금을 가게 만든다. 친구 간 심리전에서 이기기

보다 중요한 것은, 서로의 주도권을 침해하지 않는 감정적 여백을 마련하는 일이다

3. 고백과 이별 — 감정의 시작과 끝을 설계하다

연애와 우정에서 가장 강렬한 순간은 바로 시작과 끝, 즉 고백과 이별의 시점이다. 고백은 감정을 드러내는 용기의 순간이지만, 동시에 관계의 판을 바꾸는 심리전이다. 이별은 단순한 관계 종료가 아니라, 감정적 정산과 상처 관리의 전장이다. 인간은 이 두 순간에서 극도의 불안과 희망, 상실과 해방의 감정을 오가며, 자신의 감정을 가장 강하게 자각하게 된다.

고백은 관계의 감정적 주도권을 재편하고, 이별은 감정의 권리를 회수하는 선언이 되기도 한다. 본 항에서는 감정의 시작(고백)과 끝(이별)이 어떻게 심리적 전략으로 작용하며, 그 속에서 인간이 감정과 자존, 기억을 어떻게 다루는지를 분석한다.

고백의 심리학 — 감정 표현과 주도권의 재편

고백은 단순히 마음을 털어놓는 행위가 아니다. **고백**은 두 가지 의미를 동시에 지닌다. 하나는 상대에게 내 마음을 맡기는 용기이고, 다른 하나는 '이 감정은 내 것'이라고 선언하는 책임의 표시다. 다시 말해, 고백은 감정을 상대에게 전달하는 동시에, 그 감정을 내가 주체적으로 선택하고 표현했다는 선언이기도 하다. 예를 들어 "너를 좋아해"라는 말은 상대가 어떻게 반응하든, 내가 그 감정을 인정하고 선택한 것이며, 그 순간 대화의 중심은 내가 된다. 따라서 고백은 단순한 감정 발산이 아니라 감정의 주도권을 내가 먼저 쥐고 시작하는 심리적 선제 행동이다.

한 청년은 친구와 오랜 시간 동안 가까이 지내며 미묘한 감정선을 느꼈다. 어느 날, 그 친구가 다른 사람과 데이트를 시작했다는 소식을 들었고, 뒤늦게 고백하려 했다. 하지만 이미 타이밍은 늦었다. 반대로 또 다른 사례에서는, 상대방과의 관계가 조금씩 깊어지고 있다는 신호—예컨대 자주 눈을 마주치거나, 사소한 일에도 관심을 주는 모습—가 포착된 시점에, 감정을 차분하게 "나는 네가 점점 더 좋아지는 것 같아. 혹시 너는 어때?"라고 조심스레 말한 이가 있었다. 이 고백은 감정을 강요하지 않고, 상대의 마음을 열 여지를 남긴 대화였기에 긍정적인 반응을 이끌 수 있었다.

고백은 마음을 던지는 것이 아니라 건네는 것이다. 무작정 감정을 쏟아내는 것이 아니라, 상대가 받을 준비가 되어 있는지 살피고, 적절한 순간을 선택하는 전략적 소통이다. **좋은 고백**은 세 가지를 고려해야 한다.

1) 상대의 감정 흐름을 살필 것: 상대가 피곤하거나 바쁠 때, 또는 감정이 불안정할 때는 피하라.
2) 대화의 형식과 톤을 조절할 것: 너무 무겁거나 갑작스러우면 감정이 '공격'처럼 느껴질 수 있다. 자연스럽고 부드러운 말투가 중요하다.
3) 반응을 강요하지 않을 것: 고백은 자신의 감정을 솔직하게 표현하는 것이지, 상대에게 반드시 같은 감정을 요구하는 행위가 되어선 안 된다. "나는 너를 좋아하니까, 너도 나를 좋아해야 해"처럼 상대의 마음을 즉시 확인하거나 응답을 요구하는 말은 부담을 줄 수 있다. 그보다는 "나는 너를 좋아하게 됐어", "나는 이런 감정을 느끼고 있어"처럼 자신의 감정을 있는 그대로 전하는 방식이 더 진정성 있게 다가가며, 상대가 스스로 생각하고 느낄 수 있는 여유를 주게 된다.

고백은 감정의 폭발이 아니라, 마음의 온도를 조절한 후 따뜻하게 건네는 설계된 표현이다. 심리전의 관점에서 보면, 고백은 감정을 무기로 삼는 것이 아니라, **감정으로 신뢰의 문을 여는 대화의 기술이다.**

이별 통보의 감정 기술 — 상처를 조절하는 전략

이별은 단순히 "그만 만나자"는 말 한마디로 끝나는 일이 아니다. 어떻게 말하느냐에 따라, 상대의 감정은 크게 흔들리거나, 조용히 가라앉을 수 있다. 심리학자 폴 에크먼은 "사람이 감정을 잘 정리하려면, 그 감정이 왜 생겼는지를 이해할 수 있어야 한다." 즉, 정서적 맥락으로 말해야 한다고 했다. 여기서 말하는 '**정서적 맥락**'이란, 쉽게 말해 "왜 이런 일이 벌어졌는지 알 수 있는 배경과 설명"이다.

예를 들어, "우리 그냥 안 맞는 것 같아. 미안"이라고 말하는 것과, "나는 요즘 우리가 서로 피곤하게 만드는 것 같아서, 더 이상 이렇게 지치게 하고 싶지 않아"라고 말하는 건 완전히 다르다. 후자는 상대가 상황을 납득하고 감정을 정리할 수 있도록 감정의 방향과 의미를 알려주는 설명, 즉 감정의 지도를 제공하는 것이다. 이별 통보도 결국, 상대의 감정이 덜 아프게 '착륙'할 수 있도록 도와주는 배려의 기술이다.

J씨는 연인과 몇 달째 사소한 말다툼과 감정의 엇갈림이 반복되자 점점 지쳐갔다. 대화를 시도해도 같은 말이 맴돌았고, 더는 감정을 쏟을 여유가 없다는 생각이 들었다. 어느 날 밤, 그는 핸드폰을 들고 깊은 한숨을 내쉰 뒤, 장문의 메시지를 썼다. "너를 미워해서가 아니라, 이제는 서로를 지치게 하는 것 같아"라는 말로 시작해, 관계가 어떻게 틀어졌는지를 차분히 풀어냈다. 하지만 메시지를 받은 연인은 곧장 전화를 걸어와 "이게 이

별 통보냐"며 울먹였다. 감정은 오히려 더 꼬였다. 며칠 뒤 J씨는 친구에게 털어놓았다. "그땐 솔직하려 했지만… 돌이켜보면 상대가 이해할 틈도 없이, 그냥 내가 정한 방식대로 끝내버린 것 같아.

이별을 말할 때 중요한 건 '통보'가 아니라 '감정적 협상'이다. 협상이란, 일방적으로 통보하는 것이 아니라, 상대의 감정을 고려하고, 대화를 통해 서로 정리하는 과정이다. 예를 들어, "우리 그만하자. 이유는 없어"는 감정 폭탄을 던지는 것이고, "사실은 우리 관계가 예전 같지 않고, 나는 요즘 계속 고민을 했어. 네가 나쁜 건 아니지만, 내가 이 관계를 계속 이어가기 힘들 것 같아"는 감정을 설명하며 책임지는 자세다.

이처럼 감정의 이유를 솔직하게 전달하고, 상대가 감정을 정리할 시간을 주는 태도는 상처를 줄이고, 이별을 성숙하게 만든다. 무작정 연락을 끊거나, 아무런 말도 없이 갑자기 연락을 끊는 '고스팅'은, 상대방에게 상실감과 혼란을 주며, 자신에 대한 의문과 자책을 불러일으킬 수 있다.

감정 심리전의 3단계 ― 고백에서 이별 회복까지

1단계: 감정을 꺼내다. 고백은 단순한 감정 표현이 아니라, 감정을 어떻게 말하느냐에 따라 관계의 주도권이 바뀌는 심리적 설계다. 고백은 상대에게 감정을 던지는 것이 아니라, 타이밍과 방식을 고려해 조율된 방식으로 '전달'해야 한다. 감정의 주체로서 "나는 이런 마음을 가졌어"라고 선언하는 것은 용기이자 전략이며, 잘 준비된 고백은 관계의 감정 지형을 바꾼다.

2단계: 감정을 정리하다 이별은 단순한 관계 종료가 아니라, 감정의 마무리와 해석을 도와주는 설명 행위다. 무작정 떠나는 것이 아니라, 상대에게 이해 가능한 이유와 감정적 배경(맥락)을 제공하는 태도가 중요하다. 이것이 바로 '감정적 협상'이다. 감정을 제대로 정리하지 않은 이별은 오히려 더 큰 상처를 남기며, 관계 이후의 감정까지 왜곡시킨다. 감정의 끝맺음을 잘하는 것이 성숙한 심리전이다.

3단계: 감정 회복이다. 이별 후 감정 회복은 감정을 없애는 것이 아니라, 다시 해석해 삶에 통합하는 과정이다. 이를 감정 재평가라 하며, 슬픔이나 후회도 새로운 시각으로 바라볼 때 비로소 치유가 시작된다. 글쓰기, 대화, 성찰을 통해 감정을 꺼내 보고, "그때는 최선을 다했다"는 식의 새로운 의미를 부여하면서 자기 감정의 주인이 되는 것이 핵심이다.

이처럼 **고백 → 이별 → 회복의 3단계**는 단순한 연애의 흐름이 아니라, 인간이 감정을 어떻게 표현하고, 정리하고, 다시 품는지를 보여주는 감정 심리전의 구조다. 각 단계는 '말하는 방식'만큼이나 '마음 다루는 방식'이 중요하며, 결국은 자존을 지키는 설계된 감정의 전술이다.

제12장

직장에서의 심리전 — 존중과 생존의 줄타기

1. 상사-부하 간 권력 다루기 — 조용한 위계의 심리 전략

조직 내에서 가장 민감하고 조심스러운 관계는 상사와 부하 사이다. 이 관계는 형식적으로는 위계에 기반을 두지만, 실제로는 감정 조율과 인식 설계가 끊임없이 개입되는 복합적 심리 전장이다. 상사는 리더십을 발휘하는 동시에 권위를 유지해야 하고, 부하는 순응과 자기표현 사이에서 줄타기를 해야 한다. 이 관계는 상호 감정의 흐름, 신뢰 축적, 권력 인식의 균형 위에서 작동하며, 말보다 눈치와 분위기가 우선되는 **'조용한 심리전'**의 대표적인 공간이다. 이 항목은 권위를 세우는 리더의 전략, 상사를 상대하는 부하의 심리전, 그리고 조직 내 충성의 본질을 다룬다.

리더의 카리스마 vs. 독재 — 부하를 움직이는 심리 전술

진짜 리더는 명령하지 않는다. 그는 감정을 설계하고, 동기를 자극하며, 신뢰를 구축한다. 카리스마란 강한 목소리나 고압적 태도가 아니라, 사람들의 감정을 사로잡는 심리적 영향력이다. 그러나 어떤 리더는 이 힘을 '두려움'으로 오해한다. 강하게 몰아붙이면 성과가 나올 거라 믿지만, 감정의 통제는 오래가지 않는다. 심리학은 이를 **'감정 지배형 리더'**와 **'신뢰 기반 리더'**로 나눈다. 전자는 공포에 기반한 복종을, 후자는 신뢰에서 나오는 자발적 헌신을 끌어낸다. 감정은 복종의 도구가 아니라, 진심을 움직이는 설계의 수단이다.

대기업의 한 부서장 A는 회의에서 늘 책상을 내리치며 소리쳤다. "내 말 안 들으면 이 팀은 망한다!"라는 말이 일상이었고, 직원들은 회의가 끝나면 화장실로 도망가 울거나 퇴사를 고민했다. 그는 성과에 목을 맸고, 팀원들을 '몰아붙여야 움직이는 부하'로 여겼다. 결국 그의 팀에서는 주요 프로젝트가 번번이 실패했다. 실수를 감추려는 분위기, 보고서 조작, 이직률 증가로 조직은 무너졌다.

반면, 또 다른 부서장 B는 매주 팀원과 1:1 대화를 하며 "나는 너희를 믿는다. 틀려도 괜찮다. 함께 다시 해보자"고 말했다. 그는 모든 직원의 생일을 기억하고, 상사의 실수도 공개적으로 사과했다. 놀랍게도 팀원들은 퇴근시간이 지났어도 자발적으로 남아 일했고, 실패해도 다시 도전했다. 한 리더는 사람을 조종하려 했고, 다른 리더는 사람을 믿어주었다. 결과는 정반대였다.

리더십은 명령이 아니라, 감정과 인식의 심리전이다. 강하게 말한다고 강한 리더가 되는 것이 아니라, 사람의 마음을 다룰 줄 아는 사람이 진짜 리더다. 부하를 움직이고 싶다면, 통제하려 하지 말고 공감과 신뢰의 감정을 설계하라. "내가 옳다"는 말보다 "너의 생각은 어떠니?"라는 질문 한 마디가, 백 번의 지시보다 더 강력하다. **사람은 자발적으로 움직일 때 가장 강하다.** 그 힘을 끌어내는 리더는 감정의 기술을 아는 사람이다.

부하의 인정 욕구와 눈치 보기 — 윗사람을 대하는 전략

조직 내 부하들은 상사의 평가와 인정에 따라 자신의 위치와 생존 가능성을 가늠한다. 이로 인해 많은 부하들은 업무 능력만큼이나 '눈치'와 '관계 감각'에 힘을 쏟는다. 인간은 본능적으로 위계적 존재를 경계하며, 동시에 그에게 인정받고자 하는 이중 심리를 지닌다. 이때 발생하는 것이 '심리적 생존전략'으로서의 눈치 보기다.

한 신입사원은 상사의 농담에 과장되게 웃고, 질문을 자주 하는 척하면서 '열정'을 표현하려 했다. 실제로 그는 실무보다 분위기 파악에 더 많은 에너지를 썼다. 반면 또 다른 직원은 조용하지만 성실하게 일했지만, 상사에게는 '비호감'으로 분류되었다. 결과적으로 평가 시즌에서 전자가 더 좋은 인사평가를 받았다. 관계 기술이 업무 능력보다 우선 작용한 사례였다.

직장에서 상사를 대할 때는 늘 두 가지 사이에서 줄타기를 해야 한다. 상사가 원하는 말과 태도에 맞춰야 하면서도, 동시에 내 생각과 주관을 지켜야 하는 상황이 많다. 눈치만 보는 태도는 당장은 무난하게 보일 수 있지만, 결국에는 존중이나 신뢰까지 얻기는 어렵다.

회사라는 곳은 감정을 숨기거나 돌려야 하는 상황이 많은 곳이다. 그래서 부하 직원은 그냥 시키는 대로만 움직이는 사람이 아니라, 감정을 읽고 조절하면서 관계를 더 좋게 만들 수 있는 **'감정의 플레이어'**가 되어야 한다. 말 한마디, 표정 하나로도 분위기가 바뀌는 조직 안에서, 감정을 잘 다루는 사람이 결국 더 오래 살아남고, 더 크게 성장할 수 있다.

충성심과 실적 — 성과 압박 속에서 균형 잡기

현대 조직은 실적 중심 문화를 강화하면서도 충성심을 중시하는 이중 구조를 갖는다. **실적은 객관 지표지만, 충성은 관계적 판단이다.** 상사는 성과만큼 '팀워크'와 '소속감'을 평가에 반영하며, 이는 개인에게 감정적으로 부담이 되는 심리전 상황을 유도한다. 즉, 단순히 '일 잘하는 사람'이 아니라, '우리 편'이라는 인식이 승진과 인정에 작용한다.

한 대기업 과장은 실적이 우수했지만, 팀 내 회식에 자주 불참하고 상사와의 대화에서도 '사적인 친밀감'을 보이지 않았다. 결국 그는 승진 명단에서 누락되었다. 이유는 '조직 적합도 부족'이었다. 반면 비슷한 실적의 동료는 상사의 사적인 부탁까지 잘 처리하면서 '신뢰가 간다'는 평가를 받았다. 조직 내 충성은 때로 관계 심리로 포장된 경쟁 수단이 된다.

개인은 **실적과 충성 사이에서 균형 잡힌 전략**이 필요하다. 감정적으로는 '우리 편'이라는 신호를 보내되, 과도한 친밀감으로 자율성을 잃지 않아야 한다. 실적은 언어보다 '데이터'로, 충성은 협업과 대응 태도로 보여줘야 한다. 상사는 부하의 감정을 평가하고, 부하는 상사의 심리를 분석한다. 직장은 숫자와 마음이 동시에 움직이는 전장이다.

2. 동료 간 경쟁과 협력 — 사내 정치의 현실

직장 내 동료 관계는 겉보기엔 평등해 보이지만, 그 안에는 경쟁, 질투, 연대, 견제라는 복합적 감정이 얽혀 있다. 이들은 한 배를 탄 조직 구성원이면서 동시에 승진과 평가라는 제한된 자원을 두고 겨루는 경쟁자다. 동료 간 심리전은 직접적 충돌보다는 평가, 평판, 협력 여부를 매개로 은밀하게 전개된다. 특히 팀 중심 조직문화에서는 누가 정보를 더 많이 알고 있는지, 누구와 가까운지 등이 곧 권력으로 작동한다. 이 항목에서는 동료 간 관계에서 벌어지는 심리적 갈등 실상과 그 조율 방안을 살핀다.

평판 관리 — 내 편을 만드는 인간관계 기술

직장 내에서 평판은 '**보이지 않는 실적**'이다. 직접적 성과가 아닌, 동료의 평가와 상사의 인식에 의해 결정되는 사회적 신뢰 자산이다. 인간은 조직 안에서 누구를 신뢰할지, 누구와 일하고 싶은지를 감정적 경험과 타인의 말에 따라 판단한다. 따라서 평판 관리는 단지 '착하게 보이기'가 아니라, 신뢰와 영향력을 축적하는 전략이다.

한 기업에서 F씨는 실적이 평범했지만, 항상 팀원들에게 도움을 주고, 회의에서는 다른 사람의 아이디어를 잘 정리해 주는 역할을 했다. 결과적으로 F씨는 '함께 일하고 싶은 사람'으로 평가되었고, 프로젝트 리더로 선발됐다. 반면, 더 뛰어난 성과를 낸 G씨는 무뚝뚝하고 혼자 일하려는 태도 때문에 '까다롭다'는 평판을 받아 주요 업무에서 배제됐다.

좋은 평판은 단순히 말로 "나는 착해요"라고 한다고 생기는 게 아니다. 오히려 상대에게 어떻게 행동했는지, 예의 있게 반응했는지, 상대의 말에 공감했는지, 필요할 때 잘 도와줬는지, 그리고 다른 사람의 노력을 함께 인정해줬는지 같은 구체적인 태도가 쌓여서 만들어진다.

결국, 평판이란 "내가 그 사람과 함께할 때 어떤 기분이었는가"라는 경험의 총합이다. 직장처럼 관계가 복잡한 곳에서는 이런 평판이 매우 중요한 심리적 도구가 된다. 말로 하지 않아도, 평판은 사람들의 신뢰를 이끌어내는 힘이 있어서, 때로는 실력보다 더 오랫동안 강하게 작용한다.

정보 공유와 은폐 — 조직 속 '말하지 않는 심리전'

조직에서 정보는 곧 권력이다. 회의 일정, 상사의 의중, 인사 방향, 신규 프로젝트와 같은 내부 정보는 단순한 사실이 아니라 **'기회를 선점하는 수단'**이다. 그래서 사람들은 겉으로는 협력하는 척하면서도, 중요한 정보는 조절하거나 숨긴다.

이러한 정보의 선별적 공유는 의사결정에서 앞서기 위한 심리전이다. 정보를 먼저 아는 사람은 전략을 짜고 준비할 시간이 있지만, 뒤늦게 아는 사람은 따라갈 수밖에 없다. '모든 것을 말하지 않는다'는 것은 곧 영향력을 지키는 방식이기도 하다.

IT업계의 한 기업에서 인사이동이 임박했을 때, 부장급 직원 K는 인사팀과의 사적인 친분을 통해 팀 조직 개편 방향을 미리 알게 되었다. 그는 그 정보를 동료 과장들에게는 알리지 않은 채, 재배치가 예상되는 신규 사업 부서에 자발적 지원 의사를 먼저 밝혔다.

이후 그 부서는 핵심 신사업 부서로 떠오르며 K는 자연스럽게 중심 인물로 부상했다. 반면 다른 팀원들은 뒤늦게 소식을 접하고 뒤따라갔지만, 이미 기회는 지나 있었다. 회식 자리에서 "그때 말 좀 해주지 그랬어"라며 농담처럼 말을 꺼냈지만, 분위기는 싸늘했다. 웃음대신 침묵이 흘렀고, 그 말속에 담긴 서운함과 불신이 모두의 표정에 나타났다. 이처럼 정보는 때로 은밀하게 선점한 자의 무기로 작동하고, 협력보다는 견제와 감정의 벽이 사람들 사이를 가로막는다.

직장 내 심리전에서 정보는 '아는 것'보다 '누구에게 언제 말하느냐'가 더 중요하다. 정보가 곧 경쟁력인 현실에서, 많은 이들은 공유 대신 독점을 택한다. 그러나 단기적으로는 유리해 보여도, 정보 은폐는 결국 신뢰를 잃게 하고 팀워크를 깨뜨린다. 진짜 강자는 정보를 혼자 독점하는 사람이 아니라, 필요한 사람에게 적절한 타이밍에 전달할 줄 아는 사람이다. 그것이 조직 내 심리전의 승자다.

갈등 해결과 파벌 다툼 — 팀 내 생존 전략

직장 내 갈등은 피할 수 없는 일상이다. 단순한 의견 차이는 대개 조율이 가능하지만, 팀 안에서 특정 인물 중심으로 그룹이 나뉘기 시작하면, 갈등은 점점 복잡해지고 감정의 골도 깊어진다. 이런 상황에서 벌어지는 것은 단순한 토론이 아니라, **'관계의 줄서기'**와 '입장 싸움'이다. 특히 영향력 있는 인물들 사이의 경쟁이 심화되면, 감정적 편 가르기, 무리 짓기, 배제 분위기 등 집단적 심리 압박이 시작된다.

이때 개인은 단순한 의견 개진을 넘어서 누구의 편에 설지, 혹은 어떻게 균형을 잡을지를 결정해야 하는 압박감에 놓이게 된다. 조직 내 심리전은 이처럼 말 한마디, 태도 하나에도 계산이 따르는 상황 속에서 발현된다.

J씨는 팀 내 두 명의 리더급 인물이 프로젝트 방향을 두고 팽팽히 맞서는 상황에서, 어느 한쪽에도 기대지 않고 중립적인 태도를 유지하려 했다. 하지만 그 중 한 명이 회의 석상에서 "의견을 안 내는 건 무책임이다"라고 지적하며 J씨를 공개적으로 비판했다. 이후 다른 구성원들도 눈치를 보기 시작했고, J씨는 양쪽 모두의 신뢰를 잃고 핵심 업무에서 배제됐다. 조용히 있던 중립이 오히려 무입장·무책임으로 해석된 셈이다.

조직의 갈등 상황에서 중립만을 지키는 것은 결코 바람직한 태도가 아니다. 감정 대신 원칙을 중심에 두고, 사실 기반으로 의견을 제시하며, 갈등을 키우지 않으면서도 '어떤 기준에 따라 판단하고 행동하는지'를 분명히 해야 한다. 말없이 빠지는 것이 아니라, 갈등을 정리하고 조율하는 사람으로 자리매김할 수 있어야 한다.

생존은 편가르기가 아니라, 균형 감각과 관계 조절력에서 나온다. '줄을 잘 서는 사람'보다, 줄을 서지 않고도 설득력 있게 버틸 수 있는 사람이 결국 살아남는다.

3. 커리어 생존 전략 — 나를 지키는 마음의 나침판

직장은 단순한 수입원이 아니라, 자기 정체성과 심리적 안정이 얽힌 삶의 중심축이다. 하지만 변화가 빠르고 예측이 어려운 현대 조직 환경에서 커리어는 언제든 흔들릴 수 있다. 구조조정, 업무 재편, 팀 재배치 등으로 인해 개인은 끊임없이 자기 입지를 확인하고 심리적 방어 전략을 세워야 한다. 이때 필요한 것은 능력만이 아니라, 감정의 회복력과 심리적 유연성이다. 이 항목에서는 승진을 위한 전략, 변화기에 자신의 입지를 지키는 방법, 그리고 심리적 번아웃을 방지하며 지속 가능한 커리어를 설계하는 방법을 탐색한다.

승진을 위한 심리전 — 자신을 각인시키는 법

조직 내 승진은 단순히 성과 평가로 결정되지 않는다. 누가 '기억되는가', 누가 '핵심 인물로 인식되는가'가 중요하다. 인간은 실제보다 인상에 따라 판단하는 경향이 있으며, 특히 관리자들은 구성원의 **'존재감'**을 바탕으로 승진 가능성을 가늠한다. 따라서 커리어 설계에서 중요한 것은 자신을 드러내는 방식, 즉 '전략적 자기 표출'이다.

K씨는 성실하게 일했지만 회의에서는 늘 말을 아꼈고, 의견을 묻는 질문에도 "따르겠습니다"가 전부였다. 반면 L씨는 회의 때마다 제안과 질문을 던졌고, 성과를 구체적 수치로 보고했다. 실적은 비슷했지만 L씨는 상사에게 '신뢰할 수 있는 리더'로 인식되었고, 결국 그는 승진했다. 실력보다 '인식의 관리'가 승진의 열쇠였던 셈이다.

승진을 원한다면 **'기억에 남는 사람'**이 되어야 한다. 회의 발언은 짧더라도 명확하게 하고, 성과는 수치와 영향 중심으로 표현하는 것이 좋다. 자신의 역할과 조직 기여도를 '언어로 설명하는 능력'은 실력 못지않게 중요하다. 조직은 실적뿐만 이 아닌 '심리적 인상'으로도 인재를 평가한다. 승진은 단지 성과가 아니라, 인식 설계의 결과다.

해고와 이직의 기로 — 조직 개편 시 자신의 입지 확보

구조조정이나 부서 재편 같은 조직 변화는 직장인에게 극심한 불안과 정체성 위기를 유발한다. 이때 생존 여부는 '자신의 존재 이유를 얼마나 명확히 설명할 수 있는가'에 달려 있다. 조직은 위기 상황일수록 다기능성과 대체 불가능성을 가진 사람을 우선적으로 남긴다. 따라서 이직이나 해고의 기로에서 중요한 것은 **'자기 존재의 증명'**이다.

M씨는 경영 악화로 인한 구조조정 대상자 명단에 이름이 올랐지만, 인사 면담에서 "내가 회사에 남아야 하는 이유"를 숫자와 실제 기여 사례로 정리해 어필했다. 반면 N씨는 "나는 성실히 일했다"는 정서적 항변만 반복했다. 결과적으로 M씨는 재배치되었고, N씨는 퇴사 통보를 받았다. 감정보다 논리, 태도보다 '입지의 전략화'가 결정적이었다.

조직 변화기에 자신을 보호하려면 **'가시적 성과'**, **'팀 내 역할'**, **'대체 불가능한 기능'**에 대한 설명 능력이 중요하다. 평소에 자신의 업무를 문서화하고, 협업 효과와 문제 해결 능력을 수치화해 놓는 습관이 필요하다. 조직이 흔들릴수록 개인은 더 명확히 자신의 가치를 말해야 한다. 심리전의 관점에서, 위기의 순간은 자기 정체성을 강화하는 기회다.

직장 속 마음 돌보기 — 지치지 않기 위한 스트레스 대처법

직장인은 성과 압박, 관계 긴장, 미래 불안 등 복합적 스트레스를 겪는다. 장기간 누적되면 **심리적 탈진**, 즉 번 아웃으로 이어지고, 이는 생산성뿐 아니라 자존감까지 위협한다. 감정적 회복 탄력성은 이제 개인 경쟁력이자 생존 능력이다. 이를 위해 필요한 것은 '심리적 루틴', 즉 마음의 에너지를 보충하는 일상 전략이다.

O씨는 과도한 업무와 상사와의 갈등으로 불면과 무기력을 겪었지만, 상담을 통해 하루 10분 명상, 주 2회 걷기, 감정 일기 쓰기 등의 루틴을 만들었다. 몇 주 후 그는 감정 통제가 쉬워졌고, 다시 업무 흐름을 회복했다. 반면 아무 조치 없이 참기만 하던 동료 P씨는 결국 병가를 신청했다. 마음의 회복 전략이 생산성의 열쇠가 된 사례다.

자기 돌봄은 감정이 여유로울 때나 하는 사치가 아니라, 힘든 상황에서도 무너지지 않기 위한 생존 전략이다. 잠깐이라도 혼자 감정을 정리할 수 있는 짧은 일상 습관이 꼭 필요하다. 감정을 억지로 눌러두기보다는, 그것을 표현하고 다시 정리하는 연습이 중요하다. 믿고 이야기할 수 있는 사람이 있거나, 감정을 글로 써보거나, 잠깐 산책하거나 커피를 마시며 스스로를 진정시키는 작은 반복 행동들은 모두 마음을 지키는 방패가 될 수 있다.

이런 자기만의 **감정 정리 루틴**이 직장처럼 긴장감이 높은 공간에서 심리적으로 숨 쉴 수 있는 여유를 만들어 준다. 일의 능률을 유지하려면, 그보다 먼저 내 마음의 흐름을 돌보는 일이 필요하다.

제13장

사회적 관계 속 심리전
— 인간관계의 확장된 전장

1. 커뮤니티와 모임 — 익숙한 집단 안의 감정 게임

친목 모임, 동호회, 학부모회, 종교 단체, 취미 활동 커뮤니티 등은 현대인의 중요한 관계망이다. 이들은 공통의 관심사와 목적 아래 모인 수평적 집단처럼 보이지만, **내부에는 무언의 위계, 주도권 경쟁, 배제의 심리**가 작동한다. 특히 일정 기간 활동이 지속될수록 그룹 내 분위기를 주도하는 사람, 발언권이 많은 사람, 소외되는 사람 등으로 역할이 고정되고, 이는 정서적 갈등과 심리적 피로를 유발한다. 커뮤니티는 연대의 장인 동시에, 인정과 비교, 권력과 분위기 관리가 공존하는 '사회적 심리전의 작은 전장'이다.

소속감과 배제의 심리 — 무리 속 나의 자리 지키기

인간은 본능적으로 '무리에 속하고 싶은 마음'과 동시에 **'타인보다 특별해지고 싶은 욕망'**을 함께 지닌다. 그래서 커뮤니티나 모임 안에서는 누구나 자신의 자리를 인정받고 지키려는 조용한 경쟁을 하게 된다. 이 과정에서 말 한마디, 눈빛, 무시된 메시지, 답장 없는 대화방 같은 아주 작은 신호들조차 배제나 무시로 받아들여질 수 있다.

진짜 소속은 감정이 오가야 생기는 것이다. 서로의 말에 귀 기울이고, 반응하고, 공감해주는 일들이 쌓일 때 사람은 "나는 이 안에 있어도 되는 사람이다"라는 안정을 느낀다. 즉, 소속은 감정을 주고받는 교류 속에서만 진짜로 자리 잡는다. 마음이 닿지 않는 곳에서는, 아무리 명단에 이름이 있어도 외로움은 사라지지 않는다.

한 엄마가 자녀 학교의 학부모 모임에 처음 참여했다. 처음엔 어색해도 어울리려 애썼고, 단톡방에서도 매일 글을 읽으며 흐름을 따라갔다. 하지만 점점 대화에 끼지 못했고, 어느 날부터는 회의 일정조차 전달받지 못하게 되었다. "미리 얘기된 줄 알았다"는 말만 돌아왔고, 어느새 아무도 그 엄마를 챙기지 않았다. 누가 일부러 빼놓은 것도 아닌데, 그냥 '**잊힌 사람**'이 되어버린 것이다.

이런 일은 생각보다 많다. 모임에서 밀려나는 건 꼭 미움을 받았을 때만이 아니다. 그냥 아무도 기억하지 않고, 아무도 말을 걸지 않을 때도 사람은 외롭다. 오히려 그런 '자연스러운 무관심'이 더 서럽고, 자신이 괜히 그 자리에 있는 것처럼 느껴진다. 이게 '**심리적 거리두기**', 즉 바로 눈에 보이지 않는 배제이다.

모임이나 커뮤니티에서 자리를 잡으려면 단지 같은 공간에 있다는 것만으로는 부족하다. 정보를 받는 것만으로는 '함께 있는 느낌'이 들지 않는다. 진짜 소속감은, 감정이 오갈 때 생긴다. 누가 말하면 짧게라도 반응해주고, 나도 내 생각을 조금씩 나눠보는 것―그런 '**소소한 감정의 주고받음**'이 쌓일 때, 비로소 "내가 여기에 있어도 되는구나"라는 느낌이 생긴다.

꼭 활발하고 눈에 띄는 사람이 될 필요는 없다. 하지만 계속 침묵하고만 있으면, 나도 모르게 그 모임에서 멀어지게 된다. 소속은 대단한 활약이 아니라, "나도 여기에 마음을 쓰고 있다"는 작은 흔적에서 시작된다. 결국 사람 사이의 거리는 말이 아니라, 감정이 오가느냐 아니냐에 달려 있다.

주도권과 리더십 경쟁 — 비공식 서열 전쟁

공식 직함이 없는 집단일수록 '**비공식 리더**'의 존재감은 강해진다. 즉, 제도적 위계가 약할수록 인간관계에서 자연스럽게 형성되는 '심리적 서열'이 더 중요하게 작동한다는 뜻이다. '**정서적 주도권**'을 위해 겉보기엔 평화롭지만, 속으로는 "누가 주도권을 쥘까?", "누가 분위기를 장악할까?" 하는 눈치 싸움과 감정 싸움, 즉 은근한 심리전이 계속 벌어지는 구조이다.

한 재개발 지역 주민 모임에서, 공식 회장은 B였지만 실제 결정을 주도한 사람은 활발한 성격의 C였다. 그는 사람들을 미리 만나고, 회의 중에도 농담과 분위기 전환을 통해 모두의 이목을 집중시켰다. 자연스럽게 사람들은 C의 의견에 따르기 시작했고, 공식 리더는 점점 소외됐다. 이처럼 리더십은 직책보다 정서적 영향력이 좌우하는 경우가 많다.

집단 내 영향력을 원한다면, 공식적 발언보다 감정 조율 능력과 공감 표현이 핵심이다. 분위기를 바꾸는 한마디, 갈등 조정 역할, 소외된 구성원을 챙기는 태도는 보이지 않는 리더십의 밑거름이다. 비공식 서열에서 살아남기 위해선 소통력보다 **감정 설계력**이 더 필요하다. 즉, 상대의 감정 흐름을 미리 읽고, 그 감정이 어떤 방향으로 움직이도록 의도적으로 설계·조율하는 능력이 더 중요하다는 것이다. 심리전에서 이기는 사람은 말을 가장 크게 하거나 많이 하는 사람이 아니라, 다른 사람들의 감정을 움직이고 흐름을 주도하는 사람이다.

분위기 읽기와 암묵적 룰 — 보이지 않는 심리 규범

공식 규칙이 없다고 해서 질서가 없는 것은 아니다. 오히려 커뮤니티일수록 '말해지지 않는 규범'이 존재하고, 그것을 잘 읽는 사람이 오래 살아남는다. 누구보다 먼저 발언하면 튀는 사람, 너무 늦게 오면 무례한 사람, 특정 대화 주제를 꺼내면 예민한 사람으로 분류되기 쉽다. 이러한 비언어적 규범을 읽고 반응하는 것이 일종의 '**사회적 눈치 전략**'이다.

한 독서 모임에서 한 참가자는 토론마다 날카로운 비판을 던졌다. 그는 논리적으로 옳았지만, 몇 주 뒤부터 다른 사람들은 그가 있는 날 참석을 꺼려 했다. 모임은 비판이 아니라 감정적 지지와 편안함을 중시하는 분위기였고, 그는 '**틀리지 않았지만 불편한 사람**'으로 인식된 것이다. 이처럼 사회적 규범은 말보다 '분위기'에 숨어 있다.

사람들과 어울릴 때 정말 중요한 건 무엇을 말했느냐보다, 언제 그 말을 했는지, 누구에게 했는지, 어떤 분위기에서 했는지이다. 같은 말이라도 타이밍이나 말투, 상황에 따라 전혀 다르게 받아들여질 수 있다. 그래서 모임이나 회의에서는 말뿐 아니라, 누가 지금 분위기를 이끌고 있는지, 사람들의 표정이 어떤지, 지금 분위기가 가라앉았는지 들떠 있는지 같은 것을 잘 살피는 게 중요하다. 이런 걸 잘 읽는 사람일수록 자연스럽게 어울리고, 소속감을 유지할 수 있다.

사회 속에서는 때로는 말을 잘하는 것보다, 언제 침묵해야 할지를 아는 게 더 중요할 때도 있다. 무심한 말 한마디가 분위기를 깨기도 하고, 잠깐 참는 침묵이 오히려 신뢰를 주기도 한다. 이런 상황에서는 말이 아니라 분위기를 읽는 능력, 즉 눈치가 진짜 실력이다.

2. SNS와 디지털 공간 ― 관계가 수치화되는 심리전의 장

SNS는 더 이상 단순한 소통 수단이 아니다. 그것은 감정, 자아, 관계를 '**계량화**'하고 '**전시**'하는 사회적 무대다. 친구 수, 팔로워 수, 좋아요 숫자, 공유 횟수 등은 개인의 존재감을 수치로 나타내는 새로운 심리적 지표가 되었고, 이는 타인과의 비교, 인기 경쟁, 정체성 설계라는 심리전의 무대로 확장된다. 현실에서는 미소로 덮였던 감정이 온라인에서는 표정 없는 문자와 이미지로 분출되고, 우리는 '좋아요' 하나로 관계를 판단한다. 디지털 공간은 인간관계가 축소되는 것이 아니라, 수치로 재편된 심리적 전쟁터로 기능한다.

'좋아요'와 팔로워 — 비교와 인기 경쟁의 피로감

SNS에서의 **인정은 감정이 아니라 '숫자'로 표시된다.** 좋아요, 팔로워, 댓글 수는 그 자체로 사회적 가치의 상징이 되며, 이 수치를 통해 개인은 자기 존재감을 확인하거나 상실한다. 이는 외적 지표를 중심으로 한 '사회적 비교 이론'을 디지털 환경에 옮겨놓은 형태다. 인간은 본능적으로 비교하고, SNS는 그 비교를 수치화함으로써 감정적 피로를 증폭시킨다.

한 대학생은 시험 기간에도 인스타그램을 멈추지 않았다. 책상 앞에 앉아 공부를 하면서도, 짬짬이 피드를 넘기고 스토리를 확인했다. 알고 보면 그 이유는 단순했다. "지금도 뭔가 하고 있다는 걸 보여주고 싶었기 때문"이다. 모두가 피드를 통해 '열심히', '멋지게' 살고 있는 것 같았고, 자신만 뒤처지는 것 같은 기분이 들었다.

친구들의 여행 사진, 커플 셀카, 감성 카페 인증 샷은 보는 순간마다 마음을 불편하게 만들었다. 좋아서 보는 게 아니라, 보지 않으면 불안해서 보는 상태가 된 것이다. 결국 그는 SNS를 잠시 지우고 나서야 자신이 비교 중독 상태에 있었다는 걸 깨달았다. 타인을 부러워하면서 동시에 자신을 점점 싫어하게 된 마음은 단순한 SNS 사용이 아니라, 감정의 전투였던 셈이다.

SNS는 단순히 사진을 올리는 공간이 아니라, 사람들의 '보여주기'가 치열하게 벌어지는 감정의 무대다. 우리는 종종 "뭘 올릴까?"보다 "어떻게 보일까?"를 더 걱정한다. 하지만 진짜 중요한 건, 무언가를 굳이 보여주지 않아도 괜찮다고 느낄 수 있는 마음이다. 그래야 남의 눈에 휘둘리지 않고, 자기만의 기준으로 SNS를 사용할 수 있다.

'좋아요' 숫자보다 서로에게 진심으로 관심을 갖는 관계, 팔로워 수보다 가볍지 않은 대화 한 줄이 더 중요하다. 요란하지 않아도 괜찮고, 반응이 없어도 의미 있을 수 있다. 심리전의 관점에서 보면, SNS에서 가장 강한 사람은 인기 있는 사람이 아니라, **비교에 휘둘리지 않는 사람이다.** 끝없는 피드 속에서 자신을 잃지 않는 것, 그것이 지금 우리에게 필요한 감정의 중심 잡기다.

디지털 정체성 관리 — 가짜 감정과 이미지 전략

SNS에서의 자아는 실제 자아와 다르다. 사람들은 자신이 바라는 모습, 인정받고 싶은 이미지로 자신을 재구성한다. 이를 '디지털 자아' 또는 '선택적 자기표현'이라 하며, 이 과정에서 개인은 감정도 조작한다. 기쁘지 않아도 웃는 사진을 올리고, 외롭지만 행복한 척한다. SNS는 타인에게 보이기 위한 무대인 동시에, 내가 한 말과 행동에 내가 영향을 받는 **'자기 암시의 장'**이기도 하다.

한 직장인은 퇴사 직후 우울감에 빠졌지만, 페이스북에는 "새로운 시작을 향한 도전"이라는 긍정적 메시지를 올렸다. 주변 사람들은 그를 '적극적이고 밝은 사람'으로 칭찬했지만, 실제 그는 구직 불안과 자존감 저하에 시달리고 있었다. SNS의 이미지가 본인의 감정을 왜곡시키고, 오히려 내면의 고립을 심화시킨 사례다.

디지털 자아는 현실 자아의 보완재일 수는 있지만, 대체재가 되어서는 안 된다. SNS는 표현의 도구이지, 존재의 증명이 아니다. 감정을 포장하는 데만 집중하면 실제 정서 회복은 이루어지지 않는다. 오히려 자신이 감정을 어떻게 감추고 있는지를 자각하는 것이 심리적 자기돌봄의 시작이다. 진짜 자아와 온라인 자아의 간극을 인식할 수 있는 '감정 리터러시'가 필요하다.

'감정 리터러시'는 우리가 자신의 감정을 잘 알아차리고, 그 감정을 건강하게 표현하며, 다른 사람의 감정도 잘 이해할 수 있는 능력이다. 예를 들어, 내가 지금 왜 화가 났는지 스스로 인식할 수 있고, 그것을 폭발시키지 않고 말로 표현할 수 있으며, 상대방이 왜 그런 반응을 보이는지도 눈치챌 수 있다면, 이런 사람이 바로 감정 리터러시가 높은 사람이다. 이 능력이 없으면, 화가 나도 그걸 몰라서 엉뚱한 행동을 하거나, 슬픈데도 무시하거나, 다른 사람의 감정을 오해하게 된다.

관계 과잉시대의 거리두기 ─ 접촉과 고립 사이의 심리 전략

SNS는 '항상 연결된 사회'를 만들었지만, 그 연결이 곧 친밀감을 의미하지는 않는다. 오히려 사람들은 다수의 관계 속에서 피로를 느끼고, 일정한 심리적 거리를 확보하지 않으면 정서적 번아웃에 빠지기 쉽다. 인간관계의 '접촉'은 물리적이 아니라 감정적 밀도로 측정되며, 디지털 시대의 심리전은 누구와 얼마나 자주 연결되었느냐보다, 누구에게 감정을 쏟을지를 결정하는 싸움이다.

한 프리랜서 작가는 수백 명의 친구와 소통하며 하루 종일 알림을 확인했지만, 실제로 깊은 대화를 나누는 사람은 단 2~3명뿐이었다. 그는 수많은 연결이 오히려 자기 시간을 침해하고 있다는 사실을 깨닫고, 일부 SNS 계정을 정리하고 알림을 껐다.

이후 집중력과 정서 안정이 회복되었고, 오히려 소수와의 관계가 더 깊어졌다.

관계는 많을수록 좋은 것이 아니다. 정보의 과잉, 감정의 분산은 정서적 고갈을 초래한다. 의식적으로 **'관계 다이어트'**를 시행하고, 감정적으로 중요한 몇 명에게 집중하는 것이 건강한 디지털 인간관계의 핵심이다. 연결보다 '정서적 거리두기'가 필요한 시대다. 심리전에서 승리하는 사람은 많은 이들과 얽힌 자가 아니라, 스스로의 중심을 잃지 않는 자다.

3. 이웃과 지역사회 ─ 일상적 만남 속의 체면과 심리전

이웃과 지역사회는 일상 속에서 가장 가깝지만, 동시에 가장 조심스러운 사회적 관계다. 혈연도, 직장도 아닌 이 관계는 법적 계약이 아닌 **'관습과 체면'**이라는 비공식 규범에 따라 유지된다. 우리는 이웃에게 무례하지 않으면서도 지나치게 개입하지 않으려 하고, 적절한 인사와 거리, 관여와 회피 사이에서 줄타기를 한다. 이 관계에서 심리전은 말보다 눈치와 표정, 정식 항의보다 암묵적 불쾌감으로 이루어진다. 따라서 이웃 관계는 협력과 충돌, 신뢰와 경계 사이에서 감정적으로 매우 섬세한 심리적 조율을 요구한다.

체면과 자존 ─ 이웃 간 무언의 비교 경쟁

이웃 간의 관계는 명시적인 경쟁이 아닌, 생활 수준, 자녀 교육, 차량, 인사 태도 등 일상적 표식에 근거한 은근한 비교와 체면 경쟁으로 구성된다. 체면은 외부를 의식한 자존의 표현이며, 이웃 간 감정 전쟁은 드러나지 않지만 강한 심리적 자극을 남긴다. 이 경쟁은 자존감과 직결되며, 누가 더 인정받고 주목받는지를 둘러싼 **무언의 심리전**으로 발전하기 쉽다.

한 아파트 단지에서 A씨는 명절마다 고급 과일 세트를 경비실에 전달했다. 이후 이 행동은 '모범적 주민'으로 인식되었고, A씨는 입주자 회의에서 자주 언급되며 영향력을 키웠다. 이를 본 B씨는 묘한 자존심의 자극을 느꼈고, 이후 자녀의 상장, 남편의 직책, 차종 등 사소한 정보까지 이웃들과 비교하며 스스로 불편함을 키워갔다. 결국 인사도 어색해졌고, 감정적 거리만 남았다.

이웃 관계에서 체면은 인정 욕구의 외피일 뿐이다. 나의 행위가 '관계 유지'인지 '과시 전략'인지 점검해야 하며, 비교에서 벗어나기 위해선 상대의 삶을 있는 그대로 바라보는 시선 훈련이 필요하다. 일상의 작고 사소한 행위들이 감정적 신호가 된다는 점에서, 이웃과의 관계는 가장 은밀한 심리전장이자 자존감의 거울이다.

민원과 마찰 — 문제 제기의 심리적 리스크

이웃 사이의 갈등은 소음, 주차, 분리수거, 층간 진동 같은 작고 반복적인 불편에서 발생한다. 하지만 이를 직접적으로 항의하거나 민원 제기를 하는 일은 심리적으로 큰 부담이 따른다. 이는 **'불편한 진실'**을 말함으로써 관계가 깨어질 것을 우려하는 감정적 회피의 심리 때문이다. 이때 사람들은 직접 대면보다 제3자나 제도에 의존하거나, 암묵적 비난을 통해 감정을 표현한다.

C씨는 윗집의 야간 소음에 지속적으로 고통을 느꼈지만, 얼굴을 아는 사이였기에 차마 직접 말하지 못했다. 대신 관리사무소에 익명으로 민원을 넣었고, 윗집은 **"누가 그랬는지 안다"**며 감정적 적대감을 보였다. 결국 인사는커녕 엘리베이터에서도 눈을 마주치지 않게 되었고, 관계는 회복되지 않았다. 불만의 표현은 했지만, 신뢰는 사라졌다.

이웃과의 갈등은 내용보다 방식이 핵심이다. 정중하면서도 구체적으로 표현하는 **'비판 없는 요청'**은 갈등을 최소화한다. 예컨대 "밤 11시 이후 조용히 해주시면 감사하겠습니다"라는 문구는 '비난'이 아닌 '공존 요청'으로 작동한다. 감정적 대립이 아닌 심리적 설득의 기술이 이웃 관계의 핵심 전략이 되어야 한다.

가깝고도 먼 관계 ― 정중함과 경계 사이의 줄다리기

이웃은 지나치게 가깝지도, 완전히 멀지도 않은 애매한 거리에 있는 관계다. 이로 인해 인간은 이 관계에서 **'적절한 경계'**를 유지하려는 심리적 긴장을 지속한다. 과도한 친밀은 부담을 낳고, 지나친 무관심은 단절로 이어진다. 따라서 이웃과의 심리전은 정중함과 거리두기, 관심과 사생활 보호 사이의 줄타기로 이루어진다.

D씨는 옆집에서 이사를 왔다는 말을 듣고 떡을 준비해 인사했다. 옆집 주민은 고마워했지만, 이후 지나칠 때마다 D씨에게 "이번 주는 장을 어디서 보셨어요?", "애는 학원 어디 다녀요?" 등 사소한 질문을 이어갔다. D씨는 처음엔 좋았지만 점점 피로감을 느끼기 시작했고, 결국 피하기 시작하면서 관계는 멀어졌다. 정중함은 의도가 좋더라도 방식과 빈도가 문제일 수 있다.

이웃과의 관계는 적절한 **'심리적 거리'**를 유지하는 것이 핵심이다. 정중하되 사생활은 존중하고, 필요 시 도움을 주되 지나친 개입은 삼가는 균형 감각이 필요하다. 과도한 접근은 친절을 넘어 통제감으로 느껴질 수 있으며, 무관심은 냉소로 오해될 수 있다. 이웃은 '서로 지켜주는 거리' 속에서 신뢰가 자라는 관계다.

제 5부

사회와 권력 속 심리전
─정치, 이념, 리더십, 스포츠 심리전

제14장

정치와 대중의 심리전
─ 감정조작으로 표를 얻다

1. 감정 정치의 본질 ─ 논리가 아닌 감정을 사로잡다

정치는 단순한 정책 제안이나 이념 대립의 싸움이 아니다. 그것은 대중의 감정을 설계하고 조직하는 감정의 무대다. 후보자나 정당은 논리적 주장보다 감정적 공감을 통해 대중을 끌어당긴다. 선거 메시지는 사실보다 인상, 약속보다 이미지가 중요하게 작용하며, 유권자는 자주 분노, 불안, 희망, 공포 등 특정 감정에 의해 투표를 결정한다. 감정의 정치란, 말 그대로 정치를 통해 감정을 관리하고, 감정을 통해 정치적 방향을 이끄는 심리전의 핵심 전략이다.

감정의 선점 ─ 불안과 희망을 설계하는 전략

감정은 대중을 가장 빠르게 움직이게 만드는 정치적 자원이다. 불안은 경계심을, 희망은 지지를, 분노는 결집을 유도한다. 정치인은 특정 감정을 자극해 자신에게 유리한 프레임을 만든다. 이를 **"감정 프레임 설계"**라 하며, 이는 메시지의 논리보다 먼저 작동해 대중의 주의를 끌고 행동을 유도한다. 감정은 인지보다 빠르고, 선동보다 깊게 작동한다.

2022년 프랑스 대선에서 극우 정치인 마린 르펜은 "이민자에 의한 프랑스 가치의 붕괴"라는 메시지를 반복했다. 이는 사실 확인보다 "문화적 불안감"을 선점하려는 전략이었고, 실제로 중도 유권자 일부가 르펜에게 표를 던졌다. 반면, 마크롱은 "포용과 안정"이라는 희망의 메시지를 강조해 양측은 **"불안 vs. 희망"** 이라는 감정 대립 구도를 형성했다. 결과는 희망을 더 설득력 있게 만든 쪽의 승리였다.

정치 메시지는 감정을 설계하는 전략이어야 한다. 단순히 정보를 전달하는 것을 넘어서, 유권자가 지금 무엇을 두려워하고, 무엇을 기대하는지를 먼저 읽어야 한다. 그 다음은 그 감정의 본질을 정확히 짚어주는 단어, 표현, 혹은 구호(슬로건) 설명해 주어야 한다. 사람들이 막연하게 느끼던 불안과 분노를 정확한 언어로 표현해 주는 정치인, 바로 그런 사람이 감정의 지도자가 된다. 선거 전략은 결국, 누가 먼저 유권자의 감정을 읽고, 그것을 말로 명확히 표현해 주는가에 달려 있다.

이미지 정치 — 시각화된 감정 유도

정치적 메시지는 시각 이미지와 결합될 때 감정적 효과가 극대화된다. 대중은 후보자의 발언보다 표정, 의상, 배경, 영상 분위기 등을 통해 감정적 판단을 내린다. 이러한 이미지 정치는 감정을 인지보다 앞서 자극하며, 정치인을 하나의 **'상징적 존재'** 로 포장한다. 미디어 시대의 정치인은 단순한 인물이 아닌 감정 콘텐츠가 된다.

버락 오바마는 대선 당시 희망(HOPE)이라는 단어와 함께 파란색, 붉은색이 교차된 단순한 초상 이미지를 전략적으로 활용했다. 이 이미지는 복잡한 정책 설명 없이도 **"변화와 희망"** 이라는 감정을 즉각적으로 전달했고, SNS를 통해 확산되며 젊은 층의 열렬한 지지를 이끌어 냈다. 단순하고 반복 가능한 시각 메시지는 이성보다 감정에 빠르게 침투했다.

정치 캠페인은 논리 설득보다 이미지 설계에 더 많은 전략을 투자해야 한다. 정제된 언어와 함께 시각적 일관성, 감정적 동조를 유도할 수 있는 장면 연출이 필요하다. 유권자 역시 이미지에 휩쓸리지 않고, 그 감정 유도 효과를 인식하려는 미디어 감수성이 중요하다. 이미지 정치는 현대 선거의 핵심 감정전이며, 시각은 메시지보다 먼저 기억된다.

정치적 서사 — 감정의 이야기로 유혹하다

인간은 정보보다 이야기에 더 강하게 반응한다. 정치적 서사는 후보자와 유권자 사이에 감정적 연결고리를 만들고, 공감과 정체성 동일시를 유도한다. '우리의 이야기', '**공동의 상처**', '**함께 이겨낸 역사**' 같은 집단 서사는 대중의 감정 에너지를 동원하는 효과적 심리전이다. 서사는 정체성의 언어이며, 지지의 심리적 정당성을 부여한다.

노무현 대통령은 후보 유세 때마다 자신의 가난했던 유년기와 노동자 시절의 경험을 강조하며, 국민과의 공감대를 형성했다. 그는 이를 바탕으로 "**기득권을 바꾸겠다**"는 메시지를 반복했고, 이는 단순한 정책이 아닌 하나의 감정 서사로 대중의 지지를 모았다. 많은 유권자는 그의 정책보다 '이야기'에 감동했고, 결국 그가 정권 교체의 상징으로 인식되었다.

선거에서는 논리보다 감정을 자극하는 이야기가 더 큰 힘을 가진다. 하지만 유권자는 이런 감정 중심의 스토리텔링을 무조건 믿기보다, 그 이야기를 들을 때 자신이 어떤 감정에 이끌리고 있는지를 스스로 인식할 필요가 있다. 감정을 자극하는 이야기에는 설득력이 있지만, 그만큼 현실을 왜곡하거나 진실을 감추는 위험도 따르기 때문이다. 결국 선거에서 이기는 사람은 가장 논리적인 설명을 한 사람이 아니라, 가장 많은 사람의 감정을 건드린 이야기를 한 사람이다.

2. 선거는 감정의 싸움 — 여론의 파도 위를 타는 기술

선거는 이념보다 감정의 흐름에 더 민감하게 반응한다. 여론은 정보에 의해 움직이기보다, 그 순간 대중이 무엇을 느끼는지에 따라 출렁인다. 한 편의 말실수, 한 장의 사진, 한 줄의 문장이 여론을 뒤흔들 수 있는 이유는 그것이 대중의 감정을 자극하고 상상력을 증폭시키기 때문이다. 감정은 개인 차원이 아닌 집단의 에너지로 변할 때 선거의 판세를 바꾼다. 이 항에서는 선거가 어떻게 감정의 흐름을 타고 움직이는지를 분석한다.

말실수와 공격 프레임 — 감정 폭발 유도하기

선거 과정에서의 말실수는 단순한 언어적 실수가 아니라, 상대에게 감정적 반응을 일으키는 촉매제다. 공격 프레임은 이런 실수를 확대해 "분노", "조롱", "배신감" 같은 감정을 불러일으킨다. 정치 커뮤니케이션에서는 이를 **"상징적 유발 효과"**라 하며, 말 한마디가 전체 후보의 이미지로 일반화되는 심리 작용이 발생한다.

2024년 4월 제22대 국회의원 후보가 유세 중 "국민은 몰라도 돼"라는 발언을 했다가, 즉시 상대 정당이 이를 확대 재생산하며 **"국민 무시"** 프레임을 형성했다. 해당 발언은 잘려진 문장이었지만, 대중은 분노했고 SNS에서 조롱성 콘텐츠가 확산되었다. 결국 여론조사 지지율은 며칠 새 급락했고, 선거 결과에 직결되었다.

정치인은 발언 시 감정적 파급력을 고려해야 하며, 정제된 언어보다도 "어떻게 들릴 것인가"를 예측하는 감정 민감도가 필요하다. 유권자 또한 정보의 사실성 못지않게, 자신의 감정 반응이 조작되고 있는지를 의식해야 한다. 선거는 말로 이기는 게 아니라, 사람들의 감정을 흔들고 마음을 어느 쪽으로 끌어당기느냐가 중요하다. 감정이 흔들리면, 표심도 따라 움직인다.

밈과 풍자 정치 — 감정을 퍼뜨리는 디지털 심리전

밈(meme)은 특정 이미지를 반복적으로 재가공하는 디지털 표현 수단으로, 정치적 메시지를 감정적으로 전달하는 데 매우 효과적이다. 밈은 유머, 조롱, 풍자 등을 통해 강력한 감정 반응을 유도하며, 대중이 정보를 비판적 사고 없이 소비하게 만든다. 특히 SNS에서는 밈이 정보보다 빠르게 확산되며, 여론 형성에 정서적 프레임을 제공한다. 이는 현대 정치에서 '디지털 심리전'의 핵심 무기로 기능한다.

2020년 미국 대선 당시, 조 바이든은 여러 차례 말실수를 하며 대중의 주목을 받았다. 특히 한 연설에서 **"우리는 사실보다 진실을 선택한다"**는 다소 혼란스러운 발언이 나오자(We choose truth over facts), 이 장면은 곧바로 편집된 밈(meme)으로 빠르게 확산되었다. 그의 고령과 인지력에 대한 의심은 이 밈을 통해 과장되고 반복되었고, 보수 진영은 이를 **"슬리피 조**(Sleepy Joe)"라는 조롱 프레임에 적극 활용했다.

반면 도널드 트럼프는 자신의 과장된 제스처, 돌발 발언, 얼굴 표정이 '밈'으로 재탄생되며 오히려 지지층의 정서적 결집과 유쾌한 소비 대상으로 작용했다. 트럼프 지지자들은 그의 일탈적 언행을 밈으로 만들고 공유하면서 '정치적으로 올바른 척하지 않는 솔직함'이라는 이미지로 재해석했다. 결국 밈은 단순한 유머가 아니라, 정치적 감정 전쟁의 무기가 되었고, 일부 유권자들의 판단과 태도에 실질적인 영향을 미쳤다.

　오늘날 정치인은 더 이상 메시지의 흐름을 완전히 통제할 수 없다. 특히 SNS와 온라인 커뮤니티에서는 밈과 같은 비공식 콘텐츠가 대중 감정의 흐름을 주도하며, 전통적 뉴스보다 더 강한 영향력을 발휘한다. 밈은 정보를 전달하는 수단이 아니라, 감정을 퍼뜨리는 장치이기 때문이다. 누군가의 실수는 조롱의 대상으로, 한마디 말은 영웅적 이미지로 탈바꿈될 수 있다.

　바이든의 말실수처럼, 단편적인 장면 하나가 편집되어 퍼지면 전체 맥락은 사라지고, 특정 감정만 증폭된다. 그 감정이 조롱이든 연민이든, 결국 정치적 인식을 왜곡할 수 있다. 반대로 트럼프의 밈은 지지층에게는 '우리만 아는 코드'처럼 소비되며 정서적 유대감을 강화하는 효과를 낳았다.

　따라서 유권자는 단순히 밈이 주는 재미나 쾌감에만 빠지지 않고, 그 콘텐츠가 만들어지고 유통된 맥락과 의도를 함께 읽는 정보 감별력이 필요하다. SNS 시대의 선거는 논리나 정책의 경쟁이 아니라, 감정을 누가 더 창의적으로 유통시키느냐의 싸움이다. 정치는 더 이상 뉴스룸에서만 벌어지지 않는다. 이제는 댓글창, 영상 편집기, 그리고 밈을 통해 유쾌한 조롱과 전략적 이미지 조작이 교묘하게 교차하는 심리전의 장(場)이 되어가고 있다.

여론조사와 밴드왜건 효과 — 다수의 감정에 편승하는 심리

　밴드왜건 효과(Bandwagon Effect)는 사람들이 다수가 지지하는 대상에 나도 모르게 따라가는 심리를 뜻한다. "다른 사람들이 저 후보를 좋아한다면, 뭔가 이유가 있겠지"라는 생각이 생기고, 어느새 자신도 그 흐름에 편승하게 된다. 특히 선거 때는 여론조사가 단순한 숫자가 아니라, 감정의 흐름을 만들고 '이길 것 같은 사람'에 대한 기대감을 키우는 도구가 된다.

많은 유권자들이 이성적으로 판단한다고 믿지만, 실제로는 주변의 선택이나 분위기에 영향을 받는다. 지지 후보가 딱히 없거나, 아직 결정을 내리지 못한 부동층일수록 이런 감정의 파도에 쉽게 휩쓸린다. 결국 여론조사는 정보를 알려주는 동시에, 어느 쪽에 서는 게 '이기는 편'인지를 암시하는 신호처럼 작용한다.

한 지방선거에서 A후보는 초반까지 인지도가 낮아 크게 주목받지 못했다. 그런데 선거 2주 전, 방송 3사 공동 여론조사에서 A후보가 선두에 올랐다는 뉴스가 보도되자 분위기가 급변했다. 지역 커뮤니티에는 "요즘 A가 뜨고 있대", "괜히 표 버리지 말고 이쪽에 몰아주자"는 말이 돌기 시작했고, 친구들끼리도 "그 사람 찍을까 봐" 하는 대화가 늘어났다.

며칠 뒤 발표된 다른 여론조사에서도 A후보는 계속 상승세를 보였고, 경쟁 후보는 존재감이 점점 약해졌다. 실제 투표 결과, A후보는 초반 예상보다 훨씬 큰 격차로 당선되었다.

정치인에게 여론조사는 그냥 숫자가 아니다. 유권자의 감정을 움직이는 흐름의 시작점이다. 그래서 어떤 후보들은 초반 여론조사에서라도 앞서기 위해 온갖 자원과 전략을 쏟아붓는다. 한 번 흐름을 타면, 그 감정이 증폭되면서 실제 표로 연결되기 때문이다.

반면 유권자 입장에서는 숫자에만 반응하는 감정의 소비자가 되지 않으려는 자각이 필요하다. "다들 찍는다니까"라는 이유만으로 선택하지 않고, 자신의 가치와 믿음에 맞는 후보를 선택하는 감정적 독립성이 중요하다. **여론은 언제든 흐르고 변한다.** 그 흐름에 타는 것보다, 흐름의 방향을 스스로 판단하는 것이 더 주체적인 정치 행위다. 선거는 숫자의 싸움이 아니라, 감정의 싸움이고, 그 감정을 누가 더 크게 흔드느냐의 싸움이기도 하다.

3. 포퓰리즘과 대중 유혹 — '우리'의 이름으로 포장

포퓰리즘은 단순한 정치 전략이 아니라, 대중의 감정에 기대는 강력한 심리전이다. 포퓰리스트 정치인은 '엘리트 vs. 순수한 국민'이라는 이분법을 설정하고, 분노, 불신, 소외감 등의 감정을 조직해 지지를 얻는다. 이들은 **'우리'**라는 집단 정체성을 강조하면서 사회적 불안과 박탈감을 하나의 정치적 언어로 포장한다. 포퓰리즘은 합리적 정책 제안보다는 감정적 동원과 정체성 호소를 통해 작동하며, 정치의 감정화를 극단적으로 드러내는 현상이다.

우리와 그들 — 이분법으로 감정 결집하기

포퓰리즘의 핵심 전략은 세상을 **'우리 vs. 그들'**로 나누는 이분법적 프레임이다. 이 구조는 불만과 불안을 느끼는 대중에게 공동의 적을 만들어주며, '우리'라는 감정적 정체성을 강화시킨다. 심리학적으로 집단 정체성이 강화될수록 외부 집단에 대한 경계와 혐오감도 증폭된다. 정치적 메시지는 이분법을 통해 복잡한 현실을 단순하게 재구성하고, 감정적으로 설득력을 높인다.

헝가리의 오르반 총리는 반이민 정서를 정치적으로 활용하며, 유럽연합(EU)과 국제 엘리트를 '우리 헝가리인들의 이익을 해치는 외부 세력'으로 규정했다. **"국경은 우리의 생존선"**이라는 메시지는 단순했지만 강력한 감정 호소였고, 실제로 다수 국민은 '우리'를 지키기 위해 강력한 정책을 지지했다.

포퓰리즘의 언어는 감정을 단순화하고, 현실을 선악 구도로 만든다. 유권자는 정치적 메시지가 '누구를 배제하려는가'를 비판적으로 살펴야 하며, 감정적으로는 설득되더라도 그 구조가 갈등을 재생산하고 있는지 의식해야 한다. '우리'라는 말이 언제, 누구를 위해 쓰이는지를 묻는 태도가 심리전 방어의 출발점이다.

희생자 서사 — 피해 감정을 자산으로 전환

포퓰리즘은 대중을 피해자로 설정하여 감정적 우위를 확보하는 전략을 구사한다. "우리는 무시당했고, 빼앗겼고, 억눌렸다"는 서사는 분노와 정당성을 동시에 생성한다. 이는 '도덕적 피해자 프레임'으로 작동하며, 심리적으로는 연민과 복수심을 동시에 자극하는 효과가 있다. 피해자 서사는 공동체를 결속시키는 정서적 자산이 되기도 한다.

도널드 트럼프는 Rust Belt 지역 노동자들을 **'세계화의 희생자'**로 묘사하며, "워싱턴은 여러분을 배신했다"는 반복 메시지를 던졌다. 이러한 감정적 서사는 정책의 복잡성을 제거하고, 감정적 명분을 제공했다. 실제로 이 지역 유권자들은 트럼프를 '내 편을 들어주는 사람'으로 인식하며 강력한 지지를 보냈다.

감정은 정치적 자산이 될 수 있다. 그러나 피해 감정이 오랫동안 유지되면, 현실 인식이 왜곡되고 과도한 적대감으로 이어질 수 있다. 유권자는 자신이 동의하는 정치 언어가 **'희생자의 감정'**을 반복적으로 호소하고 있는지, 그 감정이 어떤 방향으로 동원되고 있는지를 점검해야 한다. 감정의 공유는 필요하지만, 그것이 선동의 연료로만 사용될 땐 경계해야 한다.

강한 리더 신화 — 감정의 구원자로 작동하다

포퓰리즘은 종종 **'강한 리더'**에 대한 열망을 동반한다. 대중은 불안과 혼란 속에서 확신을 주는 인물을 구원자로 설정하며, 그 리더에게 감정적으로 의존하게 된다. 이러한 리더는 감정적 안정감을 주고, 문제를 단순하게 해결해 줄 것이라는 기대감을 제공한다. 이는 정치적 리더십이 아니라 심리적 구조에서 비롯된 리더 숭배 현상이다.

필리핀의 두테르테 대통령은 마약 범죄에 대한 강력 대응을 통해 '국가를 구하는 결단력 있는 인물'로 자리 잡았다. 그의 거친 언행과 비민주적 발언조차도 '솔직하고 믿을 수 있는 사람'이라는 감정적 인상을 형성하며 지지를 받았다. 유권자들은 두테르테를 정치인이라기보다 자신들의 불안을 해소해줄 존재로 여겼다.

강한 리더에 대한 감정적 지지는 때로 민주주의의 견제 장치를 약화시킨다. 유권자는 자신이 신뢰하는 인물이 문제를 단순화하고 감정을 동원할 때, 그것이 현실을 얼마나 정확하게 반영하는지를 되돌아봐야 한다. 리더는 감정을 진정시키는 사람이 아니라, 복잡한 현실을 함께 분석하는 존재여야 한다. 감정의 위로만으로는 정치가 작동하지 않는다.

제15장

이념과 프레임 — 생각을 설계하는 심리전

1. 감정으로 작동하는 이념 — 정치적 태도의 감정적 기반

인간은 이념을 머리로만 이해하지 않는다. 오히려 우리는 이념을 통해 정서적 안전감, 소속감, 분노의 해소처를 찾는다. 진보와 보수라는 거대 틀은 논리의 대립이 아니라, 각기 다른 감정의 지도 위에 존재한다. 보수는 안정과 질서를 원하는 감정에 호소하고, 진보는 변화와 정의를 향한 기대와 분노를 자극한다. 이러한 감정 기반은 정치적 판단과 사회 인식에 깊이 관여하며, 심리전의 중요한 경로로 작동한다. 이 항에서는 이념이 감정을 통해 작동하는 구조와, 대중의 정치적 태도가 어떻게 정서적으로 조작되는지를 분석한다.

감정으로 설계된 이념 — 소속감과 불안의 지도

이념은 세상을 바라보는 감정의 지도다. 사람들은 보수나 진보 같은 정치적 입장을 선택할 때, 논리적 분석보다 '이 입장이 나를 안전하게 해주는가', '나와 같은 감정을 공유하는가'에 따라 반응한다.

2001년 9월 11일, 미국 뉴욕과 워싱턴에서 발생한 동시다발적 테러는 단지 수천 명의 희생만을 초래한 것이 아니라, 미국 사회 전체의 감정 구조를 뒤흔든 사건이었다. 그날 이후 미국인들은 극심한 공포와 분노를 동시에 경험했다. 이 감정은 단순한

'안보 위기'로만 해석되지 않았다. 사람들은 "왜 이런 일이 벌어졌는가"보다 "이제 누가 우리를 지켜줄 것인가"를 더 절박하게 물었다.

이 심리적 배경 속에서 등장한 것이 바로 '**애국법(Patriot Act, 2001)**'이다. 애국법은 테러 위협에 대응한다는 명분 아래, 미국 정부가 개인의 통화 기록, 이메일, 금융 정보, 도서관 이용 내역까지도 광범위하게 감시할 수 있는 권한을 부여한 법이다. 시민의 사생활과 표현의 자유를 침해한다는 비판이 거셌지만, 당시 대다수 미국인은 이러한 감시가 오히려 "국가가 나를 지켜주고 있다"는 심리적 안정감을 주는 조치로 받아들였다.

우리는 종종 자신이 지지하는 정당이나 정치인의 입장을 이념이나 가치관에 따라 선택했다고 믿지만, 실제로는 그 메시지가 자신의 감정—불안, 분노, 외로움, 소속 욕구—에 얼마나 잘 호응하는가에 따라 끌리게 되는 경우가 많다.

언어와 상징의 프레임 — 감정을 재구조화하다

프레임은 같은 사실을 다르게 보게 만드는 인식 장치다. 사람은 정보를 감정적 맥락 안에서 해석하며, 언어는 그 감정을 재구조화한다. 예를 들어 '탈북자'와 '북한 이탈 주민', '**정리해고**'와 '**구조조정**'이라는 단어는 같은 현상을 지칭하면서도 전혀 다른 정서적 반응을 유도한다. 프레임은 사실보다 감정을 먼저 건드리고, 판단을 유도하는 심리전의 언어 전략이다.

한국의 한 정치인은 고령층 복지 확대를 설명하며 "어르신들을 공경하는 전통을 계승한다"는 표현을 사용했다. 반면 야당은 같은 정책을 두고 "노인 표심을 겨냥한 포퓰리즘"이라 비판했다. 이는 동일한 정책을 '공경'이라는 긍정적 감정과 '조작'이라는 부정적 감정으로 프레이밍한 대표 사례다. 대중은 감정의 흐름에 따라 같은 사안을 전혀 다르게 수용했다.

프레임은 단어 선택, 이미지 배치, 강조 순서 등 감각적 요소를 통해 대중의 감정 구조를 설계한다. 유권자는 정보를 수용할 때 그 내용뿐 아니라 '그것이 어떤 감정을 유도하고 있는가'를 인식해야 한다. 언어가 감정을 유도하고 감정이 판단을 왜곡할 수 있다는 점에서, **프레임**은 정보전이 아니라 감정전의 무기다. 판단력을 유지하기 위해서는 단어에 숨어 있는 감정 유도를 읽어내야 한다.

정체성 정치와 심리전 ― 설득이 아닌 방어의 전장

현대 정치에서 이념 갈등은 개인의 신념이 아니라 정체성과 직결된 심리전이다. 특정 이념은 단순한 의견이 아니라 **'나 자신'**을 상징하게 되며, 공격받으면 존재 자체가 부정당한 것처럼 느껴진다. 이는 정치적 의견 충돌이 설득의 장이 아니라, 심리적 방어와 공격의 장으로 변질되는 원인이다. 이념 갈등이 극단화되는 배경에는 감정적 동일시가 있다.

브렉시트 국민투표에서 "우리는 통제권을 되찾는다"는 말은 단순히 경제 문제를 넘어서, 영국이 다시 자기 결정권을 가지자는 뜻이었다. 사람들은 더 이상 외국(유럽연합)이 법이나 정책을 좌우하게 두지 않고, 우리 스스로 이민 정책, 무역 조건, 법의 기준을 정하자는 생각에 열광했다. 이 말은 "우리는 더 이상 남의 규칙에 휘둘리지 않겠다"는 감정의 외침이었고, 이것이 영국인이라는 정체성과 자부심을 자극했다.

정치에서 누군가를 설득하려면, 먼저 그 사람의 감정과 정체성을 인정해줘야 한다. "왜 그렇게 생각하냐"며 따지기 전에,

"왜 그렇게 느끼는지"를 묻는 것이 더 효과적이다. 논리로 따지고 들면, 상대는 마음을 닫고 방어하게 되고, 결국 말이 끊긴다. 특히 이념이 갈리는 문제일수록, 옳고 그름을 따지기보다, **서로의 감정을 이해하려는 태도가 대화의 시작점이다.**

심리전이 감정을 자극해서 시작되듯, 정치적 설득도 결국 상대의 감정에 공감하는 데서부터 시작되어야 한다. 그 공감이 쌓일 때, 비로소 논리도, 대안도 마음속에 들어간다.

2. 프레임의 힘 — 같은 현실, 다른 감정 만들기

우리는 세상을 있는 그대로 본다고 생각하지만, 사실은 그 이야기가 어떻게 포장되어 전달되느냐에 따라 다르게 느끼게 된다. 같은 사실도 어떤 단어를 쓰고, 어디에 초점을 맞추는지에 따라 전혀 다른 감정이 생긴다.

예를 들어, **"복지 확대"**라고 하면 따뜻하고 좋은 느낌이 들지만, 같은 정책을 **"세금 부담 증가"**라고 표현하면 불안과 반감이 생길 수 있다. 이런 방식이 바로 프레임(frame)이다. 그래서 프레임은 단순히 설명하는 말이 아니라, 사람들의 감정과 생각을 움직이는 심리적 장치, 일종의 감정 조작 도구라고 할 수 있다. 이 항목에서는, 왜 프레임이 강력한 설득력이 있는지, 그리고 어떻게 사람들을 갈라놓거나 한쪽으로 몰아가게 만드는지를 살펴본다.

뉴스 프레임 — 단어와 강조 순서가 만든 감정

뉴스 보도에서 프레임은 사건 해석의 기본 틀이 된다. 같은 사실도 어떤 단어로 설명되고 어떤 순서로 전달되느냐에 따라, 전혀 다른 감정을 유발할 수 있다. 인간의 정보처리는 감정과 밀접하게 연결되어 있으며, 프레임은 사건의 본질보다 감정적

인상을 통해 판단을 유도한다. 특히 반복적으로 사용되는 표현은 감정 습관까지 형성시킨다.

한 미디어에서는 대규모 시위를 "**시민의 정의로운 외침**"으로 보도했고, 다른 채널에서는 "**불법 폭력 사태**"로 다뤘다. 같은 장면이었지만, 전자는 연대감과 정당성을, 후자는 위협과 반감을 유도했다. 이런 프레임 차이는 시청자의 감정적 반응을 분열시켰고, 같은 사실을 놓고도 극단적으로 다른 정치적 입장을 형성하게 만들었다.

뉴스를 접할 때 독자는 단지 '무슨 일이 일어났는가'가 아니라, '어떤 감정을 유도하고 있는가'를 함께 읽어야 한다. 헤드라인, 사진, 강조된 문장 등에 담긴 감정적 유도를 파악하는 훈련은 정보 소비자의 심리전 방어력이다. 프레임을 비판적으로 해석하는 능력은 곧, 감정을 도구로 삼는 선동에 저항하는 가장 실질적인 전략이 된다.

통계와 숫자의 프레임 — 객관성의 감정 조작

숫자와 통계는 객관적인 것처럼 보이지만, 프레임 안에서 제시될 때 강력한 감정 유도 도구가 된다. 같은 수치도 강조점과 비교 방식에 따라 희망, 위기, 불안 등 전혀 다른 인상을 남긴다. 숫자는 설득력이 강하기 때문에, 감정을 은폐한 채 정서적 설득을 수행하는 '**합리의 탈을 쓴 감정 언어**'로 작동할 수 있다.

정부가 실업률 5%를 발표했을 때, 여당은 "**95% 고용 달성**"이라 홍보했고, 야당은 "**실업자 수 100만 명 돌파**"라며 비판했다. 숫자는 동일했지만, 프레임에 따라 유권자에게 주는 감정적 인상은 정반대였다. 언론 보도도 이를 그대로 수용해 정권에 대한 이미지 형성에 감정적 편향을 가했다.

통계를 볼 때는 그 수치 자체보다 그것이 어떻게 표현되고 있는지를 파악해야 한다. '몇 퍼센트인가'보다 '어떤 맥락에서 제시되었는가'를 분석하는 능력이 중요하다. 숫자는 중립적일 수 있지만, 표현 방식은 감정을 유도할 수 있다. 심리전은 감정을 표면화하지 않고도, 숫자라는 프레임을 통해 인식을 조작할 수 있다.

이미지와 상징 ― 시각의 감정 설계

시각 이미지와 상징은 감정을 직접적으로 자극하는 프레임 장치다. 특히 정치와 마케팅에서 이미지 배치는 정보보다 빠르고 강력하게 감정에 작용한다. 사진, 색상, 인물 배치, 영상 효과 등은 감정적 해석을 유도하고, 기억 속에 각인되며 설득 효과를 배가시킨다. 이른바 **시각적 프레이밍**'은 무의식적 감정전이다.

한 대선 후보가 유세장에서 늘 붉은색 계열의 배경과 군중 이미지를 사용한 반면, 상대 후보는 푸른 계열과 고요한 인물 클로즈업을 선택했다. 전자는 '힘, 열정, 민중'의 감정을, 후자는 '신뢰, 안정, 품격'의 이미지를 전달했다. 정책 설명보다 이미지의 인상이 유권자의 호감을 결정짓는 주요 요인이 되었다.

이미지를 해석할 때는 그 배경, 색상, 인물의 표정, 카메라 앵글까지 감정 유도의 요소임을 인식해야 한다. '보기 좋은 장면'이 아니라 **무엇을 느끼게 하려는가**'를 묻는 태도가 필요하다. 시각은 이성보다 먼저 반응하고, 감정은 그 반응에 따라 판단을 뒷받침한다. 이미지 프레임은 현대 심리전에서 가장 은밀하면서도 강력한 무기다.

3. 대중 감정과 이념 갈등 ― 정체성의 심리전

이념 갈등은 단순히 정책을 둘러싼 논쟁이 아니라, 각자의 삶의 방식과 감정 세계가 충돌하는 심리적 전장이다. **사람들이 정치적 입장을 바꾸기 어려운 이유**는 그것이 곧 자신이 살아온 경험, 배운 가치, 속한 집단과 연결되어 있기 때문이다. 이념은 단순한 의견이 아니라 정체성의 일부가 되며, 비판받을 때 개인적 존재가 위협받는 감정을 유발한다. 이 항에서는 감정이 어떻게 이념 대립을 심화시키고, 사회적 통합과 갈등을 좌우하는지를 탐색한다.

감정 기반 정체성 — 왜 설득이 통하지 않는가

우리는 흔히 "논리적으로 잘 설명하면 상대가 설득될 것"이라고 생각하지만, 실제로는 그렇지 않은 경우가 많다. 왜냐하면 사람들은 어떤 정치적 입장을 단순한 '의견'이 아니라, 자기 감정과 연결된 **'내 편'**, **'내가 누구인지'**와 관련된 것으로 받아들이기 때문이다.

어떤 이념이나 생각에 오랫동안 익숙해지면, 그것은 단지 생각의 틀이 아니라 자기 정체성의 일부가 된다. 그래서 그 입장을 비판당하면, 논쟁을 하는 게 아니라 자신을 부정당한 느낌을 받게 된다. 이럴 땐 논리가 아무리 맞아도, 사람은 설득되지 않고 오히려 더 방어적이 되고 반발하게 된다. 설득이 통하지 않는 이유는 논리 때문이 아니라 감정 때문인 경우가 많다.

한 지역의 공청회에서 **'다문화 포용 정책'**에 대한 발표가 있었다. 발표자는 "다양성을 수용하는 사회가 필요하다"고 주장했지만, 일부 주민들이 강하게 반발하며 자리를 박차고 나갔다. 겉으로 보면 단순한 정책 반대 같았지만, 사실 그들은 "우리 지역의 익숙한 질서와 방식이 무너질까 봐" 두려웠던 것이다. 그 정책이 자신들의 생활방식, 가치관, 심지어는 자존심을 흔든다고 느낀 것이다. 결국 논의는 서로의 의견을 교환하는 자리가 아니라, "우리 대 너희"의 감정 싸움으로 번졌고, 어떤 타협도 이뤄지지 못한 채 끝나버렸다.

누군가의 생각을 바꾸고 싶을 때, 논리로만 밀어붙이면 오히려 역효과가 날 수 있다. 왜냐하면 상대는 그 생각을 '자기 자신'처럼 여길 수 있기 때문이다. "그건 틀렸어"라고 말하는 건 "너는 틀렸어"로 들릴 수 있다.

그래서 설득을 하고 싶다면 먼저 그 사람의 감정을 인정해주는 태도가 필요하다. **"당신이 그렇게 느끼는 건 이해해요"**라는 한마디가 때로는 백 마디 설명보다 더 효과적이다. 감정을 무시하지 않고, 공감의 눈으로 바라보는 자세가 설득의 시작이다.

정치나 이념의 대화는 결국 "누가 옳으냐"를 가리기보다는, "당신의 감정도 내가 알아요"라고 말해주는 순간에 갈등의 실마리가 풀릴 수 있다. 사람은 논리보다 감정에 먼저 반응하기 때문이다.

감정의 양극화 — 언론과 SNS의 심리적 분할

요즘 우리가 사용하는 디지털 미디어는 사람들의 감정을 더 강하게 자극하는 방식으로 작동한다. 알고리즘은 내가 자주 보는 내용과 비슷한 의견만 자꾸 보여주게 만든다. 이처럼 비슷한 생각만 접하면서 다른 의견은 거의 보지 않게 되는 현상을 '**필터 버블**(filter bubble)'이라고 한다. 마치 정보의 거품 속에 갇혀 다른 시각을 차단당하는 것처럼 말이다. 그 결과, 사람들은 자기 생각에 더 확신을 가지게 되고, 반대 의견은 점점 더 불편하거나 위협적으로 느껴진다. 결국 사회는 서로 다른 생각을 가진 사람들이 대화하기 어려워지고, 감정이 갈라진 대로 분열되기 쉬워진다.

한 정치인이 특정 소수자를 비판하는 발언을 하자, SNS에서는 양 진영이 해당 발언을 두고 격렬한 감정 대결을 벌였다. 지지자들은 '속 시원하다', '용기 있다'는 감정을 공유하며 결속했고,

반대자들은 '혐오', '시대착오'라며 강한 정서를 표출했다. 이 과정에서 정책 논의는 사라지고, 감정적 정체성 대결만 남았다.

이념 갈등을 줄이기 위해선 단지 정보의 균형만이 아니라, 감정의 다양성을 이해하고 받아들이는 경험이 꼭 필요하다. 많은 사람들은 온라인상에서 자신과 비슷한 의견, 비슷한 감정에만 노출된다. 그 결과, 타인의 분노에는 쉽게 공감하지만, 타인의 불안이나 소외감에는 무관심해지기 쉽다.

특히 SNS 알고리즘은 사람의 감정을 자극하는 콘텐츠—분노, 혐오, 조롱—에 더 많이 노출되게 만든다. 같은 감정, 같은 분노, 같은 불안을 표현하는 콘텐츠만 계속 보다 보면, 사람들은 정치적 입장을 논리로 판단하지 않게 된다.
어느 순간, 누가 더 내 감정을 대변해 주는지, 어느 편이 내 마음을 잘 알아주는지가 중요해지고, 정치도 정답이 아니라 감정의 편 가르기처럼 느껴지게 된다.

결국 사회 통합은 모두가 같은 생각을 가져서가 아니라, 다른 감정을 가진 사람들도 함께할 수 있다는 확신이 있을 때 가능하다. 감정이 배제되지 않고, 불편한 감정조차도 이해받는 공간이 만들어질 때, **진영 대결이 아니라 공존의 전략으로 전환될 수 있다.** 감정의 양극화를 줄이는 일은 단순한 배려가 아니라, 사회적 생존을 위한 전략적 감정 관리이기도 하다.

갈등을 넘는 감정 설계 — 공감의 정치로 전환하기

정치적 설득은 이성적 논거보다 감정적 공감에서 더 큰 힘을 발휘한다. 사회적 통합은 공통의 분노가 아니라, 공통의 희망이나 연대의 감정을 설계하는 데서 출발한다. **공감의 정치**는 다양한 감정의 공존을 인정하고, 서로 다른 이념 속 감정을 다독이며 신뢰를 회복하는 구조다. 이는 감정을 쪼개는 심리전과 반대되는 방향의 전략이다.

핀란드는 2015년 이후 유럽 난민 위기와 맞물려 극우 정당인 **'핀란드인당'**이 급부상하면서 사회 갈등이 격화되었다. 일부 지역에서는 반이민 시위와 혐오 발언이 늘었고, SNS에는 감정적으로 과격한 언어들이 확산되었다. 이에 핀란드 정부는 단순히 법이나 제재로 대응하기보다, 사회 전체의 감정 언어를 바꾸는 시도에 나섰다.

가장 큰 변화는 언론 보도의 방식이었다. 단순히 갈등을 보도하는 것이 아니라, "왜 사람들이 분노했는가?", "이들의 불안은 어디서 비롯되었는가?"를 다루는 감정 맥락 중심의 기사와 다큐멘터리가 늘어났다. 예컨대, 난민 수용에 반대하는 시민을 무조건 '혐오 세력'으로 몰기보다, 그들의 생계 불안, 실직, 외로움 같은 배경을 함께 조명하는 보도가 많아졌다.

또한 교육부는 초·중등 교육 과정에 **'정서적 문해력**(emotional literacy)'을 강화했다. 학교에서는 '상대의 입장에서 말해보기' 훈련이나, 정치적 논쟁 상황에서도 서로의 감정을 먼저 묻는 '공감 대화법' 수업을 도입했다. 공공 커뮤니케이션에서도 "상대의 두려움에 먼저 귀 기울이자"는 메시지를 담은 포스터, 광고, 공공 캠페인이 대중적으로 확산되었다.

이념 갈등을 줄이기 위한 첫걸음은, 상대의 말보다 감정을 먼저 들어보려는 태도에서 시작된다. 공감은 단지 착하고 부드러운 태도가 아니라, 갈등을 분해하고 연결할 수 있는 전략적 감정 도구다.

결국, 이념 갈등은 정답 싸움이 아니라 감정의 방향 싸움이다. 공감할 수 있는 사람이 늘어날수록, 사회는 분열에서 연결로 전환될 수 있다. 감정을 설계한다는 것은 나와 타인의 사이에 다리를 놓는 일이며, 그것이야말로 심리전장에서 이기는 가장 좋은 기술이다.

제16장

리더십과 카리스마
— 권위를 만들어내는 감정 장치

1. 리더십은 심리의 설계다 — 감정을 이끄는 권위의 본질

리더십은 단순히 명령을 내리고 따르게 하는 구조적 권한이 아니다. 오히려 리더십은 대중의 감정을 조직하고, 공포를 안심으로, 분열을 연대로 전환시키는 심리적 설계 기술이다. 사람들은 리더의 결정보다 그의 감정 상태에 더 민감하게 반응하며, 감정을 안정시켜주는 존재를 신뢰하게 된다. 카리스마, 말의 분위기, 위기 대응 방식 등은 모두 **감정을 통제하고 설계하는 리더십의 수단**이다. 이 항에서는 리더십이 어떻게 감정을 매개로 권위를 구축하고, 대중을 설득하며 통합하는지를 심리전의 관점에서 분석한다.

카리스마의 심리학 — 감정의 구심력을 만드는 리더십

막스 베버는 카리스마를 "**비일상적인 초인적 자질에 대한 대중의 신념**"으로 정의했다. 하지만 실제 카리스마는 초자연적 자질이 아니라, 대중의 감정을 통합하고 집중시키는 '심리적 구심력'이다. 사람들은 불확실한 상황에서 확신을 주는 인물에게 감정적으로 의지하며, 이를 통해 리더는 상징화된다. 카리스마는 감정의 집중 효과이자 심리적 설계물이다.

프랑스의 샤를 드골은 제2차 세계대전 직후의 혼란기에도 '국가의 아버지'라는 이미지로 국민적 신뢰를 끌어냈다. 그는 직접적인 연설보다 상징적인 침묵과 절제된 언행으로 지도자의 위엄을 형성했으며, 감정적으로는 '우리의 마지막 지주'라는 인식을 심었다. 이처럼 카리스마는 언행의 강렬함보다 감정의 무게감에서 비롯된다.

조직이나 사회에서 리더가 신뢰받기 위해서는 정보 전달 능력보다 감정 조율 능력이 중요하다. 카리스마는 말의 기술이 아니라, **감정을 안심시키고 집중시키는 상징적 연출이다**. 대중은 감정적으로 안정을 느낄 때, 리더의 결정을 신뢰한다. 따라서 리더는 카리스마를 '타고나는 자질'이 아닌, 감정 설계의 결과물로 이해하고 훈련할 필요가 있다.

감정 통제와 리더의 언어 — 말보다 분위기 설계하기

리더의 말은 단순한 정보 전달이 아니라 감정 분위기를 조율하는 수단이다. 리더십 커뮤니케이션에서는 언어 내용보다 **말투, 타이밍, 침묵**'이 더 중요한 작용을 한다. 대중은 리더의 언어를 사실로만 받아들이지 않고, 그 말이 주는 감정적 안정감과 위기감의 정도로 반응한다. 감정을 통제하는 언어는 리더십의 핵심 역량이다.

뉴질랜드의 저신다 아던 총리는 코로나19 팬데믹 당시 "당신의 불안은 정상이지만, 우리는 함께 이겨낼 수 있습니다"라는 메시지를 반복했다. 그는 공포나 단호한 명령 대신, 따뜻하고 일관된 어조로 대중의 감정을 안정시켰다. 결과적으로 뉴질랜드는 높은 신뢰도 속에 사회적 혼란 없이 위기를 관리했다.

리더는 말의 내용보다 감정의 분위기를 설계해야 한다. 공식 발표, 위기 대응, 내부 회의에서도 감정적 일관성과 안정된 태도는 메시지의 신뢰도를 결정짓는다. 리더십 언어는 정보를 조직하는 능력보다, 감정을 설계하고 긴장을 낮추는 능력이 중심이 되어야 한다. 리더는 '말을 잘하는 사람'이 아니라, '감정을 안전하게 만드는 사람'이다.

위기 리더십 — 불안의 시대에 신뢰를 만드는 법

위기 상황에서는 감정의 안정이 최우선 과제가 된다. 리더는 불확실성과 공포를 해소할 수 있는 상징적 구심점으로 기능해야 하며, 이는 투명한 정보 제공, 일관된 태도, 신속한 대응, 공감적 소통 등 감정 중심의 리더십 전략을 필요로 한다. **위기 리더십**은 단호함과 공감, 희망과 현실 인식의 균형을 통해 작동한다.

2022년 우크라이나 전쟁 발발 이후, **젤렌스키 대통령**은 전시 중에도 키이우에 머무르며 국민과 실시간으로 소통했다. 전투복 차림으로 "나는 여기에 있습니다"라고 말한 영상은 국민에게 감정적 신뢰를 안겼고, 국제사회의 지지 여론도 강화시켰다. 이는 공포를 공감과 상징으로 이긴 리더십 사례로 평가받는다.

위기 속에서 리더는 정보 이전에 감정적 지지와 신뢰를 만들어야 한다. 감정을 안정시키는 리더십은 강한 명령이 아니라, 함께 있다는 신호, 감정을 이해하고 있다는 언어, 그리고 희망과 두려움을 동시에 수용하는 태도에서 나온다. 결국 이러한 리더십이야말로 구성원의 불안을 다독이고 안전을 회복시키는 중심 축이 되는 것이다

2. 공감형 리더십 vs. 권위형 리더십 — 감정의 양면 전략

모든 리더가 감정적으로 대중과 연결되는 방식은 같지 않다. 어떤 리더는 따뜻한 언어와 감정을 통해 신뢰를 형성하고, 어떤

리더는 엄격한 질서와 단호함으로 안정감을 부여한다. '**공감형**' 과 '**권위형**' 리더십은 상호 배타적이지 않으며, 각각의 감정 전략이 상황과 시대에 따라 효과적으로 작용할 수 있다. 이 항에서는 리더십의 감정 접근 방식이 어떻게 다르게 설계되며, 그 심리전 효과는 어떤 차이를 만들어내는지를 비교 분석한다.

공감형 리더십 ― 감정을 수용하는 설득력

공감형 리더는 구성원의 감정을 읽고 수용함으로써 정서적 안정감을 제공한다. 이들은 직접적인 명령보다 경청, 인정, 격려를 통해 신뢰를 구축하며, 감정적 연결을 우선시한다. 선영제의 『리더십이 답이다』(2018)에서는 공감은 단순한 호의가 아니라, **리더와 팔로워 사이의 심리적 동맹을 형성하는 전략**이며, 심리적 안전감은 자발성과 충성도를 동시에 끌어낸다고 강조하고 있다.

독일의 앙겔라 메르켈은 난민 문제와 코로나19 팬데믹 시기, 감정적으로 동요하는 국민에게 "나는 여러분의 두려움을 이해합니다"라고 반복했다. 그녀의 차분하고 공감적인 언어는 비난보다 설득을 가능하게 했고, 위기 상황에서도 높은 지지율을 유지했다. 메르켈의 리더십은 정책보다 감정의 언어로 평가받았다.

직장에서 진짜 믿음을 주는 리더는, 지시만 잘하는 사람이 아니라, "요즘 힘들지 않아요?", "이 일, 좀 버겁죠?"라고 먼저 마음을 살피는 사람이다.

공감형 리더는 구성원의 표정, 말투, 분위기를 읽고, 성과보다 감정을 먼저 챙긴다. 그렇게 마음이 열리면, 일은 자연스럽게 따라온다. 이런 리더는 단기 실적을 쫓기보다, 사람과 신뢰를 먼저 쌓는다. 그래서 위기나 변화가 닥쳤을 때, 지시 없이도 팀이 따라오고 버텨낸다. 결국 리더십은 "무엇을 시킬까?"보다 "무엇을 느끼게 할까?"를 먼저 고민하는 데서 시작된다.

권위형 리더십 — 감정을 제어하는 안정감

권위형 리더십은 질서와 예측 가능성을 기반으로 감정을 안정시킨다. 이들은 감정의 수용보다 통제를 우선하며, 대중의 불안을 구조적 권위로 대체하는 전략을 구사한다. 혼란기일수록 사람들은 명확한 지침과 결정력 있는 리더를 찾고, 이는 심리적 구심력을 만들어낸다. 권위는 감정의 불확실성을 제거하는 심리적 장치다.

리콴유(Lee Kuan Yew) 전 싱가포르 총리는 강력한 권위로 국가 발전을 이끌었으며, 초기의 언론 통제나 반대 의견 억압조차도 **'안정과 성장'**이라는 감정적 명분 속에서 수용되었다. 국민은 민주주의적 불만보다 '우리가 앞으로 나아간다'는 정서적 동조에 집중했다. 이는 질서가 혼란보다 더 큰 감정적 안정감을 준다는 사례였다.

권위형 리더는 감정을 드러내기보다 감정을 대체하는 안정감을 제공해야 한다. 위계적 조직이나 위기 상황에서는 명확한 역할 분담과 규율이 구성원의 심리적 에너지를 분산시키지 않고 집중하게 한다. 단, 권위는 공포가 아니라 예측 가능성과 공정함에서 나와야 하며, 억압이 아닌 통제된 신뢰를 지향해야 한다.

감정의 리더십 믹스 — 상황에 따른 전략적 조합

현대 리더십은 공감과 권위, 유연성과 단호함을 병행할 수 있어야 한다. 상황에 따라 감정 전략을 조절할 줄 아는 리더는 다양한 환경에서 감정의 균형을 유지하며 지지를 얻는다. 이를 감정 리더십의 **'상황적 설계'**라 하며, 감정의 강약과 메시지의 강도를 적절히 믹스할 수 있어야 한다.

캐나다의 저스틴 트뤼도는 총기 사건 이후 국민 앞에서 눈물을 흘리며 희생자를 추모했고, 이어 단호한 법적 조치도 함께 발표했다. **감정적 공감과 정치적 결정력**을 모두 보여준 그의 리더십은 이중적 감정 조율의 전형적 사례였다. 이는 단일한 감정보다 복합적 감정 전략이 더 큰 설득력을 갖는다는 것을 보여준다.

리더는 감정 전략을 고정된 스타일이 아니라 유동적인 설계로 이해해야 한다. 공감이 필요한 상황에서는 유연성을, 혼란을 제어할 때는 단호함을 보여주는 감정의 믹스 전략이 효과적이다. 구성원은 리더가 상황을 읽고 감정의 톤을 맞출 때 심리적으로 안정되고, 그 결과 신뢰가 형성된다.

3. 팔로워의 심리와 리더십 효과 — 누가 따르게 되는가

리더십은 리더 한 사람의 자질이 아니라, 리더와 팔로워 간의 심리적 상호작용에서 완성된다. 팔로워는 단순히 명령을 수행하는 존재가 아니라, 리더의 감정적 태도와 소통 방식에 반응하며 지지 여부를 판단한다. 누가 따르느냐는 '무엇을 말했는가'보다 '어떻게 느끼게 했는가'에 따라 결정된다. 이 항에서는 팔로워의 심리를 중심에 두고, 리더십의 감정 전략이 어떤 효과를 만들어 내는지, 어떤 리더가 신뢰를 얻고 따르게 되는지를 구체적으로 분석한다.

따르게 만드는 신뢰 — 감정 일치의 힘

리더십의 핵심은 감정의 **'일치감'**이다. 팔로워는 자신이 느끼는 감정과 리더의 언행이 일치할 때 신뢰를 형성한다. 이는 '정서적 진정성(emotional authenticity)'으로 설명되며, 말과 행동, 표정, 타이밍이 자연스럽게 어우러질 때 비로소 진정성이 생기고, 이는 따름으로 이어진다. 반면 감정의 부조화는 리더에 대한 심리적 저항을 낳는다.

2020년 일본 구마모토현 홍수 당시, 가바시마 이쿠오 지사는 재난 직후 현장을 직접 찾고, 주민들과 눈을 맞추며 "함께 복구하겠다"는 메시지를 반복해 큰 신뢰를 얻었다. 단순한 위기 대응이 아닌 진심 어린 공감의 태도가 방송과 SNS를 통해 퍼졌고, 주민들은 "말이 아니라 사람이 믿을 수 있었다"고 평가했다. 이는 감정 일치가 신뢰를 창출하는 강력한 리더십 요인임을 보여준다.

리더는 정보보다 감정을 먼저 읽고 반응해야 한다. 리더의 표정, 말투, 행동이 팔로워의 감정과 일치할 때, 진정성 있는 리더십이 형성된다. 구성원은 리더의 전략보다 태도에 민감하게 반응한다. 특히 위기 상황에서는 감정 조율이 신뢰의 선결 조건이며, '무엇을 했는가'보다 '얼마나 공감했는가'가 따름의 기준이 된다.

리더십의 피로 — 감정 소비와 회피

리더십은 팔로워의 감정을 설계하지만, 때로는 감정을 과도하게 요구함으로써 피로를 유발한다. 과한 감정 동원은 **'정서적 소비'**를 초래하며, 이는 감정 회피와 리더에 대한 거부감으로 이어질 수 있다. 이때 팔로워는 리더의 요구에 수동적으로 따르되 내면에서는 정서적 거리두기를 시도한다. 감정적 피로는 리더십의 효능을 약화시킨다.

2021년 미국의 중견 IT기업 Zappos의 후속 CEO는 창업주의 사망 이후 조직 재정비 과정에서 '감정 중심 경영'을 표방하며 전사적 소통 회의와 감정 공유 워크숍을 확대 시행했다. 초기에는 신선하다는 반응이 있었으나, 회의 피로와 감정 피드백 강요가 누적되면서 **"정서적 노동"**이라는 내부 불만이 확대되었고, 사내 직원 게시판에는 익명 항의 글이 급증했다.

리더는 감정을 소진시키지 않고 공감과 통제 사이의 균형을 잡아야 한다. 지나친 동원형 리더십은 구성원의 피로를 유발하며, 감정적 기대를 충족하지 못하면 신뢰는 오히려 무너진다. 감정을 소비하게 만들기보다, 감정을 회복하게 해주는 리더가 장기적 신뢰를 받는다.

따르지 않는 이유 — 불신의 심리적 기제

팔로워가 리더를 따르지 않는 이유는 단순히 가치관 차이나 의견 불일치가 아니라, '불신' 때문이다. 불신은 감정적 실망, 일관성 결여, 감정 조작 의심 등의 심리적 기제에서 비롯된다. 특히 리더가 자신의 이익을 위해 감정을 활용한다고 느껴질 때, 팔로워는 본능적으로 저항하거나 냉소적 태도를 취한다.

2023년 영국의 유명 자선재단 내부에서 고위 간부가 외부 연설에서는 **"직원은 가족"**이라는 메시지를 반복했지만, 내부에서는 근무 환경 개선 요청을 무시하고 승진을 특정 인물 중심으로 단행한 사실이 언론에 보도되었다. 이후 직원들은 단체 성명을 내고 공개 항의했으며, 기부자 일부도 이탈했다. 감정 언어와 실제 행동의 괴리가 조직 신뢰를 무너뜨린 대표적 사례였다.

팔로워의 불신은 논리로 설득할 수 없다. 감정을 소외시키거나 조작하려 할수록 저항은 커진다. 리더는 자신의 감정 사용이 어떻게 해석되는지를 항상 점검하고, 투명한 동기와 감정적 정직성을 유지해야 한다. 결국 팔로워가 따르는 리더는 감정을 정확히 읽고 진정으로 반응하는 사람이다.

제17장

스포츠와 집단 동일시 — 감정 몰입의 무대

1. 스포츠는 감정의 전장이다

스포츠는 정서적 긴장과 해소, 불확실성과 희열, 경쟁과 응원이라는 감정 요소를 통해 대중을 몰입시키는 무대다. 승패라는 단순한 이분법 구조 속에서 감정의 극대화가 이뤄지며, 응원과 열광은 집단 정체성과 연결된다. 이 항에서는 스포츠가 감정을 어떻게 조직하고, 동일시와 대리만족을 유도하는지를 개괄한다.

라커룸 연설: 투지를 불태우는 코치의 심리 자극

경기 전 라커룸에서의 코치 연설은 선수의 감정 상태를 전환시키는 핵심 장면이다. 이는 단순한 전략 전달이 아니라, 투지, 소속감, 책임감 등의 감정을 유도해 전투 태세로 전환시키는 의례적 장치다. 심리학적으로는 **감정 점화(priming)는** 특정 감정이나 개념에 대한 노출이 후속적인 감정이나 행동에 영향을 미치는 현상이다. 즉, 이전에 경험한 감정이나 정보가 다음에 경험하는 감정이나 정보에 영향을 주어 인식이나 행동에 변화를 가져오는 것을 의미한다. 이는 의식적인 노력 없이 무의식적으로 일어나는 경우가 많다.

2022년 FIFA 카타르 월드컵에서 모로코 대표팀의 라렉 레그라기 감독은 경기 전 라커룸에서 "우리도 이 무대에서 충분히 경쟁할 수 있고, 이길 수 있다"는 메시지와 함께 각 선수의 가족 사진을 전달했다. 이는 선수들에게 가족을 위한 책임감과 조국을 대표하는 자긍심을 불러일으켰다. 그 결과 모로코는 아프리카 국가 최초로 월드컵 4강에 진출하며 전 세계에 깊은 인상을 남겼다. 이는 전술적 준비뿐만 아니라 감정을 정교하게 설계한 리더십이 어떻게 위대한 성과로 이어지는지를 보여주는 대표적 사례다.

조직이나 교육 현장에서도 중요한 발표나 경쟁을 앞두고 감정 상태를 조율하는 리더의 말은 결정적 영향을 미친다. 이는 성과의 문제가 아니라, 심리적 몰입도를 결정짓는 요소다. **'전략'**이전에 **'감정'**을 준비시키는 것이 심리전의 기본이다. 조직이나 교육 현장에서도 중요한 발표나 경쟁을 앞두고 감정 상태를 조율하는 리더의 말은 결정적 영향을 미친다. 이는 성과의 문제가 아니라, 심리적 몰입도를 결정짓는 요소다.

기선 제압: 입장과 몸짓으로 상대방 기를 눌러라

스포츠 경기에서 기선 제압은 기술이나 전략보다 앞서 벌어지는 심리적 선공(先攻)이다. 선수의 입장 동선, 표정, 몸짓, 시선, 자세 등은 단순한 외적 동작이 아니라, 상대의 심리를 흔들고 자신이 주도권을 쥐고 있다는 신호를 보내는 비언어적 커뮤니케이션이다. 심리학적으로 이는 **감정 설계(emotional framing)**의 일환이다. 즉, 경기 시작 전에 "나는 준비돼 있고, 두려움이 없다"는 인상을 의도적으로 연출함으로써, 상대에게 위축감과 긴장감을 유도하는 방식이다. 특히 긴장한 신예선수나 약자 입장에서는 이런 비언어적 압박이 경기 집중력을 떨어뜨리고, 실제 수행력에 영향을 미치는 심리전 효과를 낳는다.

2021년 복싱 라이트급 세계 타이틀전에서 테오피모 로페즈는 경기 시작 전 입장 순간부터 상대 조지 캄보소스를 심리적으로 압도했다. 로페즈는 격렬한 배경음악 속에서도 표정을 전혀 흐트러뜨리지 않았고, 링에 올라서도 천천히 팔을 벌려 관중의 환호를 유도하며 당당하게 상대를 응시했다. 반면 캄보소스는 시선을 피하고 빠르게 링 안으로 들어가 몸을 풀며 심리적으로 조급한 인상을 보였다.

경기는 예상보다 팽팽했지만, 초반 라운드의 주도권은 로페즈가 선점했으며, 전문가들은 이 초기 흐름을 좌우한 주요 요인 중 하나로 입장 당시의 심리적 우위 확보를 꼽았다. 이처럼 경기 전의 한 걸음, 한 표정, 한 동작이 곧 게임의 방향을 설계하는 심리전 장치가 될 수 있다.

기선 제압은 단순한 외형의 문제가 아니다. 그것은 자신의 감정을 통제하면서도, 상대의 반응을 정밀하게 설계하는 감정 전술이다. 경기 전 입장은 단순한 등장 장면이 아니라, 상대의 심리 흐름을 흔들 수 있는 전술의 시작점이다.

선수가 차분하면서도 자신감 있는 태도로 등장하고, 눈빛, 호흡, 움직임을 전략적으로 조율할 수 있다면, **경기가 시작되기도 전에 이미 주도권을** 심리적으로 선점할 수 있다. 현대 스포츠에서 이러한 감정 설계 능력은 기술 훈련 못지않게 중요한 심리전 훈련의 핵심 요소로 주목받고 있다.

스타 플레이어 의존 심리: 에이스에 대한 믿음과 부담

팀 스포츠에서 특정 선수에게 의존하는 심리는 '**감정 위임**(emotional delegation)' 현상이다. 팀 전체가 승부의 열쇠를 스타에게 몰아주면서, 기대와 압박이라는 이중 감정이 형성된다. 이는 개인의 역량을 믿는 동시에, 책임을 외부에 전가하는 심리적 메커니즘이기도 하다.

2018년 평창 동계올림픽에서 한국 여자 컬링 대표팀은 예상을 뒤엎고 결승까지 진출하면서 전국적인 주목을 받았다. 그 중심에는 스킵(Skip, 팀의 전략가)이자 구심점이었던 김은정 선수가 있었다. 그녀는 두꺼운 뿔테 안경을 쓰고 거의 감정 변화 없는 얼굴로 정확한 지시를 내리는 모습 때문에 **'안경 선배'**라는 별명으로 불리며 폭발적인 인기를 끌었다.

컬링은 경기 도중 몇 초 안에 상대의 전략을 분석하고, 팀원들에게 '빗자루질'을 언제, 얼마나 강하게 할지를 정확히 지시해야 한다. 김은정 선수는 경기 중에도 쇼트콜(short call, 즉석 전략 판단과 지시)을 침착하게 해내며 팀을 이끌었다. 그녀의 **"영미!"**라는 외침은 명령이었지만 동시에 팀원들을 믿는 신호처럼 작용했고, 대중은 그 순간마다 김은정의 리더십에 감정적으로 몰입했다.

결국 팀은 결승에서 패배했지만, 대중은 실망하기보다 "끝까지 포기하지 않은 리더", "침착한 전략가"로 김은정을 기억했다. 그녀는 단순한 선수 그 이상으로, 국민 감정이 위임된 대표 인물로서 '신뢰'의 상징이 된 것이다. 이는 스포츠뿐 아니라 조직 내에서도 리더에게 감정이 집중되는 현상이 어떻게 신뢰로 전환되는지를 잘 보여주는 사례다.

조직 안에서도 종종 특정 인물에게 성과와 판단, 감정적 기대까지 모두 집중되는 구조가 만들어진다. 이는 리더에게 강한 책임감을 부여하지만, 동시에 과도한 감정적 부담을 지우는 일이기도 하다. 중요한 발표나 회의에서 모두가 한 사람의 말만 기다리는 분위기, 위기 상황에서 '팀장이 어떻게 나올지 보자'며 결정권을 미루는 태도는 조직 전체의 감정적 책임을 일부에게 몰아주는 것이다.

이런 구조는 일시적으로는 효율을 높일 수 있지만, 리더가 흔들릴 경우 팀 전체가 무기력해지는 부작용을 낳는다. 따라서 성과보다 '**과정**'과 '**역할의 분산**'을 강조하는 조직 문화가 필요하다.

이처럼 팀 안에서 각자가 맡고 있는 '**감정의 역할**'을 자각하고 존중할 때, 리더 한 사람에게만 정서적으로 몰리는 부담이 줄어들고, 조직은 더 단단하고 유연해진다. 조직은 단지 과업을 수행하는 집단이 아니라, 감정이 순환되는 공동체다. 감정을 한 사람에게 위임하는 것이 아니라, 모두가 나누는 구조로 전환할 때 심리적 안정과 지속가능한 팀워크가 가능해진다.

2. 경기 중 심리전 — 말과 행동으로 흔드는 기술

경기 중 벌어지는 심리전은 단순한 실력 대결 이상의 '**감정 공세**'다. 선수들은 말과 표정, 고의적인 행동과 시선 하나로도 상대의 집중력을 흔들고 흐름을 가져올 수 있다. 이는 스포츠가 단지 신체 능력의 싸움이 아니라, 감정과 인식의 흔들림을 유도하는 복합적 심리전의 장이라는 것을 보여준다. 이 항에서는 경기 도중 감정을 흔들고 주도권을 빼앗는 심리전 기술을 분석한다.

트래시 토크의 기술 — 말로 흔드는 심리전

트래시 토크(trash talk)는 경기 중 상대방에게 심리적 압박을 가하기 위해 의도적으로 던지는 **조롱성 언행**이다. 이는 경기의 흐름을 깨거나, 상대의 집중력을 분산시키는 전략으로, 감정을 유도해 실수를 유발하는 데 목적이 있다. 심리학적으로는 '**정서 유발-인지 왜곡**' 구조에 해당한다.

2022년 NBA 플레이오프에서 골든스테이트 워리어스팀의 드레이먼드 그린은 상대팀 선수들의 심리를 흔들기 위해 끊임없이 말을 걸고 자극적인 행동을 반복했다. 특히 2차전에서 그는 보스턴 셀틱스의 제일런 브라운을 상대로 도발적인 발언과 일부러

밀착하는 신체적 접촉을 반복하며 감정을 자극했다.

브라운은 이 상황에서 평소보다 실수가 많았고, 경기 흐름에서도 주도권을 잃었다. 그린은 심판의 기준선을 넘지 않으면서도 상대의 집중력을 흐트러뜨리는 정교한 심리전을 구사한 셈이다. 이처럼 경기 중 말 한마디, 눈빛, 몸짓 하나가 전술 이상의 감정 유도 수단으로 작용할 수 있다.

트래시 토크는 단지 싸우자는 말이 아니다. 그것은 상대의 감정을 흔들어 집중력을 낮추고 판단을 흐리게 만드는 심리전 전략이다. 스포츠뿐 아니라 회의, 협상, 경쟁 면접 등에서도 마찬가지다. 예를 들어 조롱 섞인 말투, 상대의 말을 끊는 행동, 고의로 피하는 시선 등은 모두 상대의 감정 리듬을 깨고 흐름을 흔들기 위한 **'일상 속 트래시 토크'**로 볼 수 있다.

이런 상황에서 감정적으로 반응하면 전략에서 밀리게 된다. 따라서 감정 거리두기(내가 흔들리고 있다는 사실을 알아차리고 반응하지 않기)와 내면 몰입 유지(스스로에게 집중하며 중심을 지키기)는 심리전 상황에서 자신을 지키는 핵심 기술이다. 트래시 토크에 넘어가지 않는 사람은 결국 경기의 흐름과 대화의 주도권을 유지하는 사람이다

판정 흔들기 ― 심판과 관중을 내 편으로

선수나 코치는 판정에 직접적으로 영향을 줄 수 없지만, 항의나 제스처, 집단적 압박을 통해 간접적으로 심판의 심리 상태에 영향을 미치려 한다. 이는 **'사회적 압력과 판단의 유연성'**을 노리는 심리전이며, 특히 홈경기에서 관중의 반응과 결합할 때 효과가 크다.

2022년 카타르 월드컵에서 아르헨티나의 리오넬 메시와 마르티네스 골키퍼는 판정에 대해 반복적으로 심판을 향해 제스처를

취하며 압박했고, 특히 준결승전에서는 벤치 전체가 일제히 심판 판정에 반응하며 경기 흐름을 바꾸는 데 성공했다는 평가를 받았다. 이는 정식 항의가 아니라 감정적 '분위기 조성'이 판정 흐름을 바꾸는 데 기여한 사례다.

회의나 협상에서도 집단적 분위기나 표정, 시선이 논리 이상의 압박으로 작용할 수 있다. 특히 복수 인원이 함께 반응할 경우 결정권자의 심리에는 '나 혼자만 다르게 판단하는가?'라는 부담이 생긴다. 감정의 방향성을 조직적으로 제시하는 것은 일종의 설득 심리전이다.

체력과 흐름의 교란 — 감정 리듬을 깨는 전술

상대의 집중력과 리듬을 깨기 위해 고의적 루틴 방해, 과도한 시간 끌기, 반복 항의 등으로 경기를 지연시키는 전략이 사용된다. 이는 체력뿐 아니라 감정의 리듬, 즉 **'심리적 박자'**를 흐트러뜨리는 전형적인 심리전 전술이다. 집중력이 끊기면 감정도 흔들리고, 이는 실수로 이어진다.

2023년 프랑스오픈 테니스 대회에서 다닐 메드베데프는 상대의 서브직전에 자주 수건을 다시 집거나, 시선을 옮기며 경기 템포를 늦추는 행동으로 상대 선수의 리듬을 끊었다. 결국 해당 경기는 접전 끝에 메드베데프의 승리로 끝났고, 많은 해설진은 "경기력만큼이나 흐름을 조절하는 감정 전술이 중요했다"고 분석했다.

실전이든 일상이든 집중 흐름을 무너뜨리는 전략은 심리전에서 자주 쓰인다. 발표 직전의 질문, 회의 중 흐름을 끊는 돌발 제안 등이 대표적이다. 흐름을 회복하려면 자신의 **'리듬 인식'**과 **'감정 제어 루틴'**을 갖추는 훈련이 필요하다. 감정 리듬을 유지하는 자가 주도권을 잡는다.

3. 팬과 팀의 감정 동조 — 경기장을 흔드는 정서의 물결

스포츠에서 팬과 팀은 단순한 지지자와 선수의 관계를 넘어 감정적 공명체를 형성한다. 팀의 사기가 팬의 응원에 따라 흔들리고, 팬 역시 선수의 표정과 태도에 감정적으로 반응한다. 이러한 감정 동조는 경기의 흐름을 바꾸는 집단 심리 효과를 낳으며, 승리와 패배를 넘어 사회적 감정 구조에까지 영향을 준다. 이 항에서는 팬과 팀이 어떻게 감정을 주고받으며, 그 상호작용이 집단 심리에 어떤 파장을 일으키는지 살펴본다.

홈경기의 이점 — 관중의 함성이 주는 심리 효과

홈경기의 장점은 단순히 익숙한 장소에서 경기한다는 물리적 이점에 그치지 않는다. 이는 감정적인 지원이 함께하는 상황이다. 경기장을 가득 메운 관중의 응원, 가족이나 지인의 존재, 지역 사회의 응원이 주는 안정감은 선수에게 자신감을 불어넣는다. 이런 상황에서는 **사회적 촉진 효과**(social facilitation), 즉 타인의 존재가 개인의 수행 능력을 높이는 심리 현상이 나타난다. 선수는 더 잘해야 한다는 동기와 흥분 상태 속에서 평소보다 더 높은 집중력과 실행력을 발휘하게 된다.

반면, 원정팀은 낯선 환경과 상대 관중의 야유, 적대적 분위기 속에서 심리적 긴장을 크게 경험한다. 이는 적대적 긴장(hostile arousal) 이라고 불리며, 위협적 환경에서 생기는 스트레스로 인해 심리적 위축이나 실수 가능성이 높아진다. 즉, 홈팀은 '응원'이라는 심리적 후방 지원을 등에 업고 전투에 나서는 반면, 원정팀은 '적대감'이라는 압박 속에서 홀로 싸워야 하는 셈이다.

2023년 KBO 한국시리즈 5차전에서 LG 트윈스는 홈구장에서 9회 말까지 밀리던 흐름을 관중의 일제 응원 속에 역전승으로 바꿔냈다. 경기 후 선수들은 "관중의 함성이 밀어주는 느낌이었다"고 말했다. 수만 명의 **일사불란한 구호, 박수, 노래, 떼창은 단순한 소음이 아닌 심리적 에너지** 그 자체였다.

이런 한국식 야구 응원 문화(K-응원)는 최근 외국 언론과 팬들에게도 주목받고 있다. 일간지 보도(2025.6.24.)에 따르면, 2024년 이후 KBO 리그는 미국과 일본 야구 팬들 사이에서도 "경기장 전체가 콘서트장 같다", "응원이 선수를 살린다"는 평가를 받으며 한류의 새로운 양식으로 부상하고 있다. 이는 응원이 단순한 지지 차원을 넘어, 경기 흐름과 선수 심리에 영향을 주는 '**집단 감정 설계**'로 작동한다는 점에서 매우 주목할 만하다.

조직과 팀에서도 이처럼 '**심리적 홈그라운드**', 즉 심리적으로 지지받는 환경이 중요하다. 구성원이 응원을 받고 있다는 느낌을 받을 때, 실수에 대한 두려움보다 "내가 이 팀에 기여하고 있다"는 자신감이 앞서게 된다. K-응원처럼 공식적·집단적 지지 구조가 만들어지면, 심리적 동기와 몰입도가 함께 상승한다. 반대로 팀 안에 방관, 비난, 냉소적인 분위기가 감돌면, 이는 원정팀의 적대적 긴장과 유사하게 작용하여 위축, 방어적 사고, 책임 회피로 이어진다. 결국 중요한 건 성과를 낼 수 있는 분위기보다, 감정적으로 편안한 분위기를 설계할 수 있는 조직문화다.

직장에서의 '함성'은 누군가의 성공을 함께 축하해주는 박수, 공감의 리액션, 긍정의 피드백일 수 있다. 조직의 심리적 응원 구조는 구성원의 몰입과 회복탄력성에 결정적 영향을 미친다.

팀 내 사기 관리 — 연패 탈출을 위한 감정 회복

패배는 단지 결과가 아니라 감정적 피로를 동반한다. 팀 내 사기 저하는 집중력 저하, 책임 회피, 감정 냉소로 이어지며 악순환을 만든다. 이때 리더나 코치가 심리적 환기와 격려를 통해 감정 분위기를 전환하지 못하면 팀은 회복력을 잃는다. 감정 관리가 승패를 좌우하는 또 다른 심리전이다.

2022년 메이저리그에서 뉴욕 메츠는 중반 연패에 빠졌지만, 벅 쇼월터 감독은 경기 외 시간에 전 선수와 개별 미팅을 진행하며 감정적 리셋을 유도했다. 그는 "잘하고 있다"는 감정적 피드백을 반복했고, 선수들은 감독의 신뢰에 반응하며 이후 8연승을 기록했다. 이는 심리적 동기 부여가 경기력 회복으로 이어진 전형적 사례다.

팀의 성과가 떨어질 때, 가장 먼저 살펴야 할 것은 **'감정의 흐름'**이다. 수치보다 먼저 사람의 상태를 살피려는 리더십이 회복의 열쇠가 된다. 부정적인 감정이 반복될 때, 이를 억누르기보다는 조심스럽게 드러내고 함께 인식하는 커뮤니케이션이 필요하다. 사기는 전략의 산물이 아니라, 구성원들의 감정이 모여 만들어지는 집합적 분위기다.

승리의 후유증 ― 감정 고조 이후의 심리 관리

크게 승리의 순간은 감정이 최고조에 이르는 극적인 경험이다. 하지만 이 감정의 고조는 오래가지 않는다. 문제는 그 다음이다. 극적인 성취나 우승, 중요한 목표 달성 뒤에는 일종의 정서적 진공 상태가 찾아온다. 이를 심리학에서는 **'포스트 성취 스트레스(post-achievement stress)'**라 부른다.

이는 단순한 무기력감을 넘어, 내가 이룬 성취의 의미를 갑자기 잃거나, 다음 목표가 없어 방향성을 잃고, 집중과 열정이 사라져 정체성과 소속감에 혼란을 느끼는 현상이다. 이러한 심리는 특히 감정 몰입이 컸던 프로젝트나 승부 뒤에 흔히 발생하며, 그 감정을 제대로 관리하지 않으면 팀워크 약화, 성과 저하, 조직 이탈로 이어질 수 있다.

2022년 FIFA 카타르 월드컵에서 아르헨티나는 감격적인 우승을 거머쥐었다. 하지만 대회가 끝난 직후, 대표팀 일부 선수들은 리그로 복귀한 후에도 경기력 회복에 어려움을 겪었다. 리오넬 메시조차 인터뷰에서 "믿을 수 없을 만큼 감격스러웠지만, 며칠 지나자 뭔가 허전하고 텅 빈 느낌이 들었다"고 고백했다. 이는 단순한 피로 때문이 아니라, 감정이 극단적으로 고조된 후, 다음 감정의 방향이 설계되지 않았을 때 발생하는 전형적인 **감정적 공백(감정 블랭크)**이다.

이 현상은 스포츠에만 국한되지 않는다. 대선 이후의 캠프, 창업 이후의 성공 매각, 대형 프로젝트 완수 이후의 기업 팀, 모두에서 유사한 공허와 탈진, 방심이 반복된다.

리더나 조직 관리자는 팀이 목표를 달성했다고 해서 '감정까지 정리되었을 것'이라고 착각해서는 안 된다. 중요한 프로젝트 종료나 성취 이후엔, "다음엔 뭘 할까?"보다 **"지금 어떤 감정의 흔적이 남았는가"**를 먼저 점검해야 한다. 실제 팀에서는 1) 감정적 루틴 재설계 2) 미래의 새로운 기대감 중심으로 안내 3) 승리의 성과를 기록, 시각화, 공유하며 승리의 감정이 소멸되지 않고 축적되도록 설계 등의 조치가 필요하다.

승리는 끝이 아니라, 감정의 흐름을 다시 잡아줘야 하는 시작점이다. 감정 고조를 순간의 불꽃으로 소비하지 않고, 정서적 에너지로 전환·유지할 수 있도록 설계하는 리더십이 결국 팀의 지속성과 다음 성과를 만든다.

제6부

공공질서와 사회화의 심리전 — 감정통제와 사회화의 장치

제18장

교육과 이념 — 학습을 통한 감정의 구조화

1. 감정 교육 — 옳고 그름을 가르치는 방식

감정 교육은 교육 제도 속에서 학생의 감정 표현과 통제가 어떻게 길러지는지를 보여주는 핵심 영역이다. 우리는 단지 지식만을 배우는 것이 아니라, '어떤 감정이 바람직한가'에 대한 사회적 규범도 내면화하게 된다. 교실 안의 칭찬과 처벌, 교사의 표정과 말투, 학급의 분위기 자체가 모두 감정 사회화의 틀로 작동한다. 이 과정에서 아이들은 '언제 웃고, 언제 참아야 하는가', '무엇에 화내고, 무엇에 공감해야 하는가'를 배우며, 특정 감정은 격려받고 다른 감정은 억압받는다. 이처럼 감정은 학습되는 것이며, 그 학습 방식은 이념적 태도의 토대를 형성한다. 따라서 감정 교육은 단순한 인성 교육이 아니라, 사회 심리전의 전초 단계라고 할 수 있다.

정서 훈육과 규범 내면화 — 감정 교육의 구조

감정 교육은 단지 '예절'을 가르치는 것이 아니라, 사회가 바람직하다고 여기는 감정 표현 방식과 통제 규범을 학습시키는 체계다. 이때 학생은 무엇을 느껴야 하며, 어떤 감정은 억제해야 하는지를 반복적으로 훈련받는다. 이는 이념의 정서적 기반을 형성하는 **'감정의 규범화'** 과정이다.

일본의 초등학교에서는 예절 교육과 함께 감정 표현 교육도 체계적으로 이루어진다. 예를 들어, '고맙습니다', '죄송합니다'를 단지 말로 외우는 것이 아니라, 감정에 맞춰 말하게 하고, 표정까지 함께 연습시키는 방식이 채택된다. 이는 단순한 매너 훈련이 아니라, '상황에 맞는 감정'을 내면화하는 정서적 규범의 학습이다. 그 결과, 학생들은 자신의 감정을 조절하고 타인의 감정을 인식하는 능력을 습득하게 되며, 감정적 조화가 교실 내 협력과 질서 유지에 기여한다.

교육 현장에서 정서적 안전감과 개방적 소통 환경을 조성하면, 감정도 보다 건강하게 사회화된다. 반면, 억압적 교육은 감정의 억제 또는 왜곡을 유도하며, 향후 권위적 성향이나 회피적 태도를 내면화시킬 수 있다. **감정 교육은 곧 이념적 태도의 기반**이 되므로, 교사와 교육 시스템은 감정을 다루는 방식에서 균형과 감수성을 갖춰야 한다.

감정 억제와 반응 통제 — 교육의 이면 작동

교육은 단지 지식이나 행동을 가르치는 과정만이 아니다. 그 이면에는 학생들의 감정을 조율하고 통제하는 비가시적 감정 교육이 작동하고 있다. 특히 분노, 질투, 슬픔, 실망 같은 '불편한 감정'은 학교 안에서 바람직하지 않은 것으로 간주되며, 드러내기보다 숨기고 억누르도록 유도된다. 교사는 의도하지 않게 **"화를 내지 마라", "참아야 한다"**는 말을 반복하며 감정 통제를 훈육의 일부로 여긴다. 이런 환경에서는 학생 스스로 자신의 감정을 검열하게 되고, 점차 감정을 표현하기보다 억제하는 방식을 습관화하게 된다. 이는 장기적으로 자기 감정과의 거리감, 감정 무감각, 심리적 위축으로 이어질 수 있다.

한국의 중고등학교에서는 성적 비교와 서열화가 일상적으로 이루어지지만, 이로 인해 학생이 느끼는 실망감이나 질투심을 자유롭게 표현하는 문화는 부재하다. 한 고등학생은 중간고사 결과가 공개된 날, 자신보다 높은 점수를 받은 친구를 보고 내심 분노와 열등감을 느꼈다고 한다. 그러나 그는 **"다 괜찮아"**라며 아무렇지 않은 척했고, 오히려 그런 감정을 느끼는 자신을 부끄러워했다고 회상했다. 이처럼 부정 감정은 표현이 아니라 억제가 미덕으로 여겨지는 분위기 속에서, 학생은 감정을 조절하는 것이 아니라 감정을 숨기는 법부터 배우게 된다. 이것이 바로 학교라는 제도가 감정의 형성과 표현 방식에 미치는 보이지 않는 작용이다.

감정 표현을 억제하는 문화가 지속되면, 학생들은 내면 감정을 말로 표현하기보다 억누르는 습관을 들이게 되고 이는 장기적으로 심리적 부담과 대인관계 왜곡을 초래할 수 있다. 이를 방지하려면 1) 감정 기록 활동 도입 2) 감정 표현 훈련 프로그램 운영 3) 시험 후 '감정 피드백' 시간 운영 4) '감정 안전지대' 조성 등 구체적 실천 방안이 요구된다.

이러한 실천은 '감정을 억제하는 교육'이 단순히 이론이 아니라 실제 교실과 학교 구조에서 구현될 수 있다는 점을 보여준다. 장기적으로는 학생 개개인이 감정을 표현하는 데 익숙해지고, 이를 통해 보다 건강한 사회적 상호작용과 자아 존중감을 형성할 수 있다.

감정의 사회화 — 학교는 작은 사회다

감정은 개인 내면의 자연스러운 반응이기도 하지만, 동시에 사회적 맥락 속에서 길들여지고 조정되는 상호작용의 언어다. 특히 학교는 단순한 학습의 공간을 넘어, 다양한 사람들과 관계를 맺고 감정을 조절하며 표현하는 방법을 배우는 **'작은 사회'**다. 이곳에서 학생은 또래 집단, 교사, 규칙, 의례 등을 통해 감정 표현의 양식과 타인과의 감정적 소통 방식을 자연스럽게 익힌다. 이와 같은 감정의 사회화는 성인이 되어 조직과 사회에서 감정적 유연성과 조화로운 협업을 가능하게 하는 기초가 된다.

한국의 군대에서도 구성원 간 유대감을 높이고 공동체 의식을 고양하기 위한 다양한 감정 표현 문화가 존재한다. 예를 들어, 병사 생일에 '**생일자**'임을 나타내는 표시를 가슴에 부착하는 관행이 있었고, 이는 상급자나 동료들이 이를 인지하고 따뜻한 말이나 작지만 특별한 관심을 보여주는 계기가 되기도 했다. 때로는 생일자에게 격려나 장난 섞인 축하의 시간이 주어지면서 구성원 간 감정 교류의 기회로 작용했다. 이러한 일상적 의례는 개인의 감정을 공동체 내에서 인식하고, 함께 기념하며 감정적 유대를 형성하는 한 방식으로 볼 수 있다.

학교나 교육기관에서도 이와 유사한 방식으로 학생들의 감정을 존중하고 나누는 문화를 조성할 수 있다. 예를 들어, 생일이나 의미 있는 날을 학급 차원에서 함께 축하하는 활동은 감정적 환대와 소속감을 키우는 데 효과적이다. 나아가 정기적으로 '**감정 나눔의 시간**'을 마련하거나, 서로의 기분을 표현할 수 있는 도구(감정 카드, 자율 게시판 등)를 제공하는 것도 좋은 방법이다. 중요한 것은 감정이 자연스럽게 공유되고, 평가 없이 존중받는 분위기를 형성하는 것이다. 학교는 단순한 지식 전달의 공간을 넘어, 감정을 공감하고 표현하는 연습을 통해 학생들이 건강한 사회적 관계를 맺도록 돕는 정서적 훈련장이 되어야 한다.

2. 교실 안의 권력 프레임

학교는 단순한 지식 전달의 공간이 아니라, 사회적 상호작용과 감정의 흐름이 자연스럽게 오가는 공간이기도 하다. 특히 교실에서 사용되는 언어, 교과서의 서술 방식, 교사의 설명과 질문은 학생들의 사고방식과 감정 반응, 나아가 가치관 형성에 적지 않은 영향을 미친다. 교육 내용과 표현 방식은 명시적인 지시 없이도 특정한 시각이나 감정적 반응을 유도할 수 있으며, 학생은 이를 반복적으로 접하면서 자연스럽게 **'바람직함'과 '그렇지 않음'을 구분하는 기준**을 익히게 된다. 이러한 과정은 특정 집단이나 주제에 대한 공감, 거리감, 친근함, 거부감 등의 감정적 반응을 형성하며, 감정과 인식의 틀이 서서히 만들어지는 경험을 포함한다. 결국 교실은 단지 지식을 배우는 곳만이 아니라, 다양한 감정이 오가고 해석되며 내면화되는 심리적 상호작용의 무대이기도 하다

역사 교과서의 프레임 전쟁 — 누가 쓰느냐에 따라 달라지는 진실

역사 교육은 단순히 과거에 일어난 사실을 알려주는 데 그치지 않는다. 그것은 현재 우리가 누구인지, 어떤 사회 속에서 살고 있는지를 이해하게 하고, 앞으로 어떤 가치와 태도를 가질지를 형성하는 중요한 과정이다. 이때 교과서에 어떤 표현을 쓰고, 어떤 사건을 강조하거나 생략하느냐에 따라 '진실'의 모습이 달라질 수 있다. 예를 들어, 어떤 사건을 **'의로운 투쟁'**이라 부를 수도 있고, **'폭력적인 반란'**이라 표현할 수도 있다. 이처럼 교과서는 특정 시각을 중심으로 내용을 구성하고, 그 시각을 '정상적이고 당연한 진실'처럼 보이게 만든다. 반면, 다른 시각이나 해석은 중요하지 않거나 틀린 것으로 치부되기 쉽다.

이런 방식은 학생들이 역사적 사건이나 인물에 대해 긍정적 감정(예: 자랑스러움, 존경)이나 부정적 감정(예: 분노, 경멸)을 느끼도록 유도한다. 결국 교과서는 사실 전달뿐 아니라, 감정까지 설계하는 '감정의 틀(감정 프레임)'로 작동하는 것이다.

한국의 경우, 2015년 교육부는 중고등학교 역사교과서의 국정화(2015. 10.23: 교육부 공식 국정화 고시)를 추진하였다. 그 이유는 **"편향된 이념을 바로잡기 위해서"**라는 주장이었지만, 실제로는 특정 정부가 주도하는 관점이 교과서에 반영되면서 다양한 해석의 가능성을 억제하는 결과를 낳았다. 역사 교과서 국정화 시도의 의미와 평가로서, 정치권력에 의한 역사 해석 독점 시도라는 비판과 역사교과서 집필과 심사 기준의 공정성을 강화토록 하는 계기가 되었다. 그러나 프랑스는 다문화 사회의 역사적 배경을 반영하여 제국주의와 식민지배, 인종차별에 대한 설명을 교과서에 포함시켜, 비판적 사고와 사회통합을 촉진하는 방향으로 감정 프레임을 설정했다.

교육정책 입안자와 교사들은 교과서 집필과 교육과정 설계에 있어 감정 프레이밍 효과를 고려해야 한다. 특정 사건을 기술할 때 사용하는 단어, 사건의 배치 순서, 인물의 묘사 방식은 단순한 기술을 넘어 정체성 형성과 사회감정의 방향성을 좌우한다. 따라서 다양한 관점을 균형 있게 제시하고, 감정적 편향을 최소화하는 서술 전략을 채택하는 것이 민주적 시민교육의 기초가 된다.

이념 키워드와 언어 선택 ― 감정 인식을 설계하다

교과서에 쓰이는 단어 하나, 문장 표현 하나는 학습자에게 특정 감정을 유발하는 감정 프레임으로 작동한다. 예컨대 '**민주화 운동**'과 '**폭동**', '자유 수호'와 '체제 방어'처럼 유사한 사건도 언어의 선택에 따라 전혀 다른 감정적 반응과 인식을 불러일으킬 수 있다. 언어는 단순한 정보 전달 수단이 아니라, 인식의 틀을 형성하고 감정을 조율하는 장치다. 특히 교육 언어는 학습자의 가치관, 도덕적 판단, 사회적 태도를 형성하는 데 지대한 영향을 미친다.

대표적으로 과거 '**여순반란사건**'으로 불렸던 사건이 최근에는 '**여순사건**' 혹은 '여순10·19사건'으로 표현되며, 정치적 입장이나 감정적 낙인 없이 보다 중립적이고 포괄적인 접근이 시도되고 있다.

독일의 사례도 이와 유사하다. 제2차 세계대전 이후 독일은 자국의 역사 교과서에서 '**나치 정권**'을 '**국가 사회주의 독재 체제**'라고 명시하고, 유대인 학살은 '국가적 범죄'라는 명확한 표현을 사용한다. 이는 역사적 책임을 회피하지 않고, 오히려 감정적 윤리 의식을 일관된 언어로 학습자에게 각인시키려는 교육 철학의 반영이다. 이처럼 교육 언어는 단순한 정보의 문제가 아니라, 사회적 기억과 감정의 구조에 깊숙이 작용하는 감정 설계의 장치라 할 수 있다.

교육 콘텐츠를 기획하거나 집필하는 이들은 단어 선택이 내포한 감정적 함의를 면밀히 인식해야 한다. 하나의 표현이 긍정적 소속감을 조성할 수도 있고, 반대로 부정적 낙인을 심어줄 수도 있다. 감정은 인지와 결합되어 태도와 신념을 형성하기 때문에, 언어는 단지 정확한 정보를 담는 것을 넘어 감정적 공명과 책임을 유도하는 구조로 설계되어야 한다. 따라서 교육 언어는 정보의 객관성뿐 아니라, 감정의 공정성과 윤리적 균형을 함께 고려하는 감정 친화적 설계가 필요하다.

교사의 언어와 표정 ─ 일상적 권위의 정서적 기제

교사는 말투나 표정을 통해 감정과 가치를 자연스럽게 학생에게 전하는 사람이며, 이런 표현 방식은 학생의 마음을 움직이는 중요한 교육 전략이 된다. 특히 교사의 반응은 학생의 정서 상태와 자아 개념 형성에 지속적인 영향을 미친다. 권위적이거나 무표정한 태도는 감정 억제와 자기 검열을 유도할 수 있으며,

반대로 따뜻한 피드백은 자존감과 참여 의지를 고양시키는 효과를 낳는다. 교육에서 교사의 언어적·비언어적 표현은 감정 지도를 형성하는 매개체가 된다.

일본의 한 교육 연구에서는 동일한 수업 내용을 두 가지 방식(친절한 어조 vs. 무표정한 설명)으로 전달했을 때, 친절한 어조로 진행한 수업에서 학생들의 집중력과 수업 만족도가 훨씬 높게 나타났다. 반면, 무표정하고 딱딱한 설명을 들은 학생들은 긴장하거나 위축되는 모습을 보였고, 질문이나 자기 표현에 소극적인 태도를 보였다. 이와 달리, 군사학교나 경찰학교처럼 규율 중심의 교육기관에서는 교관들이 의도적으로 엄격하고 통제적인 어조와 태도를 사용한다. 이러한 방식은 학생 개개인의 감정을 배려하기보다는, 공동체 내부의 질서 유지와 복종, 동조 행동을 유도하기 위한 의도된 감정 조절 방식, 즉 상황에 맞춘 정서적 의사소통 전략으로 사용된다.

교사의 감정 표현은 단순한 개인 성향이 아니라 교육적 책임의 일환이다. 말투, 억양, 눈맞춤, 표정 등은 모두 **감정 프레이밍의 도구**이며, 학습자가 수업 속에서 느끼는 소속감과 안정감을 조성하는 핵심 요소다. 교사 연수나 교대 교육 과정에서 감정 커뮤니케이션 교육을 포함시키고, 학교 내 감정 피드백 문화 정착을 위한 훈련 프로그램이 필요하다. 감정은 조절의 대상이 아니라 조율의 수단이라는 관점을 교육자 스스로 내면화해야 한다.

학생 간 위계와 감정의 프레임 학습 — 또래 질서가 만드는 심리적 각인

감정 프레이밍은 교사나 교과서뿐 아니라 학생들 간의 상호작용에서도 강하게 작동한다. 교실 내 또래 집단은 은연중에 감정 위계를 형성하며, 인기 있는 학생은 긍정적 감정의 중심에, 소외된 학생은 부정적 감정의 대상에 위치하게 된다. 이 과정은 단지 인간관계의 문제가 아니라, 감정적으로 정당화된 질서를 내면화하는 사회화의 일환이다. **집단 내 비공식 서열은 감정적 반응**을 동반하며, 이는 장기적으로 권위 구조에 대한 수용성을 높이는 심리 기제로 작용할 수 있다.

핀란드의 한 초등학교 연구에서는 또래 평가 구조 속에서 학업 성취, 외모, 말투, 출신 지역 등에 따라 감정적 위계가 형성된다는 사실이 확인되었다. 특히 교사가 암묵적으로 이를 방치할 경우, 일부 학생은 지속적으로 소외감을 느끼며 감정 표현 자체를 회피하는 경향을 보였다. 이와 유사하게 한국의 일부 학교에서는 비공식적으로 '**리더 그룹**'이 구성되고, 그 집단의 감정적 기준에 따라 전체 분위기가 조정되는 현상이 보고되었다.

학교는 학생들 사이에서 감정의 위계와 편견이 조용히 형성되는 구조를 인식하고, 이에 적극적으로 개입할 필요가 있다. 겉으로 드러나지 않지만, 특정 학생의 감정은 쉽게 공감받고, 다른 학생의 감정은 무시되거나 왜곡되는 일이 반복되면, 이는 감정적 서열화로 이어진다. 이를 해소하기 위한 방법 중 하나가 '**감정 조망 훈련**(emotional perspective-taking)'이다. 이 훈련은 학생들이 타인의 감정과 시점을 상상해보도록 유도하여, "그 입장이었다면 나는 어떤 기분이었을까?"를 고민하게 만든다. 예컨대 왕따를 경험한 학생의 시각에서 상황을 바라보거나, 교사나 친구의 감정적 반응을 되짚어보는 활동을 통해 공감 능력과 감정 해석 능력을 함께 키울 수 있다.

3. 학교라는 사회화 장 — 감정 심리전의 훈련장

학교는 단지 지식을 습득하는 공간이 아니라, 인간이 처음으로 외부 집단에 소속되어 사회적 역할과 감정을 학습하는 공간이다. 교실 안에서의 질서, 또래 간 위계, 교사와의 관계 속에서 학생은 자신이 속한 집단에서 어떤 감정을 표현하고 조절해야 하는지를 배운다. 이때 감정은 단순한 개인 반응이 아니라, 사회적 지위를 구성하는 실마리이자 정체성을 만드는 실천적 경험이 된다. 교육은 감정의 사회화와 인식 설계를 동시에 수행하며, 감정은 이념의 언어로 작동하게 된다.

또래 위계와 감정 위치 — 감정은 서열을 따른다

학교 안의 또래 집단에서는 감정 표현조차도 '서열'이 있는 것처럼 작동한다. 예를 들어, 친구가 많고 인기 있는 학생은 자신감 있게 말하고, 웃고, 감정을 자유롭게 드러낼 수 있는 분위기에 익숙하다. 반면, 혼자 있는 시간이 많거나 소외된 학생은 조심스럽고, 불안하며, 자신의 감정을 숨기려는 태도를 보이기 쉽다. 단순히 성격 차이라고 보기보다는, 감정을 표현하고 나눌 수 있는 기회 자체가 누구에게는 많고, 누구에게는 적은 **'감정 자원'**의 차이라고 볼 수 있다.

모든 학생이 똑같이 감정을 표현할 수 있는 건 아니다. 또래 관계 속에서는 사회적으로 인정받는 감정(예: 쿨함, 명랑함)만 자연스럽게 받아들여지고, 슬픔이나 분노, 위축감 같은 감정은 무시되거나 불편하게 여겨질 수 있다. 이렇게 감정 표현의 기회와 권리는 사회적 위치에 따라 차등적으로 주어지기 때문에, 감정조차도 공평하지 않은 셈이다.

2021년 영국 케임브리지셔(Cambridgeshire) 지역의 한 공립 중학교에서 수행된 심리사회학 수업 관찰 연구에 따르면, 학급 내 중심 그룹에 속한 학생들은 수업 중 자유롭게 농담하거나 질문하는 반면, 소외된 위치에 있는 학생들은 웃음조차 조심스럽게 표현하며 또래의 시선을 의식하는 경향을 보였다. 당시 연구자가 기록한 학생 인터뷰에서 한 학생은 **"웃다가 눈에 띌까 봐 참았다"**고 말하며, 감정 표현이 또래 관계 속 위상에 따라 다르게 작동하고 있음을 시사했다.

한국의 경우에도 2023년 서울 소재 A중학교 생활지도 보고서에 따르면, 학급 회의나 조별활동 중 일부 학생의 의견은 "좋은 아이디어야"라는 반응과 함께 지지를 받는 반면, 특정 학생의 제안은 웃음거리로 전락하거나 무시되는 사례가 교사와 상담 교사에 의해 반복적으로 확인되었다. 중심에 있는 학생은 웃거나 질문해도 자연스럽게 받아들여지지만, 그렇지 않은 학생은 같은 행동을 해도 눈치를 보게 된다. 즉, 감정 표현도 사회 속 규칙과 눈치에 따라 조절되는 보이지 않는 질서가 있다는 뜻이다.

학교는 감정의 접근성과 표현권에 차별이 발생하지 않도록 감정 표현의 다양성과 대등성을 보장해야 한다. 학생들이 각자의 감정을 존중받으며 표현할 수 있도록, 감정 공평성에 기반한 규칙을 수립하고 이를 생활교육으로 연계할 필요가 있다. 감정 표현 워크숍, 감정 해석 토의, 교실 내 '감정 발표의 날' 등의 활동을 통해 **감정의 서열화를 완화**할 수 있다. 감정의 민주화는 단순히 감정을 허용하는 것이 아니라, 그 표현이 평등하게 존중받는 구조를 만드는 것이다.

교사와의 관계 — 권위가 감정에 미치는 영향

교사는 단지 지식을 전달하는 존재가 아니라, 감정적으로 중요한 타자이며 학생의 정서 반응을 유도하고 조정하는 존재다. 학생은 교사의 말투, 표정, 피드백 방식 등을 통해 자신에 대한 감정적 인식을 형성하고, 이 인식은 자존감과 대인관계 태도 형성에 지속적인 영향을 미친다. 특히 교사의 감정적 일관성과 예측 가능성은 학습자에게 정서적 안정감을 주는 핵심 요인이다.

핀란드의 한 초등학교 연구에서는 감정 피드백이 일관된 교사의 학급에서 학생들의 스트레스 지수가 평균보다 30% 낮았고, 수업 몰입도 또한 더 높게 나타났다. 반대로, 감정 표현이 과도하거나 지나치게 억제된 교사의 경우 학생들은 혼란과 불안을 더 자주 경험했다. 한국의 일부 초등학교에서는 교사가 실수한 학생에게 농담을 섞어 피드백을 주었을 때, 학생의 수치심이 감소하고 동료 학생들도 긍정적인 반응을 보인 사례가 있었다.

교사는 감정 조절자가 아닌 감정 조율자로서, 공정하고 일관된 감정 피드백을 제공해야 한다. 학생의 감정을 부정하거나 회피하기보다는, 그것을 수용하고 해석하며 함께 반응하는 방식으로 교육이 이루어져야 한다. 교사 연수 과정에 '**감정 피드백 시뮬레이션**', '**비언어적 표현 훈련**' 등의 프로그램을 도입함으로써, 교실 내 감정 생태계를 긍정적으로 재구성할 수 있다.

단체행사와 집단 감정 — 동조와 소속의 감정 전략

학교에서 이루어지는 단체행사 — 운동회, 수련회, 합창대회, 조회, 졸업식 등 — 는 공동의 감정을 형성하고 공유하는 강력한 정서적 장치다. 이는 학생들에게 집단 일체감과 소속감을 심어주는 동시에, 사회화된 감정 표현 방식과 의례적 행동을 익히게 하는 기능을 수행한다. 감정은 이때 자발성과 규범성의 경계에서 정서적 동조를 형성하게 된다.

일본의 한 중학교에서는 졸업식때 졸업생이 합창을 통해 학급별로 감정을 표현하고 마지막에는 전 학년이 함께 눈물을 흘리는 장면이 자연스럽게 연출된다. 이는 단순한 공연을 넘어, '**공감하고 함께 울 수 있는 문화**'가 제도화된 감정 규범으로 자리잡은 것이다. 한국의 일부 학교에서는 체육대회나 축제에서 반 대표 학생이 감정적 구호를 외치고, 학급 전체가 구호에 감정적으로 동조하는 활동을 통해 소속감을 극대화하는 장면이 연출된다.

단체나 조직에서는 구성원들이 감정을 함께 나누는 활동이 소속감과 유대감을 높이는 데 효과적이다. 그러나 감정을 하나의 방향으로만 몰아가거나, 특정 감정을 꼭 느껴야 한다고 강요하는 분위기는 오히려 부담을 줄 수 있다. 예를 들어, 어떤 행사에서 모든 사람이 반드시 감동하거나 기뻐해야 한다는 식의 분위기는 개인의 솔직한 감정을 숨기게 만들고, 감정 표현을 억누르게 할 수 있다.

이를 방지하려면 감정을 공유하되, 각자의 상태와 감정을 존중하는 방식이 필요하다. 예를 들어, 행사 전 "오늘 기분은 어떤가요?"처럼 가볍게 감정을 나누는 시간을 갖거나, "감사해요", "복잡해요", "아직 잘 모르겠어요"처럼 다양한 감정을 고를 수 있는 선택지를 제시하는 방법이 있다. 또는 행사 후 각자의 느낌을 자유롭게 이야기해보는 시간을 마련하는 것도 좋다. 이렇게 다양한 감정을 자연스럽게 표현할 수 있도록 돕는 환경은, 구성원 간의 심리적 안정감과 진정한 소속감을 키우는 데 기여한다.

제19장

심리전과 공공 위기
─ 재난, 전염병, 사회혼란의 감정 통제

1. 재난의 감정 설계 ─ 두려움과 안정을 관리하다

재난은 갑작스럽고 예측할 수 없는 상황으로 인해 개인과 사회 전체의 감정을 극도로 불안정하게 만든다. 이런 시기에는 공포, 불안, 무력감 같은 감정이 급속도로 퍼지며, 사회 전체가 감정적 혼란에 빠질 수 있다. 따라서 재난 대응에서 중요한 것은 단지 정보 전달이 아니라, 감정을 어떻게 안정시키고 방향을 설정할 것인가. 이 항에서는 정부, 언론, 공공기관이 재난 상황에서 감정을 어떻게 설계하고 활용하는지를 분석한다.

재난 메시지와 감정의 언어 ─ 안정을 유도하는 소통 전략

재난 상황에서는 정보 자체보다 그 정보를 전달하는 감정적 언어가 더 큰 영향을 미친다. 사람들은 위기 순간에 '사실'보다 '느낌'에 더 민감하게 반응하며, 이때 사용하는 말의 어조, 단어 선택, 반복 방식이 공포를 증폭시키기도 하고 반대로 안정을 유도하기도 한다. 재난 커뮤니케이션은 단순한 사실 전달이 아니라, 심리적 안심을 설계하는 소통 전략이다. 언어는 감정을 조절하는 도구이며, **'감정의 언어'**가 재난 대응의 핵심 장치로 작용한다.

2011년 일본 동일본 대지진 당시, 후쿠시마 원전 폭발 이후 정부의 초기 대응 메시지는 혼란과 불안을 더욱 키운 사례로 지적된다. 일본 정부는 사고의 심각성을 처음부터 명확히 전달하지 않았고, "문제 없다", "통제되고 있다"는 식의 안일한 표현을 반복했다. 그러나 이 감정적 거리두기와 불투명한 언어는 국민의 불신을 불러왔고, 이후 사회 전반에 걸친 정보 은폐 의혹과 심리적 혼란을 증폭시켰다. 반면, 동일 시기에 일본 NHK 방송은 전문가와 함께 시청자가 이해하기 쉬운 말로, 반복적이고 차분한 어조로 위험 정보를 전달하여 상대적으로 신뢰를 얻었다. 이 사례는 같은 정보를 전달하더라도, 감정 조절 언어의 설계에 따라 공공 신뢰와 불안 반응이 극명하게 달라질 수 있음을 보여준다.

재난 메시지를 설계할 때 가장 우선해야 할 것은 '감정 구조'다. 단순히 경고하거나 수치를 나열하기보다, 불안을 자극하지 않으면서도 위험을 솔직하게 인정하고, 대응 가능성을 언어로 설계하는 것이 핵심이다. 이를 위해서는 **일관된 어조, 예측 가능한 발표 주기, 반복적인 핵심 문장** 등이 심리적 안정 장치로 작동한다. 위기 커뮤니케이션은 결국 정보 설계가 아니라 감정 설계의 문제이며, 말의 방식이 곧 신뢰의 구조를 만든다.

이미지와 반복 — 감정 설계의 시각 전략

재난 심리전에서 언어 못지않게 중요한 것이 '**이미지**'다. 시각 자료는 감정을 직관적으로 자극하며, 정보보다 빠르게 수용자의 판단을 유도한다. 특히 반복 노출은 감정적 기억을 강화하고, 공포 또는 안도감 같은 감정을 구조화한다. 이미지와 반복은 감정의 자동 반응을 유도하는 심리 설계의 핵심이다.

2020년 코로나19 확산 초기, 한국 정부는 '마스크 착용'과

'사회적 거리두기'를 시각화한 포스터를 전국에 대량 배포했다. 단순하면서도 강렬한 이미지는 지하철, 방송, 인터넷 등에서 반복 노출되며 국민의 행동에 큰 영향을 미쳤다. 또한 확진자 수와 완치자 수를 동시에 표시한 그래픽은 공포와 안도감을 균형 있게 설계하는 감정 조절 장치로 작동했다.

시각 자료는 단순한 정보 전달이 아니라 감정 유도 도구라는 점에서 신중한 설계가 필요하다. 반복되는 시각 메시지는 감정의 자동화 반응을 유도할 수 있기 때문에, 공포를 과도하게 자극하는 대신 '할 수 있다'는 정서적 기대와 안정감을 포함해야 한다. 감정 설계에 있어 시각적 언어는 말보다 먼저 작동하며, 반복은 감정 구조의 고정 장치가 된다.

투명성 vs. 통제 — 감정 신뢰와 불안의 균형

재난 상황에서 정부와 기관의 '정보 공개 방식'은 단순한 사실 전달을 넘어, 감정의 안정과 신뢰 형성에 직접적인 영향을 미친다. 이때 **투명성**은 국민이 위기의 실체를 스스로 판단하고 대비할 수 있도록 심리적 자율성과 신뢰를 부여하는 방식이다. 반면, **통제**는 불필요한 공포 확산을 방지하고 질서 유지를 위한 전략적 침묵이나 정보 조절을 포함한다.

중요한 것은 이 둘의 균형이다. 정보가 지나치게 통제되면 국민의 불신과 불안이 커지고, 반대로 모든 사실을 그대로 노출하면 오히려 공황을 불러올 수 있다. 효과적인 재난 심리전은 적절한 투명성을 통해 신뢰를 유지하면서도, 필요할 때는 감정이 과도하게 요동치지 않도록 절제된 방식으로 정보를 전달하는 것에 있다. 즉, 위기 상황에서의 정보 공개는 단순히 '사실을 알리는 일'이 아니라, 대중의 감정을 진정시키고 안정감을 주기 위한 소통의 과정임을 인식해야 한다.

2018년 하와이에서는 실제가 아닌 잘못된 탄도미사일 경보 메시지가 긴급재난문자로 발송되며 시민들 사이에 극심한 공포가 확산된 사건이 있었다. 38분 후에야 오발령임이 공식 발표되었지만, 그 사이 시민들은 대피소로 몰리고 가족에게 작별 인사를 하는 등 혼란에 휩싸였다. 이 사건에서 핵심은 '오류 그 자체'보다도, 그에 대한 정부의 늦은 해명과 불명확한 언어가 감정적 불신과 분노를 키웠다는 점이다. 이후 하와이 주 정부는 위기 상황에서의 즉각적이고 명확한 대응 절차, 신속한 사실 확인 체계, 재난 메시지 언어 재설계 방안을 마련하며, **'신속한 투명성'**이 신뢰 회복의 관건임을 인식하게 되었다.

   재난에서 정보 통제는 '감추는 것'이 아니라, '신중하게 구성된 공개'여야 한다. 중요한 것은 불안을 무조건 억누르는 것이 아니라, 사실에 기반해 사람들이 감정을 어떻게 느끼고 반응할지를 고려해 정보를 전하는 방식이다. 다시 말해, 단순한 사실 전달을 넘어서, 사람들이 안정감을 느끼고 상황을 받아들일 수 있도록 감정의 흐름을 잘 이끄는 소통이 필요하다.
   동시에, 감정적으로 충격이 클 수 있는 정보는 타이밍과 언어를 조절해 신중하게 공개해야 하며, 브리핑 주기, 메시지 담당자의 일관된 톤, 반복된 메시지 핵심어 제공 등은 감정 안정에 실질적인 도움을 준다. 투명성과 통제는 어느 하나가 옳은 해법이 아니라, **'감정 신뢰'**를 만들기 위해 균형된 전략으로 작동해야 한다.

2. 집단 공황과 루머의 심리전 — 정보보다 감정이 앞설 때

   공공 위기 상황에서는 사람들이 이성적으로 판단하기 전에 감정이 먼저 반응한다. 이때 발생하는 심리적 진공 상태, 즉 상황을 어떻게 받아들여야 할지 모르는 공백 속에서는 불확실성과 불신, 두려움이 더 쉽게 퍼진다. 특히 정보가 부족하거나, 정부나 언론의 공식 발표에 대한 신뢰가 약해지면, 사람들은 사실을 있는 그대로 받아들이기보다 자신의 감정에 따라 상황을 해석하려는 경향을 보인다. 이러한 과정을 '**정서적 해석**'이라고 한다. 이는 실제 사실보다 "이 상황이 나에게 어떤 위협으로 느껴지는가", "무엇을 두려워해야 하는가"를 감정적으로 먼저 판단하는 방식이다. 다시 말해, 사람들은 정보의 내용보다 그 정보가 주는 느낌, 분위기, 말투에 더 민감하게 반응하며, 그 감정이 전체 인식에 영향을 미친다. 위기 커뮤니케이션에서 이처럼 정서적 해석이 우선 작동한다는 점을 이해하지 못하면, 아무리 정확한 정보를 제공해도 대중의 불안을 해소하기 어렵다.

불확실성의 서사화 ― 루머는 왜 생기는가

루머는 단순한 '거짓말'이 아니다. 위기 상황에서 루머는 사람들이 "무슨 일이 벌어지고 있는 거지?"라는 불안을 견디기 위해 만들어내는 감정의 설명서다. 사람들은 두려운 일 자체보다, **그 두려움의 이유를 모를 때 더 큰 공포를 느낀다**. 그래서 누군가가 "이건 다 저 사람 때문이야"라든가, "사실 이건 은폐된 음모야"라고 말해주면, 그 말이 맞는지 아닌지를 따지기 전에, 마음부터 편해진다.

왜냐하면, 혼란 속에서 이해 가능한 설명이 생기면 불확실성이 줄어든다고 느끼기 때문이다. 이런 식으로 루머는 정보의 공백을 채우는 감정적 이야기로 작동한다. 정확하지 않아도, 그 순간 사람들은 "이게 진짜인지"보다 "이게 말이 되는지"를 먼저 생각한다. 그 말이 자기 감정과 맞아떨어지면, 루머는 빠르게 퍼진다.

2011년 3월 11일, 규모 9.0의 동일본 대지진 당시 후쿠시마 원전 폭발 이후, 일본 정부는 방사능과 관련된 정보를 과학적 수치와 전문 용어로 발표했다. 하지만 국민들은 "세슘 농도 몇 배", "기류 변화에 따른 확산 경로" 같은 표현을 즉각적으로 이해하거나 현실적으로 받아들이기 어려웠다.

이때 **"방사능 구름이 도쿄로 내려오고 있다"**는 루머가 SNS를 중심으로 확산됐다. 과학적 근거는 부족했지만, 이 루머는 사람들에게 '이제 무엇을 해야 하는가'를 감정적으로 납득시켜 주는 설명이었다. 시민들은 생수, 마스크, 요오드 제제를 사재기하며 스스로를 방어했고, 이 과정에서 루머는 단순한 오해가 아닌 '불안을 해소하기 위한 행동의 동기'로 작동했다. 결국 사람들은 정확한 정보보다는, 감정적으로 이해되는 이야기 구조를 따랐던 것이다.

위기 상황에서 루머는 단순히 잘못된 정보가 퍼지는 것이 아니라, 사람들이 불안을 견디기 위해 만들어낸 해석의 틀이다. 따라서 루머를 없애려면, 단순히 "그건 사실이 아닙니다"라고 말하는 것으로는 부족하다.

중요한 것은 사람들이 왜 그 이야기를 믿고 싶어 했는지를 이해하고, 그 감정에 대응할 수 있는 메시지를 준비하는 것이다. 예를 들어, 전문가가 나서서 기술적 설명을 반복하기보다는, 사람들이 감정적으로 받아들일 수 있는 방식으로 상황을 설명하고, 앞으로 어떻게 대응할 수 있는지 구체적 행동을 제시해야 한다. 정보의 정확성도 중요하지만, 그 정보를 사람들이 어떻게 느끼고 받아들일지를 함께 고려한 커뮤니케이션 설계가 있어야 루머는 자연스럽게 힘을 잃게 된다.

감정 코드화된 허위 정보 — 사실보다 서사

허위 정보는 단순히 '거짓말'이 아니라, 사람들이 믿고 싶어

하는 감정을 노려서 진실처럼 포장된 이야기다. 사람들은 그 내용이 정확한지 따지기 전에, "내가 느끼는 감정과 잘 맞는지"부터 확인한다. 예를 들어, 분노하거나 불안한 상태에서는 그 감정을 설명해주는 이야기에 쉽게 끌린다.

이처럼 사람들은 이 정보가 '사실이냐'보다 '내 감정에 맞느냐'를 기준으로 받아들이는 경향이 강하다. 이를 '**감정 적합성**(emotional congruence)'이라고 부른다. 결국, 진짜 정보보다 '공감되는 이야기'가 더 빨리 퍼지고 더 쉽게 믿어진다.

2022년 러시아-우크라이나 전쟁 초기, 러시아의 일부 방송과 SNS에는 "우크라이나군이 민간인을 인질 삼아 방패로 쓴다"는 영상이 확산되었다. 영상은 어린이와 노약자가 건물 안에 있는 모습과 군인들의 교전 장면을 교묘하게 편집해, 보는 이에게 충격과 분노를 유발하도록 구성되어 있었다. 실제로는 두 사건이 전혀 관련 없는 영상이었고, 내용도 조작된 것이었지만, 해당 이미지는 국민 감정에 즉각적으로 호소하며 우크라이나에 대한 적개심을 강화하는 데 크게 작용했다. 이처럼 사람들은 영상이 진짜인지보다, 느껴지는 감정이 얼마나 강렬한지를 통해 진위를 판단하게 된다.

허위 정보에 대응할 때 단순히 "그건 사실이 아닙니다"라고 말하는 것만으로는 충분하지 않다. 왜냐하면 많은 경우 사람들은 사실 그 자체보다 이미 형성된 감정 ― 분노, 불안, 억울함, 불신 ― 에 의해 정보를 받아들이기 때문이다. 따라서 이러한 감정을 무시한 채 팩트를 제시하면, 오히려 방어 반응이나 거부감을 유발할 수 있다.

결국, 허위 정보 대응은 단순한 사실 전달이 아니라, 감정적 신뢰를 회복하고 새로운 관점으로 상황을 이해할 수 있도록 돕는 대화전략이다. 사람들은 자신의 **감정이 무시당하지 않고 진**

심으로 이해받는다고 느낄 때에만, 새로운 정보도 마음을 열고 받아들일 준비가 된다.

감정 전염의 경로 — 불안은 어떻게 확산되는가

위기 상황에서 감정은 전염된다. 이를 '**감정 감염**(emotional contagion)'이라 부르며, 한 사람의 불안이 집단 전체로 확산되는 과정은 심리학적으로 입증된 현상이다. 루머와 허위 정보는 이 감정 감염의 매개체로 작용하며, 공포, 분노, 슬픔 같은 감정은 온라인과 오프라인에서 빠르게 복제된다. 특히 SNS나 단체 채팅방은 이러한 감정의 확산을 가속화하는 환경이다.

2020년 대구에서 코로나19가 급격히 확산되었을 당시, SNS와 메신저를 통해 "의료진이 쓰러졌다", "도시 봉쇄 예정" 등의 확인되지 않은 메시지가 퍼졌고, 대구 시민 다수가 생필품 사재기에 나섰다. 이 현상은 단순한 루머가 아니라, 집단 불안의 감염이 유통 경로를 타고 폭발적으로 확산된 결과였다. 감정 감염은 하나의 메시지가 아니라, 반복되는 반응의 축적으로 형성된 것이다.

불안이나 혼란이 빠르게 퍼지는 상황에서는, 단순히 "사실은 이렇습니다"라고 반복하는 것만으로는 충분하지 않다. 중요한 것은 사람들의 마음을 진정시키고 방향을 잡아주는 커뮤니케이션 방식이다. 정부나 공공기관은 정보를 미리 안내하는 사전 예고제, 불안을 이해하고 다독이는 말투의 브리핑, SNS를 통한 실시간 응답 등을 통해 정보의 흐름을 이끌어가야 하며, 국민이 심리적으로 의지할 수 있는 믿을 만한 전달자가 되어야 한다.

3. 감정적 지도자 vs. 냉정한 관리자 — 리더십의 심리전 전략

공공 위기 속 리더십은 단순한 행정 능력보다 감정 조절 능력에 의해 평가받는다. 위기의 순간, 사람들은 리더가 전하는 말의 내용보다 '**감정적 태도**'를 더 민감하게 받아들이며, 이는 집단의 사기와 협조, 나아가 정책 수용도에 직접적인 영향을 준다. 이 항에서는 위기 상황에서 리더가 어떻게 감정적으로 작용하고, 어떤 방식의 심리전이 효과적인 대응이 되는지를 사례를 통해 고찰한다.

감정 동조의 리더십 — 두려움을 용기로 바꾸는 말과 행동

위기 상황에서 리더는 단순한 지휘자가 아니라, 사람들의 심리적 불안을 읽고 그것을 새로운 방향으로 이끌어주는 정서적 거울과 같은 존재다. 이때 중요한 개념이 바로 '**감정 동조(emotional attunement)**'다. 이는 리더가 구성원의 두려움, 혼란, 분노 같은 감정을 회피하지 않고 먼저 공감한 뒤, 그것을 희망, 결단, 연대의 감정으로 전환시킬 수 있는 태도와 언어를 갖추는 것을 말한다.

사람의 감정은 심리 상태의 바로미터이자 행동을 움직이는 촉매다. 따라서 리더는 정확한 명령보다, 감정을 이해하고 공유하며 전환시키는 능력이 중요하다. 말보다 태도, 지시보다 함께 행동하는 모습이 리더십의 신뢰를 만든다.

2019년 3월, 뉴질랜드 크라이스트처치에서 발생한 이슬람 사원 총기 테러는 전 세계에 큰 충격을 주었다. 이 사건으로 51명이 목숨을 잃었고, 사회 전반에는 공포와 분노, 분열의 분위기가 퍼졌다. 이때 저신다 아던 뉴질랜드 총리는 희생자 가족을 직접 찾아가 검은 히잡을 쓰고 위로했으며, 국민 앞에서는 "그들은 우리 중 일부가 아니다(They are not us)"라는 단호한 메시지를 통해 테러범과 사회를 정서적으로 분리했다. 동시에 "우리는 하나의 공동체(We are one)"라는 말을 반복하며, 두려움과 분노를 연대와 공감의 방향으로 전환시켰고, 국제사회로부터 '**이례적인 위기 리더십**'으로 주목받았다.

리더는 위기의 순간, 정보보다 감정을 먼저 다뤄야 한다. 구성원의 감정에 반응하고, 그 감정을 정제하고 방향을 제시하는 것이야말로 심리전 상황에서의 리더 역할이다. 말보다 표정, 브리핑보다 존재감이 중요한 시점에선 감정 동조 전략이 위기관리의 핵심이 된다.

냉정함의 역효과 — 관료 리더십이 불신을 부를 때

정확성과 효율성을 중시하는 **관료적 리더십**은 평시에는 유능하게 보이지만, 위기 상황에서는 비인간적으로 비춰질 수 있다. 감정을 배제한 말투, 기술적 수치의 반복은 구성원의 불안을 오히려 증폭시키며, 이때 리더는 '공감하지 않는 권위'로 인식된다.

2005년 8월 허리케인 카트리나 당시, 미국 연방재난관리청(FEMA)과 부시 대통령은 수일간 피해 지역을 방문하지 않았고, 브리핑에서도 '**숫자 중심**'의 대응으로 일관했다. 이로 인해 대중은 정부를 무능하고 비인간적이라고 평가했고, 연방 정부에 대한 신뢰는 급격히 하락했다. 이는 감정 공백을 남긴 리더십의 실패로 기록된다.

위기 상황에서 리더는 전문가이기 이전에 감정 조율자여야 한다. 단순한 사실 전달이나 명령이 아니라, 정서적 지지와 공감적 언어를 통해 구성원의 신뢰를 얻는 방식이 필요하다. 기술 중심 커뮤니케이션은 정보는 줄 수 있으나 사람을 따르게 만들진 못한다. 위기 리더십의 조건은 공감의 언어다.

리더의 상징과 이미지 전략 — 존재 자체가 메시지가 될 때

심리전에서 리더는 단지 말하는 존재가 아니라, **'존재하는 방식'** 자체가 메시지다. 복장, 위치, 표정, 동선, 함께 선 사람들 등은 모두 감정적 함의를 지닌 상징으로 해석된다. 이러한 비언어적 요소들은 대중의 불안과 신뢰를 동시에 설계하는 시각적 심리전이다.

2020년 코로나19 초기, 대만의 차이잉원 총통은 매일 마스크를 쓴 채 대중과 브리핑을 하며, 의료진과 함께 있는 사진을 공개했다. 이때 마스크 착용, 의료진과의 거리, 눈빛, 배경 이미지 등이 "나는 당신들과 함께 있고, 최선을 다하고 있다"는 비언어적 메시지를 구성했고, 대만은 아시아에서 가장 높은 방역 신뢰도를 기록했다.

리더십은 단지 '무엇을 말했는가'가 아니라, '어떻게 보였는가'로 평가된다. 공공 위기 시, 리더는 비언어적 설계에 전략적으로 접근해야 하며, 존재 방식 자체가 감정 안정의 매개체가 되어야 한다. 이미지는 감정 기억에 가장 오래 남으며, 위기 상황에서는 말보다 먼저 감정을 유도한다.

제20장

법과 질서, 그리고 두려움 ― 통제의 심리전

1. 시선의 심리학 ― 감시당한다는 감정이 만드는 질서

감시는 단지 사실을 기록하거나 범죄를 단속하는 수단이 아니다. 감시를 받는다는 인식은 사람들의 감정과 행동을 실시간으로 조율하며, '보이지 않는 통제력'으로 작용한다. CCTV, 경찰의 순찰차, 보안요원, 드론 등 물리적 감시 수단은 대중이 스스로를 조절하게 만드는 심리적 압박으로 기능한다. 이 항에서는 감시라는 시선이 사람들에게 어떤 감정적 영향을 주며, 그것이 어떻게 법과 질서를 유지하는 심리전 장치로 작동하는지를 살펴본다.

무의식적 억제 ― 감시는 행동을 바꾸는 심리 장치

감시를 받고 있다는 생각만으로도 사람은 자신의 행동을 조심하게 된다. 실제로 누가 지켜보는지보다, 누군가가 "보고 있을지도 모른다"는 인식이 더 중요한 것이다. 푸코가 말한 '**판옵티콘 효과**'는 이 원리를 잘 보여준다. 판옵티콘이란 감시자가 중앙에 있고, 수감자는 감시받는다는 느낌만으로 스스로를 통제하게 되는 감옥 구조다. 실제로 보이지 않더라도, 감시의 가능성만으로 사람들은 자발적으로 자신을 검열하고 행동을 억제하게 된다. 이는 감시가 강제력이 아니라 심리적 억제 장치로 작동한다는 뜻이다.

중국은 주요 도시의 거리, 상점, 교차로 등 공공 공간에 수억 개의 CCTV를 설치하고 있다. 특히 안면 인식 기술이 결합된 이 시스템은 '사회 신용 점수제'와 연계되어 있어, 쓰레기를 무단 투기하거나 교통 규칙을 위반할 경우 벌점이 부과된다. 시민들은 항상 누군가가 자신을 지켜보고 있다는 생각에 따라 행동을 조심하게 되며, 실제보다 "감시당하고 있다"는 감정이 강하게 작용한다. 이러한 감시는 단지 질서 유지를 넘어서, 사람들의 감정 표현이나 사회적 태도까지 영향을 미친다.

감시 시스템은 범죄 예방뿐만 아니라, 사람들의 감정과 행동을 미세하게 조율하는 장치로 작동한다. 그러나 감시가 지나치면 불신과 스트레스를 유발할 수 있다. 따라서 감시의 목적과 기준, 활용 방식은 투명해야 하며, 감시가 억압이 아닌 공동체 안전을 위한 장치로 인식될 때 긍정적인 심리 효과를 기대할 수 있다. 감시는 기술이 아니라 감정과 인식의 문제다.

공권력의 상징 ― 제복과 장비가 주는 감정적 위압

공권력은 물리력만으로 작동하지 않는다. 제복, 무기, 차량, 경광등 등은 모두 시각적 상징으로서 대중에게 위압과 복종의 감정을 불러일으킨다. 이러한 상징은 심리적 거리감을 조성하며, 경계심과 경외심을 유발한다. 제복이 주는 권위감은 단순한 복장 효과가 아닌, 제도화된 감정 설계의 일환이다.

2023년 프랑스 연금개혁 반대 시위 당시, 검은 헬멧과 방패, 진압 장비로 무장한 경찰 대열은 시민들에게 강한 위압감을 주었다. 시위 참가자 중 일부는 경찰과의 직접 충돌이 발생하지 않았음에도 불구하고 극도의 스트레스를 호소했으며, 현장을 떠나거나 침묵으로 전환하는 경우가 많았다. 이는 공권력의 물리적 개입보다 시각적 상징 자체가 감정을 조정한 대표 사례다.

공권력의 상징은 통제뿐 아니라 공감과 신뢰의 방식으로도 설계될 수 있다. 단정한 복장, 비폭력적 태도, 개방된 표정은 시민 감정의 안정에 기여하며, 시위나 대규모 행사에서의 경찰 배치는 단지 억압이 아니라 **'심리적 보호막'**으로 인식되어야 한다. 감정 위협이 아닌 감정 신뢰를 유도하는 공권력 상징이야말로 현대 심리전의 핵심 전략이 될 수 있다. 공공장소에서의 감시 설계는 단순한 범죄 예방을 넘어서, 시민의 감정과 행동을 조절하는 도구가 된다. 이는 과잉 감시로 인한 불안이나 반감이 아니라, 신뢰 기반의 감시가 되어야 긍정적 감정으로 기능할 수 있다. 감시 장치는 공개성과 목적성을 갖출 때 심리전의 효과가 극대화 된다.

일상적 질서로서의 감시 — 습관이 된 복종

감시가 반복되고 일상화될수록 사람들은 그것을 이질적인 통제 장치가 아니라 **'자연스러운 환경'**으로 받아들인다. 이러한 감정의 습관화는 행동의 습관화로 이어지며, 더 이상 감시를 의식하지 않아도 복종과 자기 억제가 자동적으로 작동하는 심리적 조건을 형성한다. 감정의 순응은 권위의 내면화로 이어지며, 이는 무력한 저항 상태를 지속시키는 토대가 된다.

싱가포르는 도시 전체가 감시 체계에 포함된 대표 사례다. 지하철, 공공장소, 거리마다 CCTV가 설치되어 있고, 쓰레기 투기, 껌 뱉기, 침 뱉기 등에 대한 벌금이 철저히 집행된다. 시민들은 이를 '불편한 감시'로 인식하기보다 **'질서 있는 일상'**으로 받아들이며, 공공 질서 유지에 기여한다고 답한다. 감시가 공포가 아니라 질서 그 자체가 된 셈이다.

공권력의 상징은 통제뿐 아니라 공감과 신뢰의 방식으로도 설계될 수 있다. 단정한 복장, 비폭력적 태도, 개방된 표정은 시민 감정의 안정에 기여하며, 시위나 대규모 행사에서의 경찰 배치는 단지 억압이 아니라 '**심리적 보호막**'으로 인식되어야 한다. 감정 위협이 아닌 감정 신뢰를 유도하는 공권력 상징이야말로 현대 심리전의 핵심 전략이 될 수 있다. 공공장소에서의 감시 설계는 단순한 범죄 예방을 넘어서, 시민의 감정과 행동을 조절하는 도구가 된다. 이는 과잉 감시로 인한 불안이나 반감이 아니라, 신뢰 기반의 감시가 되어야 긍정적 감정으로 기능할 수 있다. 감시 장치는 공개성과 목적성을 갖출 때 심리전의 효과가 극대화 된다.

2. 형벌과 공포의 프레임 — 처벌이 주는 심리적 메시지

형벌은 단순히 잘못에 대한 응징이 아니라, 사회 구성원 전체에게 감정적 메시지를 전달하는 상징적 행위다. 사람들은 타인의 처벌을 보며 두려움이나 경계심을 학습하고, 그것을 통해 자신의 행동을 조정하게 된다. 공개 재판, 무거운 형량, 범죄자의 얼굴 공개 같은 장치는 법적 절차를 넘어서, 감정에 작용하는 심리전의 수단으로 기능한다. 이러한 형벌은 단지 개인을 처벌하는 것이 아니라, 사회 전체의 감정적 경계를 설정하는 효과가 있다.

감시가 내면화될수록 사람들은 법적 제재가 있기 전부터 스스로 행동을 조심하게 되며, 이는 감정적 순응이라는 형태로 나타난다. 그러나 이러한 통제 구조는 때때로 비판적 사고를 약화시키고 수동적 집단 행동을 유도할 수 있기 때문에, **처벌과 감시의 설계에는 윤리성과 투명성**이 반드시 수반되어야 한다. 공권력은 억압이 아닌 신뢰와 보호의 상징으로 작동할 때, 시민의 감정적 수용을 이끌어낼 수 있으며, 이것이야말로 현대 심리전의 지속 가능한 전략이다.

공개 처벌의 심리 효과 ― 보는 이의 감정을 겨냥하다

형벌은 가해자에 대한 응보인 동시에, 대중에게 메시지를 전달하는 감정적 장치다. 특히 공개 처벌은 보는 이로 하여금 "나도 저렇게 될 수 있다"는 두려움을 불러일으키고, 이 감정은 자발적 복종과 자기 검열로 이어진다. 이런 효과는 고대의 공개 형 집행부터 현대의 언론 보도에 이르기까지 다양한 형태로 존재해왔다.

2022년 중국의 한 도시에서 마스크 미착용자를 공개적으로 광장에 세우고 이름을 낭독하는 방식의 **'경고 퍼포먼스'**가 진행되었다. SNS를 통해 영상이 퍼지면서 시민들은 비난과 동시에 "괜히 비판대상이 되면 안되겠다. 조심해야겠다"는 불안감을 표현했다. 이 사건은 행정적 처벌보다 감정적 위축을 유도해 사회적 순응을 끌어낸 사례로 해석되었다.

공개 처벌은 단기적으로 강한 복종 효과를 유도할 수 있으나, 장기적으로는 감정적 반감과 위선적 순응을 조장할 수 있다. 따라서 처벌의 공개 여부와 방식은 불필요한 굴욕이나 낙인을 피하면서도 사회 규범을 각인시킬 수 있도록 정교하게 설계되어야 한다. 심리전으로서의 형벌은 공포보다도 신뢰와 예측 가능성에 기반해야 한다.

전과자의 낙인 ― 법적 처벌 이후의 심리적 감금

형벌은 법정에서 끝나지 않는다. 처벌 이후에도 사회는 전과자에게 낙인을 찍고, 이 낙인은 새로운 감정적 억압의 기제가 된다. 특히 **'부정적 정체성'**이 고착화되면 개인은 사회적 회복의 기회를 잃고, 자기 혐오와 사회에 대한 반감 속에서 심리적 고립에 빠진다. 이는 범죄의 재생산 가능성을 높이는 악순환으로 이어진다.

한국의 성범죄자 신상공개 제도인 '**성범죄자 알림**'은 주민들이 거주지 주변 전과자를 확인할 수 있도록 하지만, 주변으로 이사할 수 있는 집조차 찾기 어려울 정도로 낙인 효과가 극심하다. 일부는 고용과 일상 생활에서 지속적인 차별을 경험하며 사회 복귀에 실패하고, 다시 범죄에 노출되기도 한다.

전과자 낙인은 사회적 안전을 위한 필요 조치일 수 있지만, 그 강도가 과도하면 복종보다 절망을 유도할 수 있다. 예를 들어, 성범죄자 신상공개 제도처럼 낙인이 너무 강할 경우, 전과자는 이사할 집을 구하지 못하고 일자리도 찾기 어려워진다. 이때 중요한 것이 '**두 번째 기회**'다. 이는 전과자가 처벌을 마친 뒤 다시 사회에 나아가 일하고, 인간다운 삶을 시작할 수 있도록 사회가 허용하는 기회를 의미한다. 단순히 벌을 받았다고 해서 모든 문을 닫아버리면, 사람은 절망하게 되고 다시 범죄로 이어질 수 있다. 반면, 취업 기회나 재교육, 차별 없는 일상 회복의 여지를 주면, 그 사람은 자신의 잘못을 되돌아보고 새로운 길을 선택할 가능성이 커진다. 즉, 두 번째 기회는 단지 개인을 위한 배려가 아니라, 사회 전체의 안전과 회복을 위한 감정적 장치이자 법적 정의의 일부이다.

형량과 감정의 비례 — 처벌 강도에 대한 인식 설계

대중은 형량의 숫자만으로 범죄의 심각성을 인식하지 않는다. 그 처벌이 '**감정적으로 납득 가능한가**'에 따라 정의에 대한 신뢰가 결정된다. 지나치게 관대한 형벌은 분노를, 과도한 형벌은 공포나 부당감을 유발하며, 이 모두는 법체계의 정당성에 영향을 미친다. 형벌은 감정의 설계이기도 하다.

2023년 미국에서 고의로 유색인종 이웃의 차를 파손한 백인 남성이 '사회봉사 40시간'만 선고받자, 커뮤니티와 SNS에서는

'이건 정의가 아니다'는 반발이 확산됐다. 같은 해, 비슷한 수준의 재물 손괴 사건에서 유색인종 가해자가 6개월 실형을 받은 사례가 비교되며 감정적 불균형이 법제도의 신뢰를 흔든 것이다.

법 집행 기관은 형량의 합리성과 함께, 대중의 감정 수용 가능성까지 고려한 커뮤니케이션 전략이 필요하다. 형벌은 단지 범죄 억제 수단이 아니라, 사회 정의의 감정적 상징이다. 따라서 심리전으로서의 처벌은 '공포 유발'이 아닌, '공정함의 설계'를 통해 설득력을 높여야 한다.

3. 안전과 불안의 조절 — 질서의 정서적 설계

법과 질서는 시민들에게 안전이라는 감정을 제공하는 동시에, 위반 시의 불안과 두려움을 상기시키는 정서적 균형 구조를 지닌다. 이 균형이 무너지면, 통제는 공포가 되고, 무관심은 무질서로 이어진다. 따라서 심리전으로서의 법 질서 유지란, 단지 제재가 아닌 감정 설계의 예술이다.

사람들은 법을 볼 때, 단순히 "이건 해도 된다"는 규정보다 "이건 하면 큰일 날 수 있다", "이 선은 넘지 말아야 한다"는 감정을 먼저 배운다. 이처럼 법은 조항 하나하나보다, 그걸 어기면 어떤 결과가 따를지에 대한 '느낌'으로 더 강하게 작동한다. 그래서 사람들은 법을 통해 어디까지가 안전한지, 어디부터 위험한지를 감정적으로 체득하게 되고, 그렇게 만들어진 불문(不文)의 감정 기준이 사회의 질서와 신뢰를 지탱하게 된다.

경고의 심리학 — 안전은 불안을 전제로 성립된다

경고는 단순한 위험 알림이 아니라, 감정을 유도하는 장치다. '주의', '금지', '처벌' 등의 메시지는 사람의 심리적 각성을 높이고, 자발적 순응을 이끌어낸다. **경고는 안전함보다 위험 가능성을 각인**시키는 데 목적이 있으며, 그로 인해 안정이라는 감정이 오히려 형성된다.

미국 뉴욕 지하철에는 "가방을 두고 가지 마십시오", "수상한 행동은 신고하십시오" 등의 경고 문구가 곳곳에 붙어 있다. 이는 단순한 범죄 예방보다 시민의 경계심을 유지하고, '지금은 안전하지만 언제든 위험이 올 수 있다'는 감정 구조를 형성한다. 이런 지속적 긴장 유도는 시민 스스로가 공공 감시자가 되도록 만든다.

경고는 사회의 정서적 면역 시스템으로 작동한다. 그러나 그 수위와 빈도, 표현 방식에 따라 불안 조장이 아닌 감정적 마비를 불러올 수 있으므로, 경고 메시지는 '예방'과 '경계'를 균형 있게 설계해야 한다. 감정적으로 효과적인 경고는 과장이 아니라, 신뢰와 일관성을 기반으로 설계된다.

위험 정보의 선택적 공개 — 감정 통제를 위한 현실 편집

공공 질서 유지에 있어 모든 정보를 그대로 공개하는 것은 오히려 불안을 확산시킬 수 있다. 따라서 정부나 언론은 정보의 양과 타이밍을 조절함으로써 대중의 감정 반응을 통제한다. 이는 단순한 정보 조작이 아니라, 심리적 과잉 자극을 막기 위한 **감정 관리 전략**으로 기능한다.

2023년 한 학교에서 흉기 사건이 발생했을 때, 해당 교육청은 사건 발생 시간과 가해자 연령 등 핵심 정보만 보도하고, 사진이나 자극적 묘사는 배제하도록 언론에 요청했다. 이로 인해 학부모들은 불안은 느꼈지만 공황에 빠지지는 않았고, 학교는 비교적 빠르게 평정 상태로 돌아갈 수 있었다.

정보 공개는 공공의 알 권리와 감정의 안정 사이에서 조율되어야 한다. 지나친 투명성은 불안을 증폭시키고, 지나친 은폐는 신뢰를 무너뜨린다. 감정 설계를 위한 정보 전략은 '**무엇을, 언제, 어떻게**' 공개할지를 정교하게 조율하는 공공 심리전의 핵심이다.

일상의 상징 설계 ― 안심을 유도하는 공간과 풍경

사람들은 공간 속에서 단지 움직이고 머무는 것이 아니라, 그 공간이 주는 분위기와 신호에 따라 감정적으로 반응한다. 혼잡하고 어수선한 환경은 불안과 경계를 유발하지만, 정돈된 환경, 명확한 안내, 예측 가능한 동선은 자연스럽게 사람의 마음을 진정시키고 질서 있는 행동을 이끌어낸다.

이는 단속이나 감시 같은 물리적 통제보다 훨씬 부드럽고 강력한 방식이다. 예를 들어 휴게실의 밝기, 공공장소의 안내방송 톤, 화장실의 청결 상태, 안내 표지의 배치 등은 모두 무의식적으로 작용하며, "**이 공간은 신뢰할 수 있다**"는 심리적 안정감을 만든다. 공간은 단순한 배경이 아니라, 사람의 감정을 유도하고 조율하는 '정서적 무대'인 셈이다.

핀란드 헬싱키 공항은 세계에서 가장 '**편안한 공항**' 중 하나로 꼽힌다. 이곳은 눈에 띄는 보안 요원이나 감시 방송보다, 밝고 따뜻한 조명, 조용한 안내 방송, 넓고 깨끗한 대기 공간, 스트레스 완화 음악 같은 요소에 집중한다.

예를 들어, 공항 내에는 '**쉼**'을 위한 가죽 소파와 목재 인테리어가 곳곳에 배치되어 있고, 안내 표지판은 여러 언어로 부드러운 색조로 인쇄되어 있어 누구나 쉽게 방향을 알 수 있다.

특히 방송은 낮은 톤과 느린 속도로 진행되어, 급박함보다는 차분한 리듬을 유도한다. 이와 같은 설계는 "이곳은 안전하다"

는 감정을 자극해 자연스러운 질서 유지와 범죄 억제로 이어진다. 실제로 헬싱키 공항은 높은 만족도와 낮은 범죄율을 기록하고 있다. 이처럼 공간이 제공하는 '감정적 질서'가 사람들의 행동을 자발적으로 조율하는 것이다.

도시나 공공기관은 사람들을 '단속'하기보다, 공간 자체가 안정감과 신뢰를 줄 수 있도록 설계해야 한다. 예를 들어, 무거운 경고문이나 감시카메라보다도, 자연광이 잘 드는 대합실, 정리된 게시판, 분명한 동선 안내, 정기적인 청소가 시민의 불안을 줄이고 일상의 질서를 강화한다.

또한, 공공기관의 대기 공간에 부드러운 배경 음악, 간단한 심신 이완 문구, 친절한 방송을 활용하는 것도 감정 조율에 효과적이다. 이는 단지 환경 미화가 아니라, 사람의 정서를 설계하고, 자율적인 질서를 유도하는 현대적 커뮤니케이션 방식이다. 즉, 공공 공간의 심리적 설계는 법과 제재보다 더 일상적이고 지속 가능한 **'무형의 통제'**로 작동한다.

제7부

전략적 심리전의 미래
—감정과 인식의 전장을 넘어

제21장

디지털 전장의 확장
─ 인지전, 알고리즘, 감정 AI

1. 심리전에서 인지전으로 ─ 사고 그 자체를 겨냥하다

심리전은 이제 단순히 감정을 흔드는 단계를 넘어서고 있다. 현대의 심리전은 감정을 통해 사고를 설계하고, 사고를 통해 현실 인식을 재구성하는 전략적 체계로 진화하고 있다. 바로 이것이 **'인지전(Cognitive Warfare)'**이다. 인지전은 단순한 여론전이나 선전과 구별된다. 그것은 사람의 인지구조 자체 ─ 정보를 수용하고, 해석하고, 결론을 내리는 방식 ─ 를 겨냥하여, 개인이 생각하는 '사실'과 '판단'이 자신의 의지가 아닌 외부 기획자에 의해 형성되도록 유도하는 심리전의 최종 형태라 할 수 있다.

인지전의 정의와 진화 ─ 생각의 틀을 조종하는 기술

국립외교원 송태은 박사의 『인지전(cognitive warfare)』에서 "인지전은 단순히 정보를 전달하거나 거짓을 퍼뜨리는 수준을 넘어, **정보를 어떻게 해석하고 반응하게 만들지를 설계하는 전쟁이며,** 핵심은 '정보 자체'가 아니라, 그 정보를 받아들이는 사람의 생각 구조, 해석 방식, 판단 체계를 조종하는 데 있다."라고 강조하였다. 즉, 인지전은 감정 자극을 넘어 사고의 흐름을 교란하거나 왜곡하는 깊은 심리전의 한 형태다. 전통적으로는 프레이밍(frames), 정보 누락, 확증편향 유도, 대안 차단, 논리

왜곡 등이 사용되었으나, 최근에는 인공지능, 빅데이터, SNS 플랫폼을 활용해 정밀 타겟팅과 자동화된 '**심리 프리즘**'을 만드는 방식으로 진화하고 있다.

또한 인지전은 단일한 대상이 아닌, 적국의 지휘부, 군 병력, 일반 대중까지 전방위로 펼쳐진다. 주로 다음과 같은 세 가지 전략이 복합적으로 작동한다:

1) 분열 전략 — 적과 동맹국, 내부 집단 간의 신뢰를 흔들고 이해관계를 충돌시켜 내부 균열을 유도한다.
2) 주의 분산 — 실제 목표를 가리기 위해 가상의 위협이나 이슈를 다수 제기한다.
3) 정보 과부하 — 대응이 불가능할 정도의 정보량과 위기를 동시에 노출시켜 판단을 마비시키는 전략이다.

결국 인지전의 궁극적인 목표는, 올바른 정보의 판단을 방해하고, 합리적 사고와 정책 결정을 붕괴시키며, 사회 전체에 갈등과 분열을 확산시켜 스스로 무너지게 하는 것이다. 이는 단순한 심리전이 아니라, 국가 단위의 전략 체계를 마비시키는 인식의 전쟁이다.

2019년 홍콩 민주화 시위 당시, 중국 정부는 SNS를 통해 시위대를 '폭력적인 극단 세력'으로 규정하는 영상과 메시지를 지속적으로 퍼뜨렸다. 특히 실제 충돌 장면을 편집해 시위 전반을 과격하게 보이도록 구성하거나, '시위가 외부 세력의 개입'이라는 내러티브를 반복 주입했다.

하지만 이는 단순한 거짓 선전이 아니었다. 홍콩 시민 내부에서 "이 시위가 정말 정당한가?"라는 의심을 품게 만드는 정교한 프레이밍 전략이었다. 결국 일부 시민은 시위대를 불신하게 되었고, 국제사회에서도 지지의 목소리가 일부 약화되었다. 이처럼 인지전은 정보가 아니라 '**생각의 방식**'을 바꾸는 데 성공함으로써, 저항과 연대를 분열시키는 데 목적을 두었다.

현대 사회에서 인지전에 대응하기 위해서는 사실 검증 이전에, '내 생각 자체를 점검하는 훈련', 즉 **인지적 메타인식**(cognitive metacognition)이 필수적이다. 뉴스나 콘텐츠를 접할 때, 단순히 "맞다, 혹은 틀리다"보다 먼저, "이 정보는 왜 지금 나에게 노출되었는가?", "이 프레임은 누구에게 유리한가?", "다른 해석 가능성은 왜 사라졌는가?"라는 질문을 던져보라.

또한, 감정을 자극하는 콘텐츠(분노, 혐오, 우월감 등)를 접할 때는 그 감정이 '나의 것인지, 누군가에 의해 유도된 것인지'를 판단하는 감정 인지 훈련도 필요하다. 특히 정보가 넘쳐날수록, 핵심을 놓치는 상황에 빠지지 않기 위해, 다양한 관점을 일부러 찾아보고, 정제된 비판적 사고 훈련을 반복하는 습관이 중요하다. 인지전은 결국 **'뇌의 전쟁'**이며, 가장 강한 방어는 스스로 사고하고 판단할 수 있는 힘이다.

정보 과잉과 판단 마비 — 피로감의 심리전

현대의 인지전은 정보를 숨기기보다는, 너무 많은 정보를 한꺼번에 쏟아붓는 방식으로 사람들의 판단 능력을 흐리게 만든다. 이를 **'정보 과잉**(information overload)'이라고 한다. 인간의 뇌는 하루에 처리할 수 있는 정보량이 제한되어 있기 때문에, 지나치게 많은 정보가 들어오면 혼란과 피로를 느끼게 된다. 이때 사람들은 스스로 생각하기를 포기하고, 가장 눈에 띄거나, 익숙하거나, 자극적인 정보만 골라 믿게 된다. 또는 "무엇이 진실인지 모르겠다"며 판단 자체를 중단한다. 이처럼 과잉 정보는 사고의 깊이를 떨어뜨리고, 이분법적 사고(흑백논리)에 빠지게 만든다.

이런 상태는 민주 사회에서 시민 개개인이 신중하게 판단해야 할 선거, 정책, 공공 이슈 등에서의 '집단적 사고 회피'를 유도하며, 결국 민주적 숙의 판단을 약화시키는 심리전의 대표적 전술이다. 다시 말해, 누군가가 판단을 강제로 빼앗아 가는 것이 아니라, 우리가 스스로 판단을 포기하게 만드는 방식이다.

코로나19 팬데믹 초기에, 마스크에 관한 정보는 하루에도 수백 건씩 쏟아졌다. 어떤 마스크가 더 효과적인지, 착용 방법은 어떤지, 전문가들의 말도 서로 달랐고 기사마다 결론이 달랐다. 사람들은 "도대체 뭘 믿어야 해?"라며 혼란을 느꼈고, 결국 "그냥 아무거나 쓰자", "지치니까 신경 끄자"며 스스로 판단을 멈췄다. 이는 정보를 과하게 던져서 사람들을 피로하게 만들고, 결국 관심과 판단을 포기하게 만든 **'피로형 인지전'**의 전형적 사례다.

정보가 넘쳐날수록, 가장 먼저 해야 할 일은 정보를 줄이는 것이 아니라 정리하는 것이다. 핵심은 "이 정보는 내 생각을 어떻게 바꾸려 하는가?", "이 정보는 나에게 어떤 감정을 유발하려 하는가?"를 묻는 것이다. 예를 들어, '공포', '분노', '혐오' 같은 감정을 유도하는 기사라면, 그것이 내 판단을 흐리게 만들려는 의도는 아닌지 의심해야 한다.

무조건 의심만 하면 피로해지고 무력감에 빠질 수 있으므로, 정보의 출처가 신뢰할 수 있는지, 그리고 반대 입장의 정보도 함께 보았는지를 점검하라. 이런 훈련은 단순한 비판이 아니라, 판단력을 유지하는 생존 기술이다. 스스로 정보를 정리하고 핵심을 찾는 능력이야말로 인지전의 공격으로부터 나를 보호하는 첫 걸음이다.

주의력 쟁탈의 전략 — 감정 기반 콘텐츠의 지배력

현대 인지전의 핵심은 '정보를 감추는 것'이 아니라 사람들의 주의를 먼저 차지하는 것이다. 인간의 주의력은 한정되어 있고, 그 주의는 감정을 자극하는 콘텐츠에 가장 먼저, 가장 강하게 끌린다. SNS 알고리즘은 이 특성을 잘 알고 있어, 분노, 혐오, 놀라움, 웃음 같은 감정을 유도하는 콘텐츠를 더 자주, 더 많이 노출시킨다.

예를 들어, 정치인에 대한 조롱 이미지(밈), 특정 인종이나 집단을 비하하는 글, 감정적 어조의 분열적 발언 등이 그렇다. 이런 콘텐츠는 사실에 기반한 차분한 설명보다 훨씬 더 많이 공유되고 반응을 얻는다. 그 결과 사람들은 점점 시끄러운 거짓에는 반응하고, 조용한 진실에는 무관심해진다.

2020년 미국 대선 당시, 트위터와 페이스북에서는 단순한 정책 발표 기사보다, **"바이든은 치매다"**, **"트럼프는 독재자다"**와 같은 극단적 편향 발언, 혹은 특정 후보를 조롱하는 합성 이미지(예: 트럼프의 얼굴을 실제 아기 사진에 합성하여, 마치 기저귀 찬 아기처럼 바닥에 누워 우는 모습으로 표현한 것. → 주로 "Loser baby Trump", "Crybaby-in-chief" 같은 문구가 함께 쓰임.) 등이 훨씬 더 많은 '좋아요', '공유', '댓글'을 유도했다.

특히 2020년 미국에서 조지 플로이드 사망 사건을 계기로 전국적으로 벌어진 'Black Lives Matter(흑인의 생명도 소중하다)' 시위는, 경찰의 과잉 진압과 인종차별에 항의하는 시민운동이었다. 그러나 이를 두고 "BLM 시위는 모두 폭력적이다", "시위대는 테러리스트다"라고 단정하는 주장은, 복잡한 사회운동을 단편적인 폭력 사건으로 일반화하여 혐오와 편견을 조장하는 대표적인 사례다. 마찬가지로 "우익은 모두 인종차별주의자다"라는 표현도, 다양한 성향과 입장을 가진 집단을 한 가지 부정적 이미지로 묶는 위험한 낙인이다. 이는 정보 자체보다 감정 반응이 여론을 지배한, 전형적인 감정 중심 인지전이었다.

하루를 시작할 때 가장 먼저 본 뉴스나 SNS 글이 당신의 기분에 어떤 영향을 주었는지 생각해보라. 만약 불쾌하거나 화나는 콘텐츠에 자주 반응하고 있다면, 그건 당신의 주의력과 감정이 외부에 의해 조종되고 있다는 신호다.

이럴 때는 자주 보는 SNS 계정이나 유튜브 채널을 점검해보라. 자극적인 말투, 갈등을 부추기는 영상, 과도하게 분노를 유도하는 콘텐츠가 있다면, 과감히 '**언팔로우**'하거나 '**알림 끄기**'를 하자.

그리고 중요한 점은 이것이다. 즉, 정보가 아닌 감정에 자동으로 반응하는 내 습관을 인식하고, 그 패턴을 끊어내는 연습을 해야 한다. 처음에는 어렵지만, 감정보다 내용을 먼저 살펴보는 습관이 들면, 내 주의력은 내가 다시 통제할 수 있게 된다. 이것이 바로 나를 지키는 심리적 자위 전략이다.

2. 알고리즘 심리전 — 감정을 설계하는 코드의 힘

오늘날 우리의 감정과 생각은 인간이 아닌 알고리즘에 의해 점점 더 깊이 설계되고 있다. 알고리즘은 분노, 혐오, 공포, 조롱처럼 즉각적 감정 반응을 유도하는 콘텐츠를 우선적으로 노출시킨다. 이는 사용자의 체류시간과 반응을 증가시켜 플랫폼의 수익을 높이기 때문이다.

이 과정에서 우리는 점점 더 편향된 감정의 거품 속으로 갇히고, 타인을 이해하기보다 판단하고 공격하는 방향으로 사고가 훈련된다. 알고리즘 심리전은 바로 기술이 인간 감정에 개입하는 새로운 권력의 형태다. 이 항에서는 이 메커니즘이 어떻게 작동하는지를 분석하고, 우리가 일상 속에서 어떻게 휘둘리고 있으며, 그것을 벗어날 실천 방안은 무엇인지 살펴본다.

추천 알고리즘과 감정 유도 — 클릭의 심리학

추천 알고리즘은 사용자의 클릭, 시청 시간, 댓글 반응 등을 분석하여 **'가장 오래 머물고 가장 많이 반응할 콘텐츠'**를 우선 배치한다. 이때 감정을 유도하는 콘텐츠가 특히 강력하다. 특히 분노와 혐오, 그리고 충격적인 정보는 중립적 콘텐츠보다 더 강한 반응을 일으켜 추천 우선순위에 올라간다. 이로 인해 사용자는 자신이 클릭하고 싶었던 것이 아니라, 클릭할 수밖에 없던 콘텐츠를 접하게 된다.

2024년 초, 유튜브 알고리즘은 '**젠더 갈등**'을 부추긴다는 비판을 받았다. 당시 유튜브는 "남성들이 역차별을 당하고 있다"거나 "여성 혜택은 과도하다"는 주장을 담은 영상들, 혹은 페미니즘을 비판하는 콘텐츠를 자주 추천 목록 상단에 노출시켰다.

이러한 영상들은 남성과 여성 사이의 감정을 자극하는 내용을 담고 있어, 영상 아래에는 분노 섞인 댓글이나 상대 집단을 비난하는 말들이 빠르게 퍼졌다. 결국 유튜브 알고리즘은 사람들의 감정을 자극해서 시청 시간을 늘리는 방식으로, 사회적으로는 성별 갈등과 혐오 표현을 키우는 결과를 만든 것이다. 이는 감정을 흔드는 콘텐츠가 더 널리 퍼지도록 구조화된 추천 시스템의 전형적인 문제를 보여주는 사례다.

스마트폰에서 유튜브나 인스타그램을 볼 때, 피드를 무심코 스크롤하다가 문득 멈춰 "내가 왜 이걸 클릭했지?"라고 자문해 보라. 그 선택이 진짜 내가 알고 싶어서 한 것인지, 아니면 자극적인 영상 제목이나 썸네일에 감정이 흔들려서 무의식적으로 반응한 것인지 살펴보는 것이 중요하다.

이렇게 감정에 따라 자동 반응하는 습관을 '감정 반응성'이라고 하며, 이는 알고리즘이 사용자의 감정을 자극해 주의력과 시간을 빼앗는 대표 전략이다. 반대로, '이 콘텐츠를 꼭 볼 필요가 있을까?'라는 판단을 스스로 내리는 능력은 **'인지 자율성'**이라 부른다.

피로하지 않게 정보를 소비하려면, 자동 추천만 따르지 말고 검색을 통해 내가 찾는 콘텐츠를 보거나, 내가 신뢰하는 채널을 직접 골라서 구독하는 습관을 병행하라. 무엇을 보지 않을지도 내가 선택할 수 있다는 것, 즉 '보지 않을 자유' 역시 중요한 심리적 방어 전략이다.

필터 버블과 인식의 고착화 — 소셜 미디어의 심리 조작

'필터 버블(Filter Bubble)'이란 알고리즘이 사용자의 성향에 맞는 정보만 반복적으로 보여주는 현상이다. 그 결과, 사람은 자신이 선호하는 정보만을 접하며 점점 더 자신의 생각이 **'객관적 진실'**이라 믿게 된다. 이것은 인식의 고착화를 낳고, 반대 의견을 접할 기회를 상실하게 만든다. 알고리즘은 이렇게 사회의 감정적 편향을 강화하고, 이념적 심리전의 기반을 조성한다.

2022년 미국 중간선거 당시, 트위터의 알고리즘은 보수·진보 진영에 따라 완전히 다른 뉴스를 제공했다. 보수 계정 사용자에게는 '이민자 범죄' 뉴스가, 진보 사용자에게는 '사회적 약자에 대한 차별' 뉴스가 과도하게 노출됐다. 이는 정치적 감정 프레임이 정반대로 강화된 대표적 '필터 버블 기반 심리전' 사례였다.

우리는 보통 자신이 자주 보는 채널, 익숙한 유튜버, 자신과 생각이 비슷한 사람의 말만 반복해서 듣는다. 이렇게 되면 점점 다른 관점은 틀리거나 위험하다고 느끼게 되고, 내 생각만 더 강해진다. 마치 나만의 거품 속에서 세상을 보는 것처럼, 다양한 시각이 차단된다.

이를 경우는 일부러 반대 입장의 콘텐츠도 한 번쯤 클릭해서 보는 것이다. 예를 들어 진보 성향 뉴스를 자주 본다면, 보수 매체의 시각도 가볍게 읽어보는 식이다. 요즘 뉴스 앱이나 포털에는 '**관점 바꾸기**' 기능(예: Google News 앱의 'Fullcoverge')이 있는데, 한 가지 이슈에 대해 여러 입장을 나란히 비교해서 보여주는 창을 제공한다. "이쪽은 이렇게 보고, 저쪽은 이렇게 생각한다"는 걸 함께 읽는 연습을 하면, 감정적으로 휘둘리지 않고 사실을 중심으로 생각할 수 있는 힘이 생긴다.

이렇게 의도적으로 낯선 관점을 접해보는 습관은, 인지적으로 더 유연해지고 감정적으로도 균형을 잡는 데 매우 도움이 된다. 알고리즘은 우리가 자주 클릭하는 방식대로만 추천해주지만, 어떤 콘텐츠를 볼지 선택하는 최종 권한은 사용자에게 있다. 내가 무엇을 보지 않았는지도, 결국 내가 결정한 것이다.

인간성과 비인간성 사이 — 인간은 데이터가 아니다

요즘 우리가 보는 SNS 콘텐츠는 대부분 알고리즘이 추천해주는 것이다. 이 알고리즘은 사람을 하나의 '**감정 반응 기계**'로 간주한다. 즉, 어떤 콘텐츠에 '좋아요'를 누르고, 어떤 영상에 울고, 어떤 글에 분노하는지를 분석해서, 그 사람이 어떤 감정에 쉽게 반응하는지 예측하고 설계한다. 이렇게 되면 사람은 더 이상 고유한 존재가 아니라, 감정을 잘 유도할 수 있는 광고 대상, 데이터 단위로 취급되기 시작한다. 이것이 바로 인간을 '**비인간화**' 하는 심리적 구조다.

이런 인식은 타인과의 관계에서도 영향을 준다. 다른 사람을 '의견이 다른 사람'으로 보기보다, 단지 '자극에 반응하는 대상'으로 여기는 태도—이른바 감정 소비의 대상화—가 사회 전반에 퍼진다.

2023년 중반, 인스타그램에서는 한 영상이 폭발적으로 확산되었다. 영상에는 눈물 흘리는 아이, '**실종 아동**'이라는 자막, 절망한 부모의 모습, 그리고 '찾아주세요'라는 호소문이 담겨 있었다. 하지만 이 영상은 실제 사건이 아니라, AI로 만들어진 합성 콘텐츠였으며, 등장인물도 가상의 존재였다.

놀라운 건 수백만 명이 이 영상을 보고 감동하거나 눈물을 흘렸다는 것이다. 댓글에는 "이 아이 꼭 찾았으면 좋겠다", "이런 부모의 고통을 외면하지 말자"는 반응이 이어졌고, 다수는 영상이 허구임을 전혀 의심하지 않았다.

이 사례는 사실이 아니라 감정을 자극하는 요소만으로도 사람이 쉽게 조작된다는 것을 보여준다. 즉, 사람은 슬픈 이야기인지 여부보다 '슬퍼 보이기만 하면' 반응하는 구조에 길들여지고 있었던 것이다. 이것은 인간을 생각하는 존재가 아닌, 감정만 눌러주는 버튼처럼 소비되는 존재로 만드는 위험한 심리전 양상이다.

슬픈 영상, 분노를 자극하는 뉴스, 누군가의 고통을 보여주는 콘텐츠를 접할 때, "나는 이걸 보고 무엇을 느꼈는가?", 그리고 "이 감정이 생각으로 이어졌는가?"를 자문해보라. 단순히 울고 화내는 것으로 끝나고, 아무 생각도 남지 않는다면, 그 콘텐츠는 당신의 감정만 소비한 것일 수 있다.

특히 반복적으로 이런 콘텐츠를 소비하면, 타인의 고통에도 무감각해지고, 정서적으로 지치는 **'감정 피로'**에 빠질 수 있다. 그러므로 SNS에서 자동으로 추천되는 영상을 그대로 보는 것이 아니라, 지금 내 감정 상태와 피로도를 기준으로 콘텐츠를 선택하는 자율성이 필요하다. 내가 무엇을 보고, 무엇을 피할 것인지를 스스로 조절하는 능력이야말로, 비인간화된 데이터 소비자에서 벗어나는 첫걸음이다.

3. 감정 인공지능의 위협과 가능성 — 심리를 읽고, 흔드는 기술

인공지능은 이제 단순한 연산도구를 넘어 '감정을 읽고 해석하며 반응하는 존재'로 진화하고 있다. 이는 인간-기계 관계에서 완전히 새로운 심리전의 국면을 연다. '**감정 인공지능**'(Emotion AI)은 사용자의 표정, 음성, 단어 선택, 반응 시간 등을 분석해 기분과 심리를 실시간으로 추론하고 대응한다. 이는 고객 응대, 의료 상담, 교육, 마케팅 분야에서 급속히 도입되고 있으며, 사람들은 인공지능의 말투와 공감에 실제로 위로받거나 설득되는 경험을 하고 있다.

하지만 문제는 이 기술이 무기화되고, 감정 조작의 도구로 악용될 수 있다는 점이다.

감정 AI의 등장 — 심리를 읽는 기계

요즘 인공지능(AI)은 단순히 정보를 분석하는 것을 넘어서, 사람의 감정까지 파악하려 한다. 이를 감정 인공지능(Emotion AI) 또는 감성 컴퓨팅(Affective Computing)이라고 부른다. 이 기술은 사람이 말하는 단어(언어), 표정이나 눈동자 움직임(영상), 목소리의 떨림이나 속도(소리), 심지어 맥박이나 피부 온도 같은 생체 신호까지 종합해 지금 그 사람이 기쁘다, 화났다, 불안하다 같은 감정 상태를 분석한다. 이를 가능하게 하는 대표적인 기술에는 다음과 같은 것들이 있다:

1) **자연어처리**(NLP: Natural Language Processing): 말이나 글의 감정을 파악하는 기술. 예: "지금 너무 화나요"라는 문장을 감정적으로 '분노'로 분류

2) **컴퓨터 비전**(Computer Vision): 사람 얼굴의 표정이나 눈빛을 읽는 기술. 예: 찡그린 이마나 눈가의 움직임으로 '슬픔' 감지

3) **음성 신호 처리**(Speech Signal Processing): 목소리의 억양, 속도, 떨림으로 감정을 추측하는 기술. 예: 떨리는 목소리에서 긴장이나 울음을 감지

이처럼 여러 기술을 통합하면, AI는 사람과 대화하면서 그 사람의 기분을 실시간으로 파악할 수 있고, 그에 맞게 상담을 위로하는 방식으로 하거나, 판매를 설득하는 방식으로 조정하는 대화 전략을 쓸 수 있다.

예를 들어, AI가 "지금 불안해 보이시네요. 괜찮으세요?"라고 말하며 위로하거나, "이 제품은 지금 기분을 안정시키는 데 도움이 될 수 있어요"라고 권유하는 것도 가능하다.

이제 AI는 단순한 계산 기계가 아니라, 사람의 감정에 맞춰서 반응하고 조율하는 존재로 바뀌고 있으며, 이는 일상 대화, 의료, 마케팅, 감시 등 다양한 영역에서 새로운 심리전의 주체로 등장하고 있다.

2023년 말, 한국의 한 보험회사는 감정 AI 콜봇을 도입해 "고객의 목소리 억양과 단어 선택"에 따라 상담 대화의 분위기를 조정하도록 만들었다. 콜봇은 고객이 화를 내면 먼저 사과하고, 슬퍼하면 공감 표현을 반복했다. 이 기술은 민원 감소에 기여했지만, 소비자 단체는 "AI가 감정을 인식해 상업적으로 유리한 방향으로만 반응한다"며 감정조작의 우려를 제기했다.

감정 AI와 대화할 때 우리는 '내 감정이 분석되고 있다'는 사실을 자각해야 한다. 이는 단순한 대화가 아니라 '데이터를 추출하는 접촉'이기도 하다. 특히 디지털 상담, 음성봇, 감정 기반 챗봇과의 상호작용에서는 심리를 내보이기 전 스스로 목적과 민감성을 점검하는 감정관리 습관이 필요하다.

감정 조작과 개인정보 ― 기술 윤리의 심리전

감정 AI는 감정을 '읽는' 데 그치지 않는다. 그 감정을 이용해 말투, 정보 구조, 이미지 연출 등을 조작함으로써 **사용자의 행동에 영향을 미친다**. 특히 감정이 불안정하거나 취약한 상태에서 제공되는 감성 자극은 비판적 판단 능력을 약화시킨다. 감정 기반 타깃 마케팅, 감정 조정형 챗봇 등은 사용자 동의 없이 심리에 개입하는 심리전의 신형 형태라 할 수 있다.

2024년, 미국의 한 정치 캠페인 팀은 'AI 감정 분석'을 활용해, 유권자의 SNS 감정 패턴에 맞춘 맞춤형 메시지를 발송했다. 불안을 많이 드러낸 유권자에게는 "이대로 가면 안 됩니다" 식의 위기 자극형 광고를, 분노 성향 유권자에게는 "그들이 당신을 무시하고 있다"는 식의 자극 메시지를 반복적으로 노출했다. 이는 유권자의 감정 상태를 조작해 투표 성향에 영향을 준 정서 심리전의 실제 사례였다.

AI가 나의 기분에 맞춰주는 것처럼 느껴질 때일수록, 그 친절함 뒤의 의도를 의심해야 한다. 특히 감정 상태에 따라 정보나 광고가 달라지는 플랫폼에서는 '왜 이 메시지가 지금 나에게 왔는가'라는 질문을 던지는 감정적 거리두기가 필요하다. 정보보호만큼이나 감정 보호의 개념이 디지털 시대에는 필요하다.

인간 중심 심리전의 회복 ― 기술을 도구로 되돌리기

감정 AI는 위험하지만 동시에 의료, 교육, 심리 상담 등에서 유익한 도구로 활용될 가능성도 있다. 핵심은 인간의 주체성을 중심에 두는 설계와 통제 체계다. 기술이 감정을 분석해주는 '도우미'로 작용할 수 있으나, 주도권이 기술에 넘어가면 **그것은 설득이 아니라 조작이 된다.** 심리전의 주체가 '인간'이어야 한다는 원칙이 기술 설계에 반영돼야 한다.

2025년 현재, 영국 NHS(국민보건서비스)는 감정 AI 기반 정신건강 상담보조 시스템을 운영하고 있다. 이 시스템은 사용자의 일상 언어를 분석해 우울·불안 지수를 판단하고, 의사가 개입할 시점을 제안하는 구조로 설계되었다. 단, 상담 최종 결정은 AI가 아니라 실제 사람이 하도록 법적으로 제한되어 있다. 이는 기술을 조력자로 위치시킨 '인간 중심 설계'의 대표적 예다.

일상에서 감정 AI를 접할 때는 그 기술이 나의 삶을 돕고 있는지, 통제하고 있는지를 되돌아봐야 한다. 의사결정의 최종 권한을 인간이 갖고 있는지, 감정 데이터를 어디까지 맡겼는지 확인하라. 디지털 시대의 심리전은 '기술이 아닌 인간 중심의 감정 설계'로 되돌리는 것에서 시작된다.

제22장

전략적 커뮤니케이션과 글로벌 심리전

1. 국가의 심리전 전략 — 정보력과 감정의 무기화

오늘날 국가 간의 경쟁은 경제력이나 군사력만으로 결정되지 않는다. 눈에 보이지 않는 힘, 곧 '감정의 설계 능력'이 외교와 안보의 판도를 바꾸고 있다. **전략적 커뮤니케이션(Strategic Communication)**은 바로 이 지점에서 핵심 개념으로 작동한다. 단순한 홍보나 메시지 전달이 아닌, 국가 이미지, 감정 프레이밍, 정체성 설계를 포괄하는 통합 심리전 전략이다. 감정을 사로잡는 이야기를 선점한 국가가 전장의 여론을 지배하며, 국제사회에서의 입지도 강화할 수 있다.

전통적으로 군사 심리전은 전시 상황에서만 활용되었다. 하지만 현재의 전략적 커뮤니케이션은 평시 외교, 전쟁 공세, 재난 대응, 여론 전환 등 모든 국가 행위에 접목되는 감정 기술로 확장되었다. 이는 디지털 미디어, SNS, 이미지 정치의 발전과 맞물려 정서의 속도전으로 진화하고 있다. 특히 대통령 연설, 외교적 언사, 국가 상징물, 국가 브랜드 콘텐츠는 그 자체가 하나의 심리전 장비가 된다.

외교는 감정 설계다 — 국가 브랜드와 이미지 프레임

국가 이미지는 단순히 국기, 문화유산, 관광 슬로건으로 만들어지지 않는다. 진짜 브랜드는 세계가 그 나라에 어떤 감정을 느끼는가, 즉 정서적 신뢰와 인식의 틀에서 형성된다. 전쟁, 인권 탄압, 재난 등 국제 위기 상황에서는 **'감정을 먼저 움직이는 쪽'**이 정당성과 우위를 확보한다. 특히 외교 커뮤니케이션에서는 정보보다 감정 설계가 먼저 작동한다.

이를 선점하는 국가는 자국의 메시지를 단순한 주장에서 도덕적 프레임으로 전환시키며, 민간 콘텐츠, 언론, SNS를 총동원한 멀티채널 심리전을 전개하게 된다.

2021년 미얀마에서 군부 쿠데타가 발생했을 때, 정식 정부였던 국민통합정부(NUG)는 국제적으로 인정받지 못한 상태였지만, 감정 설계를 활용한 이미지 전쟁에서 효과적인 전략을 사용했다. 특히 미얀마 시민들은 **"3손가락 경례"**를 비폭력 저항의 상징으로 삼아 SNS, 거리 시위, 해외 언론 인터뷰에서 일관되게 사용했다. 이는 《헝거게임》 영화 속 저항 이미지에서 유래한 상징으로, 폭력이 아닌 정의, 침묵이 아닌 용기, 희생이 아닌 연대를 상징했다.

미얀마 국민통합정부는 공식 외교 인프라가 부족한 대신, 감정 자극적 시민 영상, 영어 자막의 국제 호소문, 학살 현장의 생생한 증언 이미지 등을 국제 시민사회와 언론, SNS 네트워크에 지속 노출했다.

이 감정 프레임은 단순한 정보가 아닌 "군부는 폭력이고, 시민은 피해자다"는 이야기 구조를 만들었고, 국제 인권단체와 유럽 국가들의 연대 성명을 끌어냈다. 특히 '3손가락 경례'는 국가 정체성보다 더 강한 감정 무기로 작동했다.

오늘날 외교는 군사력이나 경제력보다, 감정 프레임 선점력이 더 강력한 무기가 되고 있다. 국가 브랜드는 정서적 신뢰와 상징으로 축적되며, "누가 더 피해자인가", "누가 더 용기 있는가"라는 감정 전선에서 정당성을 다투는 시대다. 한국도 외교·안보·인권 영역에서 다음과 같은 감정 설계 전략을 강화할 수 있다:

1) 감정의 언어화: 단순한 주장보다 공감 가능한 이야기로 메시지 전환
2) 상징의 일관성: 국가나 인물보다 국민 감정의 이미지화
3) 민간채널 활용: K-콘텐츠, NGO, 해외동포 네트워크를 감정 전달 매체로 활용
4) 위기시 스토리 선점: 북핵, 납북, 난민, 기후위기 등에서 국제 감정의 공감자 역할을 확보해야 한다.

심리전은 전쟁보다 먼저 시작된다 — 정보·정서 전장화

오늘날 전쟁은 총과 미사일보다 먼저, 감정과 정보로 시작된다. 실제 전투가 일어나기 전부터, 어느 쪽이 '옳고 그르다', '정당하다', '위협적이다'는 식의 이미지 전쟁이 벌어진다. 이것이 바로 **프리전(pre-war) 심리전**, 즉 전쟁이 일어나기 전에 벌어지는 심리적 선전 공세다.

이 과정에서는 단순한 뉴스뿐 아니라, 감정을 자극하는 그래픽 자료(인포그래픽), 현장의 장면을 담은 짧은 영상, 피해자의 인터뷰, 생중계 뉴스 화면 등이 동원된다. 예를 들어, 울고 있는 아이, 폐허가 된 마을, 분노한 시민의 목소리 같은 장면은 사실 여부보다 감정 반응을 유도하는 도구로 쓰이기 쉽다.

이런 방식은 사람들로 하여금, "누가 피해자이고 누가 가해자인지", "어떤 나라가 정의롭고 어떤 나라가 잔인한지"를 감정적으로 먼저 판단하게 만든다. 마치 영화를 보듯, 이야기를 만들어 설득하는 것이다. 이처럼 전쟁이 일어나기 전부터 감정을 흔들고 여론을 유도하는 전략은, 단순한 정보 전달이 아니라 사람들의 인식을 무기로 삼는 전형적인 심리전이다.

결국 이 모든 정보는 전쟁이 시작되기 전에 "우리는 정의롭고, 상대는 악하다"는 이야기 구조(내러티브)를 만들기 위한 도

구가 된다. 그래서 심리전은 총성이 울리기 전부터 이미 '마음속 전장'을 장악하는 싸움인 것이다.

2023년 10월, 이스라엘-하마스 분쟁이 격화되자, 양측은 자신들의 피해자 영상을 경쟁적으로 공개했다. 특히 어린이 피해 이미지가 SNS에 퍼지면서 전 세계 여론이 출렁였다. 이 과정에서 CNN, BBC 같은 주요 언론은 양측의 피해 이미지를 번갈아 보도했지만, 자극성과 충격도에서 하마스 쪽 영상이 더 빠르게 확산되었다. 하마스는 **'학살당하는 민간인'**이라는 감정 프레임을 선점했고, 이스라엘은 "자위권 방어" 프레임으로 대응했지만 뒤늦었다. 전쟁은 총성이 아니라 감정 프레임으로 시작되었고, 국제 여론이 심리전에 휘말렸다.

분쟁 보도를 볼 때는 '누가 먼저 감정을 유도했는가', '어떤 이미지를 반복하고 있는가'를 분석하라. 심리전은 중립적인 감정을 허락하지 않으며, 소비자가 어느 편에 설 것인지를 묻는 감정적 선택지를 강요한다. 이때 독자는 사실, 맥락, 의도를 구분하는 감정 해독 능력을 가져야 한다.

국민도 병사다 — 내면의 감정 동원전

전쟁이나 국가적 위기가 닥쳤을 때, 가장 먼저 필요한 것은 국민의 지지와 단결이다. 그래서 정부는 외부 적을 설득하기보다, 먼저 자국 국민의 마음을 하나로 모으는 일에 집중한다. 이때 사용하는 수단이 바로 심리전이다.

심리전은 군사 작전만이 아니라, 연설, 애국심을 자극하는 영상, 슬로건, 국가 상징물(국기, 노래, 군복 등)을 통해 국민의 감정을 흔들고, 분노나 슬픔 같은 감정을 **'우리는 하나'**라는 단결의 메시지로 묶는 전략이다. 국민은 단순히 뉴스를 보는 수동적인 존재가 아니라, 감정을 통해 행동하게 되는 심리전의 핵심 전력인 셈이다. 결국 모든 국민이 감정으로 싸우는 병사가 되는 것, 그것이 현대 '**총력전**'에서의 심리전이다.

2023년 튀르키예(터키)에서 대지진이 발생하자, 에르도안 정부는 바로 SNS에 감정적인 영상을 올렸다. 예를 들어, 아이를 껴안고 우는 가족, 구호 활동 중인 군인, 슬픔 속에서 기도하는 시민들의 모습을 빠르게 편집해 배포했다. 영상에는 '우리는 하나다', '튀르키예는 포기하지 않는다' 같은 문구도 함께 붙었다. 이 영상들은 국민에게 감동을 주었고, 자연스럽게 정치권에 대한 비판의 목소리는 줄어들었다. 이처럼 감정을 모아 비판을 잠재우고, 위기를 극복하는 분위기를 만든 것이 바로 국내를 향한 심리전의 대표적 사례다.

슬픔이나 분노 속에서 '우리 함께 이겨내자'는 감정은 때로 큰 힘이 된다. 하지만 그 감정이 진짜 해결을 위한 것인지, 아니면 정권을 보호하거나 비판을 피하려는 도구로 쓰이고 있는지는 따져봐야 한다.

특히 위기 상황에서는 감정에 휘둘리기보다, 사실에 기반한 냉정한 판단이 중요하다. 정부가 국민의 감정을 어떻게 유도하고 있는지, 그것이 실질적인 구조적 해결책으로 이어지고 있는지를 살펴보는 시민의 감정 감별력이 필요하다. 우리는 감정에 반응할 뿐 아니라, 그 감정을 누가, 왜 자극하고 있는가도 함께 생각해야 한다.

2. 국제 심리전 사례 연구 ― 감정과 정보의 실전 전장

오늘날 국제 심리전은 단순히 가짜뉴스 몇 개를 퍼뜨리는 수준을 훨씬 넘어서 있다. 각국은 영상, 사진, 감정 자극 문구 등으로 여론을 조작하는 콘텐츠를 만들고, 이를 어떻게 확산시킬지 체계적으로 계획한다. 이때 활용되는 것은 군대뿐 아니라, 홍보 전문가, 디지털 심리전 부서, SNS 대응팀이다. 어떤 나라들은 실제로 전쟁 작전실처럼 여론을 실시간 분석하고 콘텐츠를 조정하는 전담 조직을 운영하기도 한다.

이러한 국제 심리전은 이제 유엔 회의, 국제 언론, 인권단체의 보고서 같은 글로벌 무대를 배경으로 벌어진다. 단순한 정보 전달이 아니라, 국제 사회에서 자신의 입장을 유리하게 만들고, 상대를 압박하는 강력한 외교 도구로 작용하는 것이다. 이 항목에서는 최근 몇 년간 실제로 국제사회에서 벌어진 전략적 심리전 사례들을 살펴보고, 그것이 어떤 방식으로 감정과 인식을 조작했는지 분석한다.

러시아의 내러티브 전쟁: 전후 사정을 바꾸는 감정 서사

러시아는 오래전부터 사실을 말하는 방식을 바꿔서 사람들의 감정을 움직이는 전략을 잘 활용해왔다. 단순히 "우리는 옳다"는 식의 선전이 아니라, 어떤 일이 왜 일어났는지를 새롭게 이야기해서, 사람들이 다르게 받아들이도록 만드는 방식이다.

예를 들어 침공이나 전쟁도 **"역사를 되찾는 행동"**이나 "우리를 먼저 위협한 건 서방이다"라는 식으로 정당한 일처럼 느껴지게 만든다. 이때 러시아는 단지 뉴스 보도에만 의존하지 않고, 인터넷 커뮤니티, 유튜브 댓글, 뉴스 기사 하단 등에 "러시아 입장에 공감하는 글"을 반복해서 올리는 팀(댓글부대)도 함께 활용한다. 사람들은 그것이 조직적이라는 사실을 모르고, 자연스럽게 그런 의견이 많은 줄로 착각하게 된다.

2022년 러시아가 우크라이나를 침공했을 때, 군사 작전만큼 강하게 추진한 것이 바로 감정을 움직이는 이야기 만들기였다. 러시아는 "우리는 나치를 몰아내기 위해 싸운다", "우크라이나는 러시아의 역사적 일부다"라는 이야기를 러시아어권 방송, SNS, 메신저 앱을 통해 반복해서 퍼뜨렸다.

또한 해외에서는 유튜브에서 친러 성향 발언을 하는 외국 유튜버를 앞세우거나, 페이스북에서 "우크라이나 전쟁은 미국 때문"이라는 식의 내용을 수천 개의 가짜 계정(봇 계정)으로 유포했다. 그 결과 실제 상황이 무엇인지 헷갈리게 만들고, 많은 사람들이 러시아가 침공한 사실보다 "러시아도 어쩔 수 없었다"는 감정을 먼저 받아들이게 되었다. 이 전략은 군사행동보다 더 오래, 더 넓게 작용하는 감정 설계형 심리전의 대표 사례였다.

우리는 전쟁이나 국제 갈등을 접할 때, 그 일이 옳고 그른지보다 먼저 누가 먼저 이야기 구조를 만들었는지에 따라 감정적으로 반응하게 된다. 예를 들어, "그 나라는 방어했다"는 말을 들으면 쉽게 이해하고 공감하지만, "그 나라는 침공했다"는 말을 들으면 반감을 갖기 쉽다. 사실이 아니라 말하는 방식이 감정을 먼저 흔드는 것이다. 따라서 뉴스를 접할 때는 "이 정보는 어디서 시작되었는가?", "이 감정을 느끼게 하려는 의도는 무엇인가?"를 함께 따져보는 습관이 필요하다. **심리전의 핵심은 거짓말이 아니라 '사실의 포장 방법'**이다. 진실을 찾는 힘은, 무엇을 말하는지가 아니라 '어떻게 말하게 만들었는지'를 읽는 능력에서 시작된다.

이스라엘-하마스 분쟁: 감정 프레임의 전장화

오늘날 전쟁에서는 군사력 못지않게 중요한 것이 감정과 이미지의 선점이다. 총알이 날아가기 전에, 전 세계 사람들의 감정을 움직이는 영상과 사진이 먼저 퍼진다. 이런 감정 프레임 전쟁에서는, **누가 피해자로 보이느냐**, 누구의 눈물이 더 많은 공감을 얻느냐에 따라 국제 여론이 크게 달라진다. 그래서 갈등

당사자들은 실제 전투와 동시에 감정을 설계한 콘텐츠를 퍼뜨려 여론을 유리하게 끌고 가려 한다.

2023년 10월 이스라엘-하마스 분쟁이 고조되던 시기, 전 세계 주요 언론사와 SNS에서 한 장의 사진이 폭발적으로 확산되었다. 이스라엘 남부 농장에서 숨진 채 발견된 한 유아의 유모차와 바닥에 흩어진 젖병 사진이었다. 이 장면은 하마스의 민간인 공격의 참혹함을 간접적으로 보여주는 자료로 사용되었으며, '무고한 아이들이 희생됐다'는 이미지를 강하게 부각시켰다.

해당 사진은 CNN, BBC, 로이터 등 여러 언론에 반복 노출되었고, 미국과 유럽 정치인들은 이 사진을 인용하며 "이스라엘은 자위권을 행사할 권리가 있다"고 밝혔다. 이에 맞서 팔레스타인 측은 의료진이 아기를 구조하는 장면, 아이를 안고 대피소로 뛰어가는 아버지의 모습 등을 담은 영상을 SNS에서 집중적으로 확산시켰다. 양측 모두 전장의 진실보다, 누가 더 공감받을 수 있는 이미지를 먼저 확산시키느냐에 집중한 것이다.

이 사례는 단순한 보도가 아니라, 감정을 중심으로 한 전략적 이미지 전쟁이 어떻게 여론과 외교 결정에 영향을 미치는가를 보여주는 생생한 사례다.

국제 갈등이나 전쟁 뉴스를 볼 때, "이 사진은 왜 지금 내게 먼저 보이고 있는가?", "이 장면은 어떤 감정을 유도하려는가?"를 스스로 물어보는 연습이 필요하다.

뉴스는 단지 사실을 전달하는 것이 아니라, 감정을 유도해 특정 방향으로 생각하게 만드는 구조를 갖고 있다. 강한 이미지가 감정을 흔드는 시대일수록, 우리는 보이지 않는 기획 의도를 해석하려는 태도를 가져야 한다. 동조보다 해석, **감정 반응보다 판단 훈련**이 오늘날 감정 중심 심리전에서 스스로를 지키는 힘이 된다.

중국의 대만 통일 심리전: 소거, 왜곡, 분열의 작전

중국은 대만을 무력으로 위협하는 것만이 아니라, 심리적으로 흔드는 전술도 함께 사용하고 있다. 겉으로는 **"우리는 하나의 중국이다"** 라는 말을 반복하지만, 그 이면에는 대만 사람들의 정체성과 국제적 존재감을 서서히 지우려는 전략이 숨어 있다. 이를 위해 중국은 표현을 통제하고, 지도를 수정하며, 뉴스와 검색 결과를 원하는 방향으로 바꾼다. 예를 들어 '대만은 독립 국가다'는 주장을 온라인에서 보이지 않게 만들고, 사람들의 감정을 움직일 수 있는 메시지를 AI를 활용해 자동으로 반복 노출한다.

이러한 전략은 총 한 발 없이도, 사람들이 스스로 '하나의 중국'이라는 믿음을 받아들이도록 만드는 심리 작전이다. 강제보다는 조용한 설득과 감정 조정을 통해 목표를 달성하려는 방식이다.

2024년 대만 총통 선거를 앞두고, 중국은 대만 유권자들의 생각에 영향을 주기 위해 인터넷과 SNS를 통한 심리전을 벌였다. 트위터, 유튜브, 페이스북 등에서는 **"중국과 통일하면 대만 경제가 살아난다"** 는 식의 글과 영상이 수백 개 계정에서 동시에 퍼졌다. 이 계정들은 사람이 아닌 인공지능(AI)으로 운영되는 자동 계정들이었고, 댓글과 좋아요까지 조작해 여론이 몰리는 듯한 인상을 주었다.

또한 중국 검색엔진인 바이두에서는 '대만 독립' 같은 단어를 검색하면 관련 정보가 아예 차단되었고, 중국 국영방송과 뉴스 앱에서는 하루에도 수천 번씩 "대만은 중국의 일부다"는 문장이 반복되었다. 심지어 미국이나 유럽에서 유학 중인 대만 출신 학생들에게, 누가 대만 독립을 지지하는 글을 올리면 경고성 메시지를 보내거나 감시한다는 위협도 보고되었다.

이런 식의 심리전은 단순한 의견 표현이 아니라, 감정을 설계하고 생각의 방향을 바꾸려는 기획된 심리전이다. 그래서 뉴스를 볼 때는 '이 말이 맞을까?'라는 판단뿐 아니라, "왜 이 말을 계속 반복하는 걸까?", "누가 이 감정을 유도하고 있는가?"를 함께 생각해봐야 한다.

또한 '정보는 공짜가 아니다'는 사실도 기억해야 한다. 우리가 감정적으로 쉽게 동의한 메시지 속에는, 그 감정을 이용하려는 의도가 숨어 있을 수 있다. '내가 이 말에 왜 공감했는가?', '이 정보는 내 감정을 어떻게 바꾸려고 하는가?'를 자문해보는 능력, 즉 **감정을 읽는 힘(감정 리터러시)**이야말로, 현대 심리전에서 나를 지키는 가장 중요한 기술이다.

3. 한국형 심리전 전략의 과제 — 감정 프레임 설계와 서사 구축

대한민국은 세계에서도 드물게 북한의 대남심리전, 중국의 문화 영향력, 미국의 글로벌 메시지 전략과 동시에 마주하고 있는 나라다. 하지만 이런 복잡한 위치에도 불구하고, 심리전 측면에서 주도적인 전략을 갖추고 있는 국가는 아니다. 지금까지 한국은 대부분 외국의 메시지에 대응하거나, 국내 여론을 진정시키는 데 머물렀고, 감정을 주도하거나 이야기를 만들어내는 능력은 상대적으로 부족했다.

예를 들어, 통일 문제, 한일 관계, 북한 인권, 국제 안보 이슈에서 한국은 종종 **'감정의 주체'**가 아닌 **'반응하는 객체'**로 취급된다. 누군가의 말에 반응하고, 누군가의 이미지에 해명하는 방식으로 일관되다 보면, 우리의 이야기가 아닌, 남의 이야기 속 인물로만 존재하게 된다. 한국형 심리전 전략이란 단순한 국격 이미지 향상을 넘어서, 국가 감정 프레임을 설계하고, 우리 입장에서 서사를 구축하는 것을 의미한다. 이를 위해서는 다음과 같은 전환이 필요하다: "한국은 이런 나라다"를 말하는 것이 아니라, "왜 한국의 이야기가 당신과도 연결되는가"를 말할 수 있어야 한다. 사실을 나열하기보다, 공감할 수 있는 흐름과 정서적 맥락을 전달해야 한다.

문화·안보·외교를 따로 다루기보다, 일관된 감정의 흐름 속에 연결시켜야 한다. 앞으로 한국은 단순히 정보를 소비하는 국가에서, **감정을 기획하고 공감을 유도하는 심리전 전략국**으로 나아가야 한다. 특히 국제사회에서 '사실의 정확성'이 아니라 '느낌의 방향'을 먼저 차지하는 시대에, 한국은 공감의 주도권을 갖는 나라가 되어야 한다. 설득보다 먼저, 공감을 선점하는 나라로 변화할 때, 비로소 심리전의 진정한 주체가 될 수 있다.

한반도 심리전의 특수성 — 사면 포위된 감정의 전장

한국은 지리적으로는 물론, 감정적으로도 **사면초가**에 놓인 나라다. 북한은 위협과 선동으로 불안을 자극하고, 중국은 문화와 역사 문제를 감정적으로 끌어들인다. 미국은 '동맹'이라는 정서를 앞세워 압박과 설득을 병행하고, 일본은 과거사 이슈에서 감정적 갈등을 유발한다.

이들 국가 모두 한반도 문제를 자신들의 감정 언어로 해석하려 한다. 예를 들어 같은 사건이라도 미국은 '자유 대 반자유', 중국은 '내정 간섭' 또는 '전통 질서', 일본은 '안보 위기'로 포장한다. 이런 상황에서 한국이 스스로 자기 이야기를 만들지 않으면, 국제사회에서는 한국이 아니라 주변국의 감정에 따라 설명된 한국만 존재하게 된다. 즉, 우리는 '주인공'이 아니라 '해석 대상'으로 머물 위험이 크다.

2023년 한국의 시리아와의 수교 추진 소식이 알려졌을 때, 국내 언론은 조용히 다뤘지만 중동권 매체와 친러시아 매체에서는 크게 다루었다. 특히 "한국이 서방 동맹에서 이탈해 중동 독재국과 손잡는다", "미국에 대한 배신"이라는 식의 감정적 해석이 덧붙여졌다.

그러나 한국 정부는 이런 프레임에 대응하는 자체 내러티브나 공식 감정 메시지 전략을 마련하지 않았다. 결과적으로 한국은 스스로를 설명하지 않은 채, 타국이 만들어낸 프레임 속에서 이미지가 형성되었고, 이는 국제사회에서 감정적으로 설득력을 잃는 결과로 이어졌다. 이 사례는 한국이 감정을 설계하지 않으면 설계 당한다는 현실을 잘 보여준다.

이제 한국은 주변국의 말과 시선을 해명하거나 반박하는 데 그치지 말고, 스스로의 이야기 구조와 감정 메시지를 먼저 설정하는 전략이 필요하다. 외교적 이슈든, 안보 갈등이든, 단순히 "우리 입장은 이렇다"는 설명을 넘어서, 왜 우리가 그 입장을 갖게 되었는지, 어떤 감정적 이유가 있는지까지 스토리화해야 한다.

국가 브랜드란 단순히 '좋은 인상'이 아니라, 자신의 감정을 스스로 말할 수 있는 능력에서 시작된다. 감정이 억제된 나라는 외교에서 강해질 수 없다. 감정을 정교하게 표현하고, **국제사회에서 공감받을 수 있는 감정 프레임**을 스스로 설계하는 것, 그것이 오늘날 한국 외교의 심리전 과제다.

K-콘텐츠와 전략 커뮤니케이션 — 무기가 된 문화

BTS의 무대, 영화 『기생충』의 서사, 드라마 『오징어 게임』의 설정은 단지 잘 만든 콘텐츠가 아니다. 이들은 억눌린 감정, 계급의 긴장, 생존에 대한 공포와 연대의 욕구 같은 **한국적 정서를 전 세계적으로 공감 가능한 감정 언어**로 번역한 결과물이다. 즉, 한국은 정치적 메시지를 직접 말하지 않고도, 문화 속 감정과 이야기를 통해 정체성과 사회적 메시지를 전달하는 데 성공한 나라다.

이러한 K-콘텐츠는 국가가 만든 것이 아니더라도, 전략적 커뮤니케이션 자산으로 충분히 활용될 수 있다. 중요한 것은 이 문화 콘텐츠를 단순히 수출 성과로만 평가할 것이 아니라, 국제 감정 공감의 매개이자 심리전 수단으로 전략화 하는 감각과 체계다.

2020년 6월, 미국 대선 유세 초반. 도널드 트럼프 전 대통령이 오클라호마 털사에서 대규모 유세를 예고했다. 주최 측은 약 100만 명이 사전 등록했다고 홍보했지만, 실제 행사 당일 관중석은 텅 비어 있었다. 그 배후에는 미국 내 K-팝 팬덤과 틱톡 사용자들의 조직적 행동이 있었다. 이들은 유세 티켓을 대거 예약한 뒤 불참하는 방식으로 좌석을 점령하고, 현장 이미지를 비우는 전략적 행동을 펼쳤다. BTS 팬 커뮤니티는 이 과정을 '우리는 침묵하지 않는다'는 감정적 서사와 연결지으며 SNS에 해시태그를 동원해 확산시켰다.

이 행동은 단순한 장난이 아닌, 문화 기반 감정 네트워크가 현실 정치에 개입할 수 있는 힘을 보여준 상징적 사건이었다. 한국 정부가 직접 개입하지 않았지만, K-문화가 만들어낸 감정의 공동체가 글로벌 심리전에 참여한 것이다.

K-콘텐츠는 더 이상 "흥행한 콘텐츠"나 "한류 팬덤" 수준에서 다루어져선 안 된다. 이제는 감정의 힘을 이해하고, **문화의 파급력을 읽을 수 있는 전략 인프라**가 필요하다. 이를 위해 한국은 다음과 같은 체계 구축이 시급하다:
1) 문화 외교팀은 콘텐츠 자체가 아니라 콘텐츠로 전달되는 감정 메시지를 분석하고 재가공할 수 있어야 한다.
2) 디지털 감정 리터러시 전문가는 글로벌 팬덤이 어떻게 감

정적으로 연결되는지를 분석하고, 위기 상황 시 감정 동원을 어떻게 유도할 수 있는지를 설계해야 한다.
3) 서사 전략가는 한국적 가치와 감정을 담은 콘텐츠가 단순 소비를 넘어, 정치·사회적 연대감으로 이어질 수 있도록 이야기 구조를 기획해야 한다.

요약하자면, K-콘텐츠는 감정을 통해 세계와 연결된 가장 강력한 심리전 수단이다. 국가가 이 흐름을 전략적으로 조직하지 않는다면, 우리는 무기를 갖고도 싸우지 않는 셈이다. 이제는 감정을 설계하고, 공감을 무기로 바꾸는 문화전략의 시대가 시작되어야 한다.

전략적 커뮤니케이션 체계화 — 감정도 인프라다

전략적 커뮤니케이션은 단순히 정보를 전달하는 기술이 아니다. 국가가 어떤 감정을 설계하고, 그 감정을 언제·어떻게 전달하느냐를 설계하는 시스템이다. 다시 말해, 전략적 커뮤니케이션에서 감정은 '즉흥적 표현'이 아니라 정책과 **외교를 설계하는 하나의 자산이자 기반 시설(인프라)**인 것이다.

하지만 한국은 여전히 이를 '외교적 홍보', '국격 이미지 개선' 정도로 간주한다. 반면 미국, 영국, 프랑스 같은 주요국은 전략 커뮤니케이션을 안보, 외교, 문화, 정보, 산업을 통합하는 국가 역량으로 인식하고 있으며, 그에 걸맞은 전담 조직과 예산, 감정 데이터 분석 인프라를 구축하고 있다.

전략커뮤니케이션과 관련된 외국의 사례를 보면, 영국 외무부는 2024년부터 **'감정 데이터 기반 여론분석팀'**을 신설했다. 이 팀은 중동 캠페인에서 '분노', '공감', '반감' 같은 반응을 SNS·댓글·검색어 패턴을 분석해 실시간 감지하고, 메시지 톤을 즉각 조정하는 전략을 운용하고 있다.

프랑스 외무부는 디지털 공공외교용 '**감성 실험실**(Lab d'Émotion)'을 만들었습니다. 여기서는 영상·음악·스토리텔링 등으로 국민과 국제사회에게 전달할 심리적 메시지를 실험·확산했다.

미국 바이든 행정부는 2022년 **NSC 전략커뮤니케이션 특별보좌관**(Coordinator for Strategic Communications) 직위를 만들어, 국가안보 위원회(NSC) 산하에 전략적 메시지 설계 조직을 구성했습니다. 현재 존 커비(John Kirby)가 이 역할을 수행하며, 미국의 대외·안보 정책에 대한 감정 기반 메시지를 조율하는 핵심 창구로 운용되고 있다.

반면 한국은 대외홍보 전담 부처는 있으나, 감정을 측정·설계·확산하는 **통합 조직이나 전략은 거의 전무하다.** 외교, 문화, 보건, 국방 등에서 각각 다른 메시지를 발신하며, 서로 다른 감정 코드가 충돌하거나 무관심 속에 사라지는 경우가 많다.

감정은 더 이상 부수적인 것이 아니라, 국가가 예산과 인력을 배분해야 할 핵심 전략 자산이다. 국가의 말 한마디, 한 편의 영상, 한 장의 사진이 전 세계인의 감정을 움직일 수 있는 지금, '무엇을 말할 것인가'보다 '**어떤 감정을 설계할 것인가**'가 경쟁력이 된다.

이를 위해 한국도 다음과 같은 시스템 전환이 필요하다: 즉 1) 감정 설계팀과 공감 콘텐츠 센터의 신설: 외교, 문화, 안보 메시지를 감정 프레임으로 분석하고, 2) 공공감정 예산 도입: 대외 메시지를 단순 제작 비용이 아니라 감정 효과 분석, 감성 소재 기획 등에 투입할 별도 예산 항목 확보. 3) 감정 반응 분석 플랫폼 개발: AI 기반으로 해외 주요국의 여론·SNS 감정 흐름을 시각화하고 예측하는 시스템 구축 등이다.

전략적 커뮤니케이션은 말솜씨가 아니라 감정의 언어를 설계하는 기술이다. 그리고 그 감정을 움직이는 능력이야말로, 미래 국가 경쟁력의 핵심 인프라가 될 것이다.

제 8 부

저자가 걸어온 관계의 심리전에서의 교훈

제23장

삶의 전장에서 터득한 '관계의 심리전' 전략
― 감정, 해석, 만남을 통해 구축한 생존과 성장의 원리

돌이켜보면, 저자의 삶은 끊임없는 인간관계의 실험장이자 감정의 전장이었다. 때로는 지휘관으로, 때로는 가장으로, 또 스승이자 직장인으로서 수많은 감정의 파도와 만남의 경계를 지나왔다. 이 모든 여정은 결국 '관계의 심리전'이라는 하나의 통찰로 응축되었다. 대화, 갈등, 설득, 공감―그 모든 순간이 곧 저자를 단련시킨 전장이자 배움의 학교였다.

다음에 소개할 일곱 가지 전략은 저자의 체험에서 비롯되었지만, 우리 모두가 마주하는 삶의 전장에도 적용될 수 있는 **보편적 생존 전략**이다. 감정이 흔들릴 때, 관계가 혼란스러울 때, 선택의 기로 앞에 설 때, 이 전략들은 여러분의 마음을 정돈하고 방향을 잡는 데 실제적인 도움이 될 것이다.

1. 행복은 선택이자 해석이다 ― 감정 재구성 전략

어린 시절의 가난, 군 생활 속 좌천과 불이익, 다섯 번의 구사일생의 위기. 저자는 이런 숱한 역경을 겪었지만, 지금 돌이켜보면 그 모든 경험이 자신을 단단하게 만든 **'행운의 과정'**이었다. 심리전의 관점에서 행복은 외부 환경이 아니라 '해석의 틀'에서 결정된다. 같은 사건도 해석에 따라 기회가 되거나 불

행이 된다.

"내 앞의 모든 일은 나를 위한 것이다"라는 해석을 하여 내가 고통을 견딜 수 있게 만든 심리적 프레임이 되었고, 결국 행복의 재료가 되었다. 감정은 주어진 것이 아니라, **해석을 통해 만들어지는 것**이다. 같은 경험도 해석에 따라 고통이 되거나 자산이 된다. 즉, 감정은 해석을 통해 재구성된다.

2. 꿈은 이루는 것이 아니라 만들어가는 것이다 — 실행 기반 자아 추진 전략

꿈은 머릿속에서 기다리는 것이 아니라, 자신이 설계하고 실천해 가는 여정이다. 목표를 설정하고, 로드맵을 세우며, 매일 실천을 통해 축적되는 것이다. 이를 심리전 전략으로 보면 '**목표 설정 - 공개 - 압박**' 구조다. 저자는 자신의 비전과 실행계획을 지인들에게 의도적으로 공개해왔다. 이 공개는 스스로에게 '심리적 긴장감'을 부여하며, "지켜보는 사람이 있다"는 의식이 행동을 지속하게 만든다. 가족, 동료, SNS 등을 통해 꿈과 과정을 공유하는 '선언적 소통'은 자기 심리전의 강력한 동력원이 된다.

3. 진실한 자기노출의 힘 — 신뢰 형성 심리전 전략

쇼펜하우어는 "누구에게도 완전히 자신을 보여주지 않으려 하는 사람은 결국 누구와도 진정한 관계를 맺지 못한다"고 했다. 인간관계에서 능력, 지위, 도움보다 더 중요한 것은 '신뢰'이며, 신뢰는 '**진실한 자기노출**'에서 시작된다. 자기를 먼저 열고 보여주는 사람에게 상대도 마음을 연다. 이것은 '상호 신뢰'라는 무형의 계약을 생성한다. 자기노출은 가장 강한 심리적 방패이자, 관계를 단단히 여미는 끈이며, 관계 심리전의 출발점이다.

4. 인생에서 가장 중요한 것은 '만남'이다 — 정서 교류 기반의 관계 전략

독일 문학자 한스 카롯사는 **"인생은 너와 나의 만남이다"**라고 말했다. 인간은 만남을 통해 살아가는 존재다. 저자의 자서전 『**제멋대로와 천사**』 역시 '70 인생'에서 만난 다양한 인물들과의 이야기로 채워져 있다. 누구를 만나느냐에 따라 인생의 성패와 행복이 좌우된다. 만남의 판단과 선택 능력은 경륜 있는 스승이나 지인을 통한 간접 경험도 좋은 길잡이가 된다. 언제가 관악산 국기봉에서 만난 한 노인이 "선생님, 오늘 만남과 대화가 내게는 만병 통치약이었습니다"라고 말하며, 환한 미소와 감사를 표시했다. 그 순간, 결국 사람은 만남 속에서 성장하며, 좋은 만남은 우리 삶에 치유와 활력을 준다는 것을 깨달았다.

5. 끝없는 배움이 주는 행복-관점 확장을 통한 생존 전략

심리전에서 지식은 무기이고, 배움은 변화에 대응하는 방패다. 배움은 단순한 취미가 아니라, 불확실한 미래를 대비하는 전략적 투자다. 저자는 60세 이후에도 경제학, 4차 산업혁명, 암호화폐, 플랫폼 등 신기술을 공부하며 "학이시습지 불역열호(學而時習之 不亦說乎)"라는 공자의 말처럼 배움의 기쁨'을 체감했다.

첫째, 군 생활 동안 경제활동을 터부시했던 저자는, 전역 후 경제적 안목이 관계와 삶의 질에도 직결된다는 점을 체감했다.

둘째, 4차 산업혁명 시대는 '팔릴 것을 만드는' 사고가 중요하며, 새로운 소비 구조인 패시브인컴(passive income)의 개념을 배웠다.

셋째, 플랫폼 시대의 핵심은 인간 심리 기반의 연결 구조에 있다는 점을 이해했고, 이는 현대 심리전의 핵심 무대이자 배움의 장이었다.

6. 이념보다 사람이 우선이다 — 신념과 인간성의 균형 전략

나는 평생 보수적 신념을 품고 살아왔지만, 그 신념이 사람을 해치는 도구가 되어선 안 된다고 믿었다. 어떤 토론 자리에서 격렬하게 대립한 상대와 식사를 함께하며 들은 말이 있다. "선생님은 이념은 다르지만 인간성은 따뜻하십니다." 나는 그 말이 가장 큰 찬사처럼 느껴졌다. 신념은 삶의 방향을 세워주는 나침판이지만, 그것이 인간성 위에 군림해서는 안 된다. 관계의 심리전은 옳고 그름의 논리 싸움이 아니라, 관계를 유지하는 감정의 균형 싸움이다. 서로의 신념은 다를 수 있어도, 그 사람을 향한 존중과 배려는 유지되어야 한다. 결국 우리는 신념만을 위해 사는 것이 아니라, 사람들과 함께 살아가기 위해 신념을 갖는 것입니다.

7. 일이 있다는 것, 그 자체가 행복이다 — 활력과 존엄의 자기 심리전략

연세대 김형석 교수님은 **"100세까지 살아도 지금도 행복한 이유는 '일이 있기 때문'이다"**라고 했다. 일이란 단지 생계를 위한 수단이 아니라, 존재 가치를 확인하는 심리적 토대다. 일은 외로움을 잊게 하고, 건강을 지키게 하며, 불안을 잠재우고 내일을 기대하게 한다. 심리전 관점에서 보면, 일은 삶에 대한 통제력을 회복하게 해주는 심리적 중심축이다. 나는 퇴직 후에 할 일을 상상하며, 지금 이 순간에도 현직에 최선을 다하고 있다. 인간은 일이 있을 때 스스로를 존귀하게 여긴다. 일이 있는 삶은, 자존감을 지키며 세상과 연결되어 있다는 증거다. 그러니 우리는 끝까지 일할 수 있는 '내 일'을 찾아야 한다.

제24장

'관계의 심리전'에서 경험한 인간관계 지혜

인간관계는 가장 일상적이면서도 가장 정교한 심리전이다. 말 한마디, 표정 하나, 반응 한 줄에도 감정이 흔들리고, 신뢰가 쌓이거나 무너진다.

이 장은 저자가 수십 년간 살아오며 체득한 '**인간관계 유지와 성장의 10가지 원칙**'을 정리한 것이다. 이는 상처받지 않으면서도 인간다움을 지켜온 삶의 전략이자, 심리전의 태도에 관한 기록이다.

1. 인정받고 싶은 마음을 존중하라

인간은 누구나 '인정받고 싶다'는 마음을 지닌 존재다. 심리학자 매슬로우는 인간의 욕구 중 1차적 욕구(생존, 안전, 애정)가 충족되면, 다음 단계로 '인정과 자아실현'이라는 상위 욕구가 발현된다고 했다. 특히 조직이나 군대처럼 위계가 강한 환경에서는, 상사의 '수고했어', '역시 믿음직스럽네. 자네 덕분이야.' 라는 말 한마디가 하급자의 동기를 가장 강하게 자극한다. 인정은 가장 경제적이고도 강력한 리더십이다.

"칭찬은 고래도 춤추게 한다." - 한국 속담
"사람은 다른 사람의 마음에서 자기 가치를 확인받고자 한다."
- 쇼펜하우어

2. 상대의 입장에서 바라보라

사람은 자기 기준에서 세상을 해석하기 쉽다. 그러나 대부분의 갈등은 '입장의 차이'에서 비롯된다. 화가 날 때는 잠시 멈추고, '그가 왜 그렇게 반응했을까'를 먼저 묻는 연습이 필요하다. 그 순간 분노는 수그러들고, 관계의 회복 가능성이 열린다.

"내가 옳다고 믿는 그 자리에, 그는 상처 입고 있었을지 모른다."
"기소불욕(己所不欲), 물시어인(勿施於人)" - 공자 (내가 싫은 것은 남에게도 하지 말라)

3. 말을 줄이고, 들어주어라

사람들은 자신을 들어주는 사람에게 마음을 연다. 말을 많이 하는 사람보다, 조용히 공감하고 경청한 사람이 더 깊이 기억에 남는다. 경청은 단순한 기술이 아니라, 마음을 여는 예술이다.

"들어주는 사람이 곧, 머무르고 싶은 사람이다."
"무릇 군자는 말보다는 행동에 있고, 행동보다는 마음에 있다."
- 맹자

4. 기쁨과 슬픔을 함께하라

경조사에 함께하는 것, 그것은 인간관계에서 단순한 의례가 아니라 진심의 표현이다. 특히 조문은 말보다 깊은 감정을 전한다. 사람은 기쁨보다 슬픔의 순간에 진심을 기억한다. 위로의 손길은 감정을 넘고, 관계를 지키고, 삶을 기억하게 만든다.

"함께 울어준 사람을 평생 기억한다."
"아무도 곁에 없을 때, 함께 있어준 사람을 우리는 평생 잊지 않는다."

5. 말보다 배려로 관계를 주도하라

말로 리드하려 하면 어색하고 불편해진다. 오히려 먼저 말하지 않고, 상대의 흐름을 따라가는 사람이 진정한 리더가 되기도 한다. 배려는 자신을 낮추는 것이 아니라, 상대를 높이는 방식이며, 이는 곧 관계를 깊게 만드는 심리전의 품격이다.

"상대가 중심에 서게 하라, 그러면 당신은 자연스럽게 신뢰의 축이 된다."
"조용한 배려는 가장 깊은 설득이다."

6. 권위보다 '심리적 평등'이 더 강하다

조직 내 위계는 필요하지만, 인간 사이에는 심리적 평등이 전제되어야 진심이 전달된다. 저자의 군지휘관으로서의 경험은 인간관계에서도 '심리적 수평성'의 중요성을 일깨워 주었다.

"진정한 리더는 통제하지 않는다. 다만 믿음을 제공한다."
"장유유서(長幼有序)라 하되, 그 안에 공경과 배려가 없다면 도리라 할 수 없다." – 유교 경전

7. 자신의 실수와 단점을 인정하는 순간, 진정한 관계로 나아갈 틈이 열린다

모두가 잘난 체하고 싶어 하지만, 그런 사람일수록 인간관계는 어색해진다. "나도 그랬지", "그건 내 실수였어"라고 솔직히 자신의 약점과 실수를 인정할 때 분위기가 풀리고, 진솔한 정이 싹트고, 관계가 인간적인 온기를 회복하게 된다. 무결점의 사람에겐 접근조차 어렵고, 오히려 다들 피하게 된다.

"나의 약점을 말할 수 있을 때, 비로소 너와의 진짜 관계가 시작된다."
"빛은 균열로 들어온다." - 레너드 코언

8. 관계는 뜨겁게 시작하는 것이 아니라, 따뜻하게 오래가는 것이다

관계는 뜨겁게 시작하는 것이 아니라, 따뜻하게 오래 가는 것이다.

짧은 시간 안에 급격히 가까워진 사이일수록 쉽게 멀어지는 경우가 많았다. 반면, 서두르지 않고 서로의 속도에 맞춰 천천히 다가선 인연은 시간이 흐를수록 더 깊어졌다. 진짜 관계는 화려한 시작보다, 조용히 이어지는 일상의 마음 속에서 자라난다.

좋은 관계는 단기간의 친밀감보다, 함께한 시간 속에서 조금씩 쌓여온 믿음 위에 자리 잡는다. 결국 오래 가는 인연이란, 서로를 데우는 온기를 잃지 않고 지켜가는 과정이다.

"관계는 온도의 예술이다. 너무 뜨거우면 식고, 너무 차가우면 얼어버린다."

9. 갈등은 피하지 말고, 회복하라

말 한마디에 삐걱댄 관계도, 용기 있는 사과 한마디면 풀린다. 마음의 벽을 허물기까지 시간이 걸렸지만, 그 시간은 관계 회복을 위한 준비였다. 그러나 그 벽을 넘는 순간, 그는 다시 나의 사람이 되었다. 갈등은 관계의 끝이 아니라 갱신의 기회다.

"화해는 가장 위대한 인간적 승리다."

10. 사람을 이기려 하지 말고, 관계를 지켜라

사람에게 이기면 관계는 진다. 정치는 관계보다 결과를 추구하지만, 인생은 관계 그 자체가 목적이다. 따라서 이기고도 관계를 잃을 수 있고, 져주고도 더 깊어진 인연을 만들 수 있다. 관계의 심리전은 설득이 아니라 지속의 예술이다.

"이기려 하지 말라. 설득은 마음을 다치게 하고, 존중은 마음을 움직인다."

이 열 가지 원칙은 책상 위 이론이 아니라, 실전에서 길어 올린 교훈들이다. 실수와 후회, 감사와 감동 속에서 몸으로 익힌 진실이다. 지금 이 순간에도 관계의 심리전이라는 보이지 않는 전장에서 사람을 만나고, 그 사람과 관계의 소중함을 지켜내려 마음을 다하고 있다.

그리고 마침내 알게 되었다.

관계는 교묘한 기술이나 계산된 지혜가 아니라, 인간 본연의 순수한 마음으로 서로를 바라보고, 마음을 주고받으며 함께 체온을 나눌 때 비로소 완성된다는 것을.

에필로그

삶이라는 전장에서 인간다움을 회복하기 위하여

우리는 보이지 않는 심리의 전장을 살아갑니다. 말 한마디에 감정이 흔들리고, 작은 오해에 신뢰가 무너지며, 스쳐 간 표정 하나에도 마음이 요동칩니다. 이 책은 그 전장을 지혜롭게 건너는 법, 상처 없이 살아남는 법, 그리고 인간다움을 지켜내는 태도를 말하고자 했습니다.

심리전에는 두 얼굴이 있습니다. 하나는 기만과 조작의 기술, 다른 하나는 공감과 설득, 이해와 연결의 기술입니다. 우리가 선택해야 할 심리전은 분명 후자입니다.

저는 군인이었습니다. 전단을 뿌리고, 확성기를 울렸으며, 적의 심리를 흔들기 위한 전략을 짰습니다. 하지만 진짜 무서운 심리전은 전쟁터가 아닌 일상의 관계 속에서 벌어졌습니다.

말과 말 사이의 침묵, 감정과 감정 사이의 어긋남, 신뢰에 생긴 작은 금이 바로 심리전의 현장이었습니다.

이 책을 통해 말하고 싶었습니다.

- 감정은 회피할 대상이 아니라, 해석하고 설계해야 할 신호다.
- 타인의 감정을 움직이는 것은 힘이 아니라, 이해와 존중이다.
- 심리전은 일상의 대화에서, 관계의 유지를 위한 태도에서 시작된다.

이 책이 여러분의 삶에서, 감정의 나침판이 되고, 관계의 회복력이 되기를 바랍니다. 심리의 전장을 지나, 인간다움의 길로 함께 나아가기를 기대합니다.

"심리전을 이해한 사람은 흔들리지 않는다. 그리고 흔들리는 세상 속에서도 자신을 잃지 않는다."

부록 A: 주요 심리전 용어 정리(Glossary)

- **감정 노동(Emotional Labor)**: 실제 감정과 상관없이 사회적으로 기대되는 감정을 표현해야 하는 노동 형태. 주로 서비스직이나 관계 중심 업무에서 발생하며, 장기적으로 심리적 소진을 유발한다.
- **감정 리터러시(Emotional Literacy)**: 자신의 감정을 인식하고 표현하며 타인의 감정도 이해하는 능력. 심리전 대응과 감정 주도권 회복의 핵심 역량.
- **감정 인식 AI**: 인공지능이 사람의 표정, 목소리, 말투 등을 분석해 감정 상태를 파악하고 반응하는 기술.
- **거울 뉴런(Mirror Neuron)**: 타인의 행동이나 감정을 관찰할 때, 마치 자신이 직접 경험하는 것처럼 뇌가 반응하는 신경 시스템. 감정 전염, 공감, 사회적 학습의 뇌과학적 기반이 된다.
- **넛지(Nudge)**: 강요하지 않고도 사람들이 바람직한 선택을 하도록 유도하는 환경 설계 기법. 예: 과일을 눈에 띄는 곳에 배치해 건강한 식습관 유도.
- **디인디비주에이션(Deindividuation)**: 군중 속 익명성이 자아 통제를 낮추고 충동적 행동을 유발하는 심리 현상. 집단 감정 선동에서 자주 활용됨.
- **디지털 피로(Digital Fatigue)**: 지속적인 온라인 접속과 정보 과잉으로 인한 심리적 탈진 상태. 집중력 저하, 감정 무감각, 관계 소외 현상이 동반된다.
- **딥페이크(Deepfake)**: 인공지능 기술로 만든 가짜 영상이나 음성. 진짜처럼 보이지만 조작된 콘텐츠로, 여론 조작이나 사기에 악용된다.

- **로맨스 스캠(Romance Scam)**: 연애 감정을 이용해 상대의 신뢰를 얻고 금전이나 정보를 탈취하는 사기. 감정 조작형 심리전의 대표 사례.
- **밈(Meme)**: 온라인상에서 빠르게 확산되는 상징, 유행, 이미지 또는 문구. 감정과 인식을 빠르게 전염시키는 디지털 심리전 도구.
- **밴드왜건 효과(Bandwagon Effect)**: 다수가 선택하고 있다는 이유만으로 따라하는 심리. 예: "대세는 OOO" 마케팅.
- **사회공학(Social Engineering)**: 사람의 심리적 허점을 노려 정보를 빼내는 비기술적 해킹 기법. 사칭, 협박, 동정 유발 등 인간의 신뢰와 습관을 악용한다.
- **사회적 맥락(Social Context)**: 말과 행동이 발생하는 사회적 배경과 분위기. 같은 말도 맥락에 따라 의미와 감정 반응이 완전히 달라진다.
- **사회적 비교이론(Social Comparison Theory)**: 사람은 스스로를 판단할 때 타인과 비교한다는 심리 이론. 비교는 자존감, 감정 반응, 행동 전략에 큰 영향을 준다.
- **사회적 증거(Social Proof)**: "다른 사람도 한다"는 신호를 보고 의사결정을 정당화하는 심리. 예: 별점, 후기, 좋아요 수.
- **성장형 사고방식(Growth Mindset)**: 실패를 기회로 여기고, 노력에 의해 능력이 향상된다고 믿는 태도.
- **스크립터(Scripter)**: 관계적 대화나 커뮤니케이션의 시나리오(대본)를 설계·제어하는 역할 또는 주체를 의미한다.
- **심리적 안전감(Psychological Safety)**: 개인이 의견을 말하거나 실수해도 처벌받지 않을 것이라는 믿음이 존재하는 상태. 조직 내 창의성과 협업을 촉진한다.
- **심리적 회피(Emotional Avoidance)**: 불편하거나 아픈 감정을 직면하지 않고 회피하는 심리 전략. 일시적 안정은 주지만, 장기적으로는 관계 단절이나 자기 왜곡으로 이어질 수 있다.

- **심리전(Psychological Warfare)**: 직접적인 폭력이 아닌, 감정·정보·신념을 활용해 상대의 판단을 흐리고 행동을 조정하는 전략. 군사 작전에서 시작되었지만, 현재는 정치, 마케팅, 일상 대화까지 확장되어 있다.
- **예기적 긍정(Anticipatory Positive Emotion)**: 미래에 좋은 일이 생길 것이라는 기대가 현재의 감정을 긍정적으로 이끈다는 개념. 설득 전략, 희망 메시지에 활용됨.
- **인지 부조화(Cognitive Dissonance)**: 자신의 생각, 행동, 신념 사이에 충돌이 생겼을 때 느끼는 심리적 불편감. 이를 줄이기 위해 사람은 스스로의 태도를 정당화하거나 왜곡한다.
- **인지전(Cognitive Warfare)**: 상대방의 정보 해석 능력과 인지 구조를 조작해, 현실을 왜곡하여 통제하는 전술. 정확한 정보가 있어도, 그것을 틀리게 이해하게 만드는 것이 핵심이다.
- **인지행동이론(Cognitive Behavioral Theory)**: 인간의 감정과 행동은 사고에 의해 결정된다는 이론. 심리전 설계와 감정 수정 전략에 핵심적 기반.
- **자기 암시(Self-suggestion)**: 반복된 언어나 이미지로 무의식을 설득하여 행동을 바꾸는 기법. 예: "나는 할 수 있다."
- **자동 사고(Automatic Thought)**: 자각 없이 떠오르는 반복적이고 습관적인 생각. 부정적인 자동 사고는 자기 이미지와 행동에 영향을 미치며, 인지 치료의 주요 대상이 된다.
- **전략적 커뮤니케이션(Strategic Communication)**: 특정 목표 달성을 위해 정보, 메시지, 감정 등을 계획적으로 설계하고 전달하는 커뮤니케이션 전략. 국가, 조직, 기업, 개인이 모두 활용.
- **전장(戰場)**: 전쟁터를 뜻하지만, 여기서는 심리적 전투가 벌어지는 모든 공간을 의미한다. 예: 가족, 직장, SNS, 광고, 선거, 인간관계 등.
- **정서 조절(Emotion Regulation)**: 감정을 단순히 억누르지 않고, 상황에 맞게 표현하거나 조정하는 능력. 건강한 인간관계와 자기 통제의 핵심 기술이다.

- **정서적 안전지대(Emotional Safety Zone)**: 공격이나 판단 없이 감정을 표현할 수 있는 관계·공간. 감정 교류와 신뢰 형성에 핵심적인 심리 기반.

- **지연 만족(Delayed Gratification)**: 당장의 만족을 참아내고 더 큰 보상을 기다리는 능력. 대표적 예: 마시멜로 실험.

- **컴포트 존(Comfort Zone)**: 익숙하고 안전한 영역. 여기서 벗어나야 성장이 가능하지만, 심리적 저항이 크다.

- **트래시 토크(Trash Talk)**: 경쟁 상황에서 상대를 도발하거나 위축시키기 위한 공격적 언사. 감정 흔들기를 통한 퍼포먼스 심리전의 일종.

- **트롤링(Trolling)**: 온라인상에서 일부러 분쟁이나 자극적 반응을 유도하는 심리적 공격.

- **판옵티콘 효과(Panopticon Effect)**: 감시받는다는 인식이 스스로 행동을 통제하게 만드는 심리 효과. 디지털 감시 사회에서 감정의 자기검열을 유발한다.

- **포지셔닝 전략(Positioning Strategy)**: 상대를 특정 이미지나 위치로 규정해, 자신은 반대편에서 정의·중립성을 획득하는 심리전술. 프레임 전쟁의 핵심 기법.

- **포트폴리오(Portfolio)**: 특정 개인이나 집단과 의도적으로 형성된 정서적 관계, 거래, 상호작용 경험의 집합입니다. 콘텐츠 기반의 "관계 자산"이라고 볼 수 있으며, 과거 커뮤니케이션과 심리적 상호작용의 누적된 패턴을 의미한다.

- **프레이밍(Framing)**: 같은 사실을 어떤 틀에서 보느냐에 따라 인식이 완전히 달라지는 현상. 예: "세금 인상" vs "복지 확충을 위한 기여금."

- **프로파간다(Propaganda)**: 대중의 감정과 여론을 조작하기 위한 체계적인 선전 활동. 예: 정치 포스터, 국가 영웅 만들기, 이념 교육 등.

- **프리텍스트(Pretexting)**: 거짓된 상황이나 신분을 만들어낸 뒤, 상

대방에게서 민감한 정보를 유도하는 사회공학 기법. 예: IT 직원을 사칭해 비밀번호 요청.

- **피드포워드(Feedforward)**: 과거의 실수보다 미래의 행동 변화에 집중하는 피드백 방식.

- **필터버블(Filter Bubble)**: 알고리즘이 사용자의 선호에 맞는 정보만 보여주어, 다양한 시각이 차단되고 감정적 확증편향에 갇히는 상태.

- **확증편향(Confirmation Bias)**: 자신이 이미 믿고 있는 정보에 부합하는 것만 받아들이고, 나머지는 무시하는 심리적 경향.

- **후광 효과(Halo Effect)**: 한 가지 긍정적 요소(외모, 말투, 배경 등)가 전체 인상에 영향을 주는 효과. 예: 말 잘하는 사람을 '유능하다'고 느끼는 경향.

- **DM(Direct Message)**: 트위터(X), 인스타그램, 페이스북, 카카오톡 오픈채팅 등 SNS 플랫폼에서 특정 사용자에게만 비공개로 전달되는 메시지를 의미한다. 즉, 공개 타임라인이나 게시물 댓글이 아닌 1:1 또는 소규모 그룹 간 비공개 대화 채널이다.

- **FOMO(Fear of Missing Out)**: 남들이 누리는 것을 놓칠까 봐 불안해지는 감정. SNS 중독, 충동구매와 밀접한 관련이 있다.

부록 B: 심리전 핵심 전략 8가지
- 실전 인식과 대응 가이드

분류	개념	대표 사례	적용 포인트
감정 조작	감정을 자극하여 판단을 흐리게 함	공포 마케팅, 위기 연설	감정에 흔들리기 전에 '정보'를 재확인하라
프레임 전략	같은 사실을 다르게 인식하게 만드는 언어 설계	"공정 세금" vs "세금 폭탄"	단어 선택이 만든 감정 구조를 인식하라
사회적 증거	"다른 사람도 한다"는 군중 신호로 설득	별점 리뷰, 붐비는 가게	독립적 판단 기준을 가져야 함
심리적 압박	시간 부족, 긴급성으로 사고 마비 유도	보이스피싱, 특가 한정 판매	'지연 반응'으로 방어력을 확보하라
인지 편향	기존 신념에 유리한 정보만 선택 수용	확증편향, 선택적 뉴스 소비	내 정보 해석이 왜곡되지 않았는지 의심하라
기호 설계	이미지, 색, 상징 등 감각 자극 요소 활용	유니폼, 브랜드 색상, 국가 상징	감정적 반응을 유도하는 '형태'를 경계하라
디지털 조작	알고리즘과 데이터로 감정·인식을 조정	SNS 피드, 추천 영상, 딥페이크	디지털 주권 = 정보 해석력 + 감정 거리두기
자기 방어력	나 자신을 조율하고 타인의 심리 전략에 저항	자기 암시, 지연 만족, 프레임 재구성	자기 감정 파악이 가장 강력한 방패다

부록 C: 시대별 주요 심리전 사례 일람표

시대/시기	사건명 또는 사례	심리전 방식	적용된 기술/전술
고대	손자병법 "전쟁은 속임수다"	허위 정보, 기만 전술	병력 위장, 가짜 진영 배치
중세	십자군 원정의 종교 선동	신념 조작, 선민의식 강화	종교 프로파간다, 성전 구호 반복
20세기 초	나치 독일의 선전부 (괴벨스)	집단 감정 유도, 증오 확산	라디오 방송, 영화, 인쇄물 대량 사용
20세기 중엽	6.25전쟁 중 유엔군의 전단 작전	탈영 유도, 정보 교란	전단지 투하, 확성기 방송
냉전 시대	미국 vs 소련 '자유 vs 공산주의' 대립	이념 프레임전, 우월감 경쟁	미국의 소리방송(VOA) 문화 침투, 스포츠 전쟁
21세기 초	9·11 이후 테러와의 전쟁	공포 동원, 국가 이미지 재설계	애국법, 색깔 경보 시스템, 애국 캠페인
2010년대	러시아의 우크라이나 개입 (크림반도)	가짜 뉴스, 정보 조작	SNS 여론전, 디지털 트롤링
2020년대	딥페이크 및 인공지능 기반 여론조작	감정 조작, 현실 왜곡	딥페이크 영상, 추천 알고리즘 조작

참고 문헌

1. 국문자료

〈단행본〉

- 김덕진, 『AI 2025 트렌드 활용백과』. 스마트 북스, 2025.
- 김윤태. 『알고리즘의 인간학』. 한겨레출판, 2020.
- 김한중 외. 『AI와 감정』. 동아시아, 2021.
- 김형석. 『백년을 살아보니』. 서울: 덴스토리, 2019.
- 김호기, 『한국의 대중정치와 감성 정치』. 한겨레출판, 2019.
- 댄 애리얼리. 『우리는 왜 속는가』. 청림출판, 2020.
- 데일 카네기. 『사람의 마음을 얻는 기술』. 을유문화사, 2009.
- 레온 페스팅거, 김창대역, 『인지부조화이론』. 나남출판사. 2016.
- 로버트 치알디니. 『설득의 심리학』. 21세기북스, 2001.
- 막스 베버. 소병일 역, 『아비투어 철학논문』. 자음과 모음, 2006.
- 매슬로우, 에이브러햄 (Abraham H. Maslow). 소슬기 외 옮김, 『매슬로의 동기이론』. 서울: 유엑스리뷰, 2018.
- 박유봉. 『매스커뮤니케이션의 심리학』. 법문사, 1986.
- 백욱인. 『인공지능의 윤리학』. 사월의책, 2022.
- 사토 다스야 저, 박재영 역, 『세계 심리학 필독서 30』서울: 센시오. 2022.
- 선영제, 『리더십이 답이다』. 온샘. 2018.
- 셸링, 토마스. 최동철 역. 『갈등의 전략』. 나남출판, 1992.
- 송태은, 『인지전 뇌를 해킹하는 심리전술』. 이오나이북스, 2025.
- 수잔 존슨, 박성덕 역, 『정서중심 부부치료』, 학지사, 2022.
- 심진섭. 『심리전 이론과 실제』. 학지사, 2012.

- 아르투어 쇼펜하우어(Arthur Schopenhauer). 권기철 옮김, 『의지와 표상으로서의 세계』. 서울: 동서문화사, 2008.
- 알프레트 아들러, 홍예경 역, 『아들러의 인간이해』, 을유문화사, 2016.
- 어빙고프먼, 심보선 역, 『자아연출의 사회학』, 현암사, 2016.
- 에릭 슈미트 등, 김고명 역, 『AI 이후의 세계』, 윌북, 2024
- 이광헌. 『현대사회와 심리전략』. 파일, 1993.
  _____. 『심리를 읽으면 성공이 보인다』. 화이트피스, 2000.
- 이윤규. 『보이지않는 전쟁삐라』. 서울문화원, 2010.
  _____. 『들리지않던 총성 종이폭탄』. 도서출판 성림, 2011.
  _____. 『전쟁의 심리학』. 살림출판사. 2013
  _____. 『정치전과 심리작전』. 국방대인쇄소, 2008.
  _____. 『제멋대로와 천사』. 생각의 뜰, 2021.
  _____. 『피과와 혁신사이에서 전쟁』. 이다북스, 2020
- 이임복. 『AI활용법』. 천그룹 숲, 2024.
- 이재윤. 『특수작전의 심리전 이해』. 집문당, 2000.
- 이지용. 『초한전』. 제일제책사, 2023.
- 정근식 외, 『한국 정치의 대중서사와 이미지 정치』. 2020.
- 정연호. 『SNS와 미디어 심리전』. 커뮤니케이션북스, 2020.
- 정토웅 『전쟁사 101장면』. 가람기획, 1997.
- 정혜승. 『소셜미디어 시대의 여론과 정치』. 나남, 2018.
- 제임스 클리어, 『Atomic Habits』. Random House UK Ltd, 2017.
- 추이스숑, 이아영 역. 『심리전쟁』. 연암사, 2013.
- 캐롤 드웩, 김준수 역, 『마인드 셋』. 스몰빅라이프. 2023.
- 홍성욱. 『인공지능의 의도』. 동아시아, 2021.
- 버지니아 사티어, 김영애역, 『사티어모델: 가족치료의 지평을 넘어서』. 김영애가족치료연구소, 2000.
- 21세기 휴먼네트워크 연구회. 『절대인맥』. 서림당, 2017.

〈논문 및 보고서〉

- 김민정, "가짜뉴스(fake news)에서 허위조작정보(disinformation)로," 『미디어와 인격권』 제5권 제2호, 2019.
- 김범수외, "보이스피싱 심리조작 수법과 소비자 보호 방안", 『한국정보보호학회논문지』 제34권 제5호, 2024.
- 김소정, "하이브리드 위협 대응을 위한 정책 고려사항" 국가안보전략연구원 이슈브리프 612호, 2024.
- 김일기, "보이지 않는 전쟁: 북한과 중·러의 인지전 대응," 국가안보전략연구원 이슈브리프 629호, 2024.
  _____. " 가짜뉴스 및 허위조작정보에 대한 대응전략". 『INSS 전략보고』 제339호, 2025.
- 김종수, "인지행동치료(CBT) 기법을 적용한 심리상담사례", 『코칭능력개발지』 제49권 16호, 2014.
- 김태우. "대북 심리전 재정립:." 『국가전략』, 제29권 1호, 2023.
- 박지훈. "딥페이크의 심리전 활용 가능성과 대응 전략." 『한국정보보호학회지』, 2022.
- 송인규. "감정 알고리즘과 심리조작 기술의 진화." 『디지털사회연구』, 제4호, 2023.
- 송태은. "러시아-우크라이나전쟁의 정보심리전" 『국제정치논총 』, 제62집 3호. 2022
  _____. "이스라엘- 하마스 전쟁의 사입버 인지전" 『주요국제문제 분석』, 2024-11, 2024.
- 이강경, "러시아-우크라이나 전쟁의 전훈 고찰", 『한국군사』, 제17호, 2025.
- 이동훈외, "일본의 재난관리체계 및 재난심리지원체계 고찰과 시사점", 한국콘텐츠학회논문지 '16 Vol. 16 No. 7(2016.7.3.)
- 이숙종 "허위조작정보에 대한 대응: 국제적 규제 추세와 한국의 대응 방안," 『EAI 워킹페이퍼』, 2024.
- 이윤규. "심리전의 새로운 인식과 대북 심리전 발전방향." 『합참』 제10호, 1997.

- 이진국, "K-콘텐츠의 비상(飛上): 산업 특성과 성장 요인 분석", KDI FOCUS, 2025
- 장은미. "소셜미디어 상에서의 감정 전염과 심리전 사례 분석." 『광고PR실학연구』, 제12권 2호, 2022.
- 질병관리청, "코로나19 유전자 분석 현황", 질병청관리청, 2021
- 차정미, "기술은 전쟁을 어떻게 변화시키는가?", 『국가미래전략』 제115호, 2024.
- 한국교수불자연합학회, "현대일본불교의 사회공헌활동에 관한 사례연구", 『한국교수불자연학학회지』제 29권 3호, 2023.

2. 해외문헌

- Beale, Jonathan et al., "'Everything is finished': Ukrainian troops relive retreat from Kursk," *BBC News*, March 18, 2025.
- Goldstein, K. (1934). *The Organism: A Holistic Approach to Biology Derived from Pathological Data in Man*.
- Innovation Hub. "Cognitive Warfare: NATO's Emerging Discipline." NATO, 2021.
- James K Stoller "Reflections on leadership in the time of COVID-19" Correspondence to Dr James K Stoller, Education, Cleveland Clinic, Cleveland, OH 44195, USA; https://doi.org/10.1136/leader-2020-000244
- Jung, C.G. (1967). *The Collected Works of C.G. Jung: Vol.5. Symbols of Transformation*(2nded.; H.Readetal., Eds.; R.F.C.Hull, Trans.). Princeton University Press. (Original work published 1952)
- NATO Defence College. "The Role of PSYOP in Modern Warfare." Rome: NATO, 2020.

- NATO StratCom COE. *Cognitive Warfare: Technical and Policy Considerations*. Riga, 2021.
- U.S. Army. *FM 3-05.301 Psychological Operations Tactics, Techniques, and Procedures*. Department of the Army, 2021.
- Vanessa M Meyer, SP USA "Sport Psychology for the Soldier Athlete: A Paradigm Shift "*Military Medicine*, Volume 183, Issue 7-8, July-August 2018, Pages e270–e277,
- Maslow, A.H. (1964). *Religions, Values, and Peak Experiences*. Ohio State University Press.

3. 인터넷 검색

- "네이버·카카오 '제평위 해체'…뉴스 입점 문턱 낮춘다," 〈https://www.hani.co.kr/arti/society/media/1162756.html.〉
- [조성진의 몸짓 이야기] 리추얼문화: 의례를 위한 몸짓에 대하여 〈https://www.yeongnam.com/web/view.php?key=20230430010003766〉
- "재정 고갈' SNU팩트체크, 무기한 운영 중단" 〈https://journalist.or.kr/m/m_article.html?no=56539)〉.
- (한국국방연구원). (2022). 『사이버전과 심리전의 통합전략 분석 보고서』. Retrieved from https://www.kida.re.kr/
- https://en.wikipedia.org/wiki/Paul_Bloom_(psychologist)
- https://www.bmi.bund.de/SharedDocs/schwerpunkte/EN/disinformation-election/zeam-artikel-en.html
- Atlantic Council – Digital Forensic Research Lab. (2022). *Weaponized information: Global trends in disinformation tactics*. Retrieved from https://www.atlanticcouncil.org/
- https://www.bbc.com/korean/news-46316455

- Brookings Institution. (2021). *Digital propaganda and psychological operations in the age of AI*. Retrieved from https://www.brookings.edu/
- FactCheck.org. (n.d.). *Latest articles and claims verification*. Retrieved from https://www.factcheck.org/
- First Draft News. (2023). *Information disorder: Definitions, frameworks and responses*. Retrieved from https://firstdraftnews.org/
- Google Scholar. (n.d.). *Cognitive warfare* [Search results]. Retrieved from https://scholar.google.com/
- NATO Strategic Communications Centre of Excellence. (2023). *Cognitive warfare and disinformation: Understanding the modern battlespace*. Retrieved from https://stratcomcoe.org/
- RAND Corporation. (2021). *Cognitive warfare: The battle for the mind*. Retrieved from https://www.rand.org/
- SSRN (Social Science Research Network). (n.d.). *Strategic communication and perception warfare* [Research repository]. Retrieved from https://www.ssrn.com/
- https://www.yna.co.kr/view/AKR20231113162600007
- U.S. Army War College, Strategic Studies Institute. (2020). *Information operations and cognitive influence*. Retrieved from https://ssi.armywarcollege.edu/
- World Ecomomic Forum, The Global Risks Report 2025, 〈https://www.weforum.org/publications/global-risks-report-2025/〉.

관계의 심리전
- 감정을 움직이는 기술 -

초판 1쇄 발행 2025년 8월 31일

저자 이윤규
펴낸곳 대한기획인쇄
등 록 2015년 5월 20일
주 소 서울시 용산구 원효로68
전 화 02-754-0765
FAX 02-754-9873

ISBN 979-11-85447-21-6 (03180)
값 22,000원